KARL HEYER

VOM GENIUS DES MITTELALTERS

PERSEUS VERLAG BASEL

Auf Umschlag und Frontispiz:
Chorraum der Sainte-Chapelle in Paris

1. Aufl. Kreßbronn (Bodensee) 1961
2. Aufl. (photomechanischer Nachdruck) Basel 1990

Gesamtherstellung: Freiburger Graphische Betriebe
ISBN 3-907564-04-9

Inhalt

Vorwort

In zwölf Kapiteln sucht dieses auf dem Boden der anthroposophischen Geisteswissenschaft erwachsene Buch etwas vom Genius des Mittelalters erlebbar werden zu lassen – auf verschiedenerlei Weise, die zum Zwecke eines Gesamtüberblicks im Folgenden charakterisiert sei.

Das erste Kapitel „*Mittelalter*" will die Seele des Mittelalters in allgemeiner Weise im großen Rahmen der Bewußtseins- und Geistesentwicklung der Menschheit charakterisieren. Mit dem Kapitel „*Martianus Capella und die sieben freien Künste*" wendet sich die Darstellung wichtigen einzelnen Aspekten der mittelalterlichen Geistigkeit zu und behandelt hier ein Stück, das noch ganz in die geistigen *Anfänge* des Mittelalters hineinführt, die aber ihrerseits eine Art Ausklingen sehr viel älterer Traditionen bedeuten. Das folgende Kapitel „*Chartres in der Geistesgeschichte des Christentums*" weist auf die bedeutsamen Zusammenhänge hin, in die Chartres, diese wunderbare, blühende Stätte mittelalterlichen Geisteslebens, hineingestellt erscheint. Die sich dann anschließenden Betrachtungen zum *West-Portal der Kathedrale von Chartres* wollen etwas von der besten Substanz des Mittelalters und ihrer – damals verklingenden – kosmischen Weite aufzeigen.

Das Kapitel „*Romanisch-Gotisches*" zeigt, wie sich der Übergang von der älteren, mehr platonischen, zu der jüngeren, mehr aristotelischen, Geistesart des Mittelalters u. a. auch in dem Übergang vom romanischen zum gotischen Stil widerspiegelt. Der aristotelisierenden Philosophie und Theologie des 13. Jahrhunderts und vor allem ihren menschlichen Trägern sind die beiden nächsten Kapitel gewidmet: das über den *Dominikanerorden im 13. Jahrhundert* und vor allem das über den Fürsten der Scholastiker, *Thomas von Aquino,* die große zentrale Gestalt im Geistesleben des hohen Mittelalters. Wenn dabei angestrebt werden durfte, sich in solche großen Gestalten und Erscheinungen zu vertiefen, so schien es auf der anderen Seite notwendig, doch auch die seit langem vielfach vorhandene Tendenz zu charakterisieren, welche die heutige Menschheit in irgendeinem Sinne „zurück zum Mittelalter!" führen möchte. Das geschieht schon in der letzten der Betrachtungen über Thomas von Aquino, besonders aber in dem Kapitel über die den „Neuthomismus" inaugurierende *Enzyklika Aeterni Patris* Leos XIII. von 1879.

In das Mittelalter selbst führen uns wieder die folgenden Kapitel, und zeitweise wendet sich, nachdem die bisherigen Themen sich mehr in der Sphäre des Geistig-Religiösen und Künstlerischen bewegt hatten, die Darstellung nun auch dem politisch-staatlichen Lebensbereich des Mittelalters zu: in dem Kapitel über den *Deutschritterorden und die Ursprünge des späteren Preußen,* womit zugleich schon gewisse Verbindungslinien von dem späteren Mittelalter in die neuere Zeit hinein gezogen werden. Vollends an deren Schwelle steht die große Erscheinung des *Nicolaus Cusanus,* dessen Staatsidee im nächsten Abschnitt charakterisiert wird.

Hatte alles Bisherige das christlich-romanisch-germanische Mittelalter, das heißt also den eigentlichen abendländischen Kulturkreis zum Gegenstand, so weist uns das Kapitel „*Arabertum und Islam als weltgeschichtlicher Kulturimpuls*" auf eine Geistesströmung hin, die mehr von außen, wie von der Seite her in die mittelalterliche Kultur hineinwirkte. Ihre Bedeutung liegt vor allem darin, daß sie schon früh, wie vorwegnehmend, wichtigste Impulse für die Kultur der neueren Zeit und insbesondere auch ihren Materialismus bringt.

Das zwölfte und letzte Kapitel „*Von Kunstentwicklungen und Kulturwandel, Eindrücke in Italien*" endlich, das uns wieder ganz in die abendländische Welt zurückführt, geleitet uns noch einmal in anderer Weise an und über die Schwelle vom Mittelalter zur neueren Zeit, in das Zeitalter der Renaissance und der Gegenreformation.

Alle zwölf Kapitel dieses Buches gehen auf Aufsätze zurück, die ursprünglich in Zeitschriften erschienen sind, und zwar schon vor langer Zeit*), und die daher nur dem ständig kleiner werdenden Kreise derer zugänglich sind, denen diese Zeitschriften noch zur Verfügung stehen. Die zwölf Studien haben aber auch heute noch ihre Bedeutung und werden daher hiermit neu vorgelegt. Sehr wesentlich kam bei dieser Wiederveröffentlichung in Betracht, daß die zwölf Studien eine wichtige Ergänzung meiner inzwischen erschienenen neun Bände „Beiträge zur Geschichte des Abendlandes" **) bilden, in denen auf sie auch vielfach hingewie-

---

*) Vgl. die „Nachweise" gegen Ende des Buches.

**) Die drei ersten Bände waren ursprünglich „Beiträge zur Welt-

sen worden ist. Umgekehrt ergänzen die „*Beiträge*" wiederum das vorliegende Buch, besonders deren II. Band: „Mittelalter", der als Ganzes überwiegend die mehr politisch-sozialen Wesensseiten des Mittelalters behandelt.

Dr. jur. et phil. Karl Heyer

geschichte" benannt. Vgl. im übrigen für die einzelnen Titel der neun Bände das Schriftenverzeichnis am Schlusse dieses Buches.

1. Mittelalter

Wer die Weltgeschichte bis ins 19. Jahrhundert hinein zu schreiben hätte, der könnte sie von einem wichtigen Gesichtspunkte aus darstellen als die *Geschichte des Verlustes der Urweisheit*, die, einstmals groß und gewaltig, überall an den Ausgangspunkten der Menschheitsgeschichte steht. Der Urweisheit, durch die der Mensch sich eins wußte mit dem großen Geschehen eines göttlichen Kosmos. Die er verlieren mußte, um ein seiner selbst bewußtes Ich zu werden. Von der aber vieles Jahrtausende noch bewahrt blieb in den alten Mysterien. Die dann immer mehr verdunkelt werden mußte ... Ein großer Entwicklungsprozeß voller Menschheitstragik ist diese Geschichte des Abstieges in die Materie, der allmählichen Verfinsterung. – Die letzten Strahlen des alten Lichtes verlöschen erst in demjenigen Zeitalter, das man als das *Mittelalter* zu bezeichnen pflegt. Ein Zeitalter, auf das viele Menschen hinschauen. Das viele lieben und viele doch nur recht wenig verstehen. Ja, das gefährlich werden kann, wenn es in falscher Weise geliebt wird ...

Der Etappen der Verdunkelung jenes Urweisheitslichtes der Menschheit sind viele. An einige nur sei hier erinnert. Im Jahre 356 v. Chr. fiel der Tempel von Ephesus, die altheilige Mysterienstätte, dem Brande zum Opfer, den Herostrat, nach persönlichem Ruhm gelüstend, ein Werkzeug der Finsternis, entfacht hatte. Eines der gewaltigen Menschheitssymbole! Es bezeichnet den Endpunkt eines alten Zeitalters der Mysteriengeschichte. Als der Tempel von Ephesus brannte, wurde Alexander d. Gr. geboren, der dann die griechische Mysterienweisheit in ihrer durch den Aristotelismus verwandelten Form nach Osten trug, wo sie die folgenreichsten Entwicklungen durchmachte. Bis ins 4. nachchristliche Jahrhundert blieb in der Nachblüte immer noch vieles von den alten Mysterien lebendig. Menschen erhoben sich durch sie zum realen Erleben der geistigen Welten. In die Mitte dieser Zeit fällt das Mysterium von Golgatha. An ihr Ende die Ermordung Julians, eines der letzten Initiierten der eleusinischen Mysterien. In dieser Zeit ward das Christusereignis von Menschen, die noch lebendig in dem Mysterienwesen darinnenstanden, mit der esoterischen Weisheit zu begreifen gesucht, die sie aus den Mysterien heraus hatten. Da lebte noch ein Verständnis für das große kosmische Sonnenchristentum in solchen Menschen. Da wirkten ein *Dionysius Areopagita,* dessen Lehre über die neun himmlischen Hierarchien für das ganze Mittelalter von so tiefer Bedeutung geworden ist, ein *Origenes,* ein *Clemens von Alexandria.*

Im 4. Jahrhundert vollzog sich dann der große Umschwung namentlich für die abendländische Christenheit. Konstantin stellt das Christentum, seinem innersten Wesen zuwider, in den Dienst des römischen Imperiums. Es verbindet sich das Heterogene: Christentum und Römertum, Romanismus. Im Wesen des Römertums liegt, daß es den Menschen immer mehr abschneiden muß vom Kosmos, daß es ihn auf die Erde stellt (die Stätte, für die allein auch das *Recht* Bedeutung hat), ihn zum Erden- und Staatsbürger machend. Es muß vernachlässigen, was der *Geist* als besonderes Wesensglied im Menschen ist. Voll real sind ihm nur Leib und Seele. Ja, es muß aus seiner Mission heraus den „Kampf gegen den Geist“ führen. Wenn das Christentum aus menschheitstragischer Notwendigkeit römisch wird, so heißt dies, daß der *Geist* in ihm verdunkelt werden muß. Was einst im lebendigen Erleben erkannt, geschaut war, es wird zum Dogma, das wie ein römisches Gesetz von außen dem nicht mehr Schauenden auferlegt wird, ihn so in den gesicherten „Besitz“ gewisser Wahrheiten setzend. Die alten heidnischen Mysterien und Kulte wurden nun planmäßig ausgerottet, die Tempel zerstört. Nichts sollte mehr an das alte Geist-Erleben erinnern. Justinian, einer der großen Diener dieses römischen Weltgeschichtsimpulses, schließt im 6. Jahrhundert die platonische Akademie in Athen, vertreibt ihre Philosophen; er verketzert den Origenes. Die Krönung von alledem aber ward erreicht durch das Konzil von Konstantinopel im Jahre 869 mit der Festsetzung, daß der Mensch nur aus Leib und Seele bestehe, welch letztere nur einige geistige Eigenschaften habe [1]). Das war die „Abschaffung des Geistes“, ein gewaltiger Sieg des römischen Impulses, mit innerer Notwendigkeit aus dessen Wesen hervorgegangen. So bildete sich nach und nach aus jener Geschichtslogik, die allen großen geistigen Entwicklungsströmungen der Menschheitsgeschichte innewohnt, das römisch-katholische Prinzip heraus: *„Christentum minus Geist“*, könnte man sagen, wenn dieses Wort im rein objektiven Sinne genommen wird, ohne kritische Nuance, die großen Geschichtsentwicklungen gegenüber sinnlos ist. Als Bringerin eines Christentums des Leibes und der Seele sollte die katholische Kirche des Mittelalters ihr großes Erziehungswerk an den jugendlichen Völkern des Abendlandes ausüben. Diese mußten vielfach überhaupt erst zum vollen Bewußtsein für die physische Welt heranerzogen werden. Sie sollten im nächsten großen Geschichtszeitalter die Bewußtseinsseele ausbilden, die sich am Erleben der physisch-irdischen Welt entzündet und durch die der Mensch in einer wacheren Weise als je zuvor zum Bewußtsein seiner selbst gelangt. Diesen Völkern erwies die Kirche – so könnte man geradezu sagen – die *Wohltat* einer Abdunkelung des Geistes. Wie hätten *sie* für ihre Entwicklung ein johanneisches Geist-Christentum des Ostens ertragen können? Im 9. Jahrhundert stand es daher dann bereits so, daß keineswegs nur „beschlossen“ wurde, es gebe keinen Geist im Menschen, sondern es war dies, gerade für das Abendland, schon immer mehr eine Wahrheit geworden. Das geht u. a. daraus hervor, daß gerade im 9. Jahrhundert die vergröberte, physisch-stoffliche Auffassung des Abendmahls, der (später so genannten) Transsubstantiation aufgekommen war, womit die bedeutsam-verhängnisvollen Diskussionen über das Abendmahl einsetzten, ein Zeichen und Quell zunehmenden Nichtverstehens. So bestätigte in gewisser Weise das Konzil von Konstantinopel nur, was schon entwicklungsgeschichtliche Wirklichkeit geworden war. In diesem Sinne ging dann mit tragischer Notwendigkeit die Entwicklung weiter.

Freilich gab es noch lange einzelne besondere Strömungen, die zu dem offiziellen Christentum in Gegensatz standen, ob sie nun geduldet oder verfolgt wurden. Das waren die mannigfachen Sekten und „Ketzer“-Gemeinschaften, in denen noch vieles von dem älteren, spirituelleren Christentum lebte. Sie bildeten gleichsam Einschlüsse von besonderem Charakter innerhalb der allgemeinen Christenheit. Und immer findet man, wie sie besonders anknüpfen an solche Lehrer, die mit dem älteren, vorkonstantinischen Geist-Christentum noch in enger Verbindung gestanden hatten. Dionysius Areopagita spielt da eine besondere Rolle; später auch Scotus Erigena, der die Weisheit des Areopagiten in sich aufgenommen hatte. Er entstammte der irischen Schule, der Stätte, wo in Europa am längsten alte Mysterienweisheit, auf dem Boden des Keltentums erwachsen, zu esoterischem Christentum fortgebildet, in Reinheit bewahrt blieb und von der manches im früheren Mittelalter einfloß.

Für die große Breite der Christenheit jedoch wurde alles Geistesleben immer ausschließlicher „Tradition". Aber in dieser Form war doch noch unendlich vieles von den alten Geistesinhalten bewahrt, gleichsam konserviert, die in den ersten Zeiten des Christentums und auch in vorchristlicher Zeit geistlebendig gewesen waren. Es ist, wie wenn diese Geistesinhalte gerade dadurch, daß sie nicht mehr lebendig in der geistigen Welt geschaut werden konnten, aus ihr nicht mehr den Menschen im inneren Wechselverkehr zuflossen, gerade dadurch stärker ins *Seelische* der Menschen gleichsam hinuntergedrängt worden wären. So entsteht jene *Durchseeltheit* des mittelalterlichen Menschen mit den christlichen (und vielen vorchristlichen) Geistesinhalten bei abgedämmerter Geistlebendigkeit, die für die große Breite der mittelalterlichen Menschheit so charakteristisch ist. Sie findet man überall.

So wurden z. B. die sieben freien Künste als die weltlichen Wissenschaften getrieben, einstmals aus dem Kosmos dem Menschen zugeströmt und ihn wiederum zu ihm erhebend[2]), jetzt ein beschränkter Lehrinhalt, aber mit Treue und Innigkeit aufgenommen und durch die vielen Jahrhunderte geübt; der kosmische Ursprung war von den meisten längst vergessen oder bedeutete doch keine Realität mehr. Auf dem religiös-theologischen Felde bewahrten die Kirchenväter, die Lehrer, die Scholastiker in dogmatisch-traditioneller Form erstarrten, gleichsam versteinerten *Geist*, indes die reiche, innige Welt der Legenden und alles Künstlerische noch so viel lebendiger zur menschlichen *Seele* sprach, die Reliquienverehrung und manches Derartige aber gleichsam ein Stück Christentum des *Leibes* ausmachte.

Viel des Großartigen und Erhebenden, viele gewaltigen Menschheitsperspektiven lebten auf diese Weise durchseelend im Mittelalter fort. Vieles, das damals dogmatisch hingenommen werden mußte – und konnte –, das aber uns heute aus neu fließender Geistesquelle neu lebendig werden kann und das uns dann die Größe und Tiefe dieser mittelalterlichen Weltansicht erst so recht verehrend ermessen läßt. Das wir mit Entzücken im Mittelalter „wieder" finden, Neu-Altes, Alt-Neues! Wieviel tiefer als die spätere Geschichtsbetrachtung ist doch z. B. noch die grundlegende Anschauung des Mittelalters von der Menschheitsgeschichte als einer fundamental zweigeteilten: alle vorchristliche Geschichte zielt auf nichts anderes hin als auf Christi Tat, sie ist die Zeit der Vorbereitung, der Vorverkündigung, die christliche aber die Zeit der Erfüllung und der Verwirklichung dessen, was der ganzen Menschheitsentwicklung ihren Sinn und Inhalt gibt. Überall stellt das Mittelalter in diesem Sinne Altes Testament und Neues Testament einander gegenüber: was im Alten Testament nur wie im Mondenlichte erglänzt, das zeigen die Evangelien im hellen, vollen Licht der Sonne. Das war allgemeine Kirchenanschauung.

„Quod Moyses velat, Christi doctrina revelat."
(Was Moses verhüllt, das enthüllt die Lehre Christi.)

Bis ins Einzelne wurde der vorverkündigende Charakter der alttestamentarischen Gestalten und Geschehnisse in der Entsprechung mit dem im Neuen Testament Dargestellten aufgezeigt. Wie tiefsinnig sind da z. B. die legendären Anschauungen über Christus als den neuen Adam! Sie ließen Jesus geboren werden an dem Ort, wo Adam aus dem Erdkloß geschaffen ward. Wo Adam begraben liegt, da wird auch Christus begraben, sein Blut fließt auf Adams Knochen. Christus stirbt an einem Freitag, wie Adam an einem Freitag geschaffen ward, und zwar um die dritte Stunde, zu der Adam sündigte . . .

Wie großartig auch sind die Anschauungen über die Erschaffung der Welt durch das Wort, den Logos: Alle äußeren Dinge, alle Naturwesen, Pflanzen und Tiere werden zu Symbolen göttlicher Gedanken, jede Kreatur wie zu einem Schatten des großen Weltendramas von dem Sündenfall und der Erlösung! Was ist die Welt?: *ein Gespräch, die Sprache des Logos, jedes einzelne Wesen aber gleichsam ein Wort in dieser Sprache*[3]).

Bedeutungsvoll klingt da auch oft etwas durch von alter kosmischer Weisheit, so wenn man in Padua und Venedig in bildlichen Darstellungen die menschlichen Lebensalter in Beziehung gesetzt findet zu den Planeten[4]). In Padua z. B. zeigen Fresken aus dem 14. Jahrhundert, wie nach der Geburt das Kind vier Jahre lang unter dem Einfluß des Mondes steht; dann wirkt zehn Jahre lang Merkur auf es, danach sieben Jahre Venus. Sodann die Sonne neunzehn Jahre,

Mars fünfzehn Jahre, Jupiter zwölf Jahre, endlich Saturn bis zum Tode ...

Einen großartigen Anschauungsunterricht, für jedermann verständlich, gab der gotische Dom. Was die Kirchenväter und die Lehrer verkündeten, das ward im gotischen Dom in Skulpturen, in Kirchenfenstern bildlich zur Darstellung gebracht. So wurde dieser zu einem Spiegel der Natur, einem Spiegel des Wissens, der Moral, der Geschichte, wie dies der bedeutende französische Kunsthistoriker *Émile Mâle* in seinem schönen Werk über die religiöse Kunst in Frankreich im 13. Jahrhundert so sinnvoll und in allen Einzelheiten gezeigt hat.

Auf dieses Werk von Émile Mâle möchte ich besonders hinweisen. Es ist eine wahre Fundgrube für den, der das eigentliche Wesen des Mittelalters, seine Anschauungen, seine Gesinnungen vor allem, seine Gemüthaftigkeit kennen lernen will. Eben weil der Mensch des Mittelalters als ein Kind des griechisch-lateinischen Zeitraums zur sinnlichen Anschauung bringen wollte, was als geistig-seelischer Inhalt in der Religion lebte, finden wir alles Wesentliche im gotischen Dom zur Darstellung gebracht, und Émile Mâles Methode, zur ikonographischen Erklärung dieser Kunstwerke überall auf die Quellen der patristischen, theologischen etc. Literatur, der Welt der Legenden und dergleichen zurückzugehen, muß daher als sehr glücklich bezeichnet werden. Dadurch kann gerade sein Werk vollends für denjenigen, der die anthroposophische Orientierung mitbringt, so wertvoll werden. Besonders sympathisch berührt dabei auch die Art, *wie* Mâle von dem Mittelalter spricht. So kann nur sprechen, wer das Mittelalter *liebt*, wer mit einem wirklichen Gemütsverständnis in sein Wesen einzudringen vermochte ...

Wie sinnvoll ist es z. B., daß wir am oder im gotischen Dom diejenigen Szenen, die sich auf das Alte Testament beziehen, meist an der *Nord*seite, der Region der Kälte und der Nacht, dargestellt finden, diejenigen aus dem Neuen Testament jedoch an der von der *Sonne* beschienenen und erwärmten *Süd*seite! Im *Westen* ist fast stets das Jüngste Gericht dargestellt: „Die sinkende Sonne erleuchtet diese große Szene des letzten Weltenabends." Die mittelalterlichen Doktoren wiesen auf den Zusammenhang der Worte occidens und occidere hin: „Der Okzident war für sie die Region des Todes[5])."

Wie schön und sinnig wiederum schreibt über diese Himmelsrichtungen im Zusammenhang mit den vier Jahreszeiten *Hrabanus Maurus*, der Abt des Klosters Fulda, um 800. Den Frühling ordnet er dem Osten (Orient) zu, weil dann alles aus der Erde sproßt (oriuntur), den Sommer dem heißen Süden, den Winter dem kalten Norden. Den Herbst aber dem Westen, dem Okzidens, „wegen der schweren Krankheiten, die er mit sich bringt: daher denn auch alle Blätter der Bäume dann abfallen". „Der Herbst, wann die Früchte gesammelt werden, ist die Zeit der Ernte und der Weinlese; er bedeutet die Zeit des allgemeinen Gerichts, da ein jeder den Lohn seiner Taten empfängt und die Frucht seiner Arbeit erntet, gemäß dem Wort des Apostels (2. Kor. V, Gal. VI) ...."

Vor allem aber dies ist immer wieder das Wichtige: Was einst als weisheitsvolle Mysterienerkenntnis gelebt hatte, es lebt im Mittelalter nur so noch fort, daß es von den *Gemütskräften* ergriffen wird bei verdunkelter Geisterkenntnis. Innig nimmt das mittelalterliche Gemüt auf, was dadurch so tief verseelend in die Menschen hineinwirken konnte. Man denke nur allein an den wundersam-tiefen, zarten und seelenvollen Kult der Jungfrau Maria, die aus einem alten Mysterienerlebnis zu jener tief in die Seelen sich einlebenden Gestalt geworden ist. Welcher unendliche Zauber geht von ihr aus! Wie wird sie mit Innigkeit ergriffen von den tiefsten Gemütskräften der starkmütigen Völker des Mittelalters! Wie zieht sie die Seelen hinan als das Ewig-Weibliche! Wie wandelt sie geheimnisvoll den Namen *Eva:*

Ave maris stella
dei alma mater
atque semper virgo
felix caeli porta.

Sumens illud ave
Gabrielis ore
funda nos in pace
mutans Evae nomen.

*

Wer das Mittelalter verstehen will, muß sich hineinversetzen können in die geistige Atmosphäre eines gotischen Kreuzganges, dessen Formen, dessen Rhythmen den Menschen, der in ihm herumwandelt, sein Gemüt erheben lassen zu einer meditativen Grundstimmung, in der sich ihm ahnend-seelenvoll im religiösen Erleben so manches noch von dem tieferen Wesen der Dinge erschloß. Wunderbare Bilder treten uns da entgegen. Fühlen wir uns nicht in die meditative Atmosphäre eines solchen Kreuzgangs versetzt, wenn wir z. B. das Folgende hören? Der Bischof von Capua betrachtet in seinem Garten die Rosen. Nicht die äußere Schönheit der Rosen allein ist es, die ihn entzückt. Er gibt sich den Gedanken hin, die in ihm bei ihrem Anblick aufsteigen: Die Rose ist das Herz der Märtyrer, sagt er sich, oder auch das Herz der Jungfrauen. Ist sie rot, so ist sie das Blut derer, die für den Glauben gestorben sind; ist sie weiß, so ist sie die Reinheit der Jungfrau. Sie erblüht mitten unter den Dornen, wie die Märtyrer mitten unter den Ketzern und Verfolgern erstehen, oder wie die reine Jungfrau inmitten lauter Verderbnis erglänzt [6]). Wer eine Vorstellung von dem hat, was etwa im Zusammenhang mit dem Rosenkreuz über die Rose gesagt werden kann, wird die Schönheit und die Tiefe solchen Sinnens eines mittelalterlichen Menschen vollends zu würdigen vermögen ...

Alles menschliche Dasein und Geschehen ist für eine solche Weltanschauung unter das gewaltige Zeichen des Kreuzes von Golgatha gestellt. *„Das Leben“*, sagt ein dem Namen nach nicht bekannter Lehrer des Mittelalters, *„ist nur der Schatten, den das Kreuz Jesu Christi wirft. Außerhalb dieses Schattens gibt es nur den Tod.“* –

So sehen wir, daß wahrlich nicht umsonst der vierte nachatlantische Zeitraum als derjenige bezeichnet wird, in dem die „Verstandes- oder Gemütsseele“ zur besonderen Ausbildung gelangt. Das ganze Mittelalter ist *eine* wunderbare Entfaltung dieser *Gemüts*seele. Ja, was Gemütsseele ist, kann, wie ich glaube, gar nicht besser in aller Konkretheit studiert werden als durch eine liebevolle Betrachtung eben dieser mittelalterlichen Kultur. Überall glänzt sie uns dort warm entgegen: in der Welt der Legenden, der frommen Erzählungen, der herrlichen lateinischen Hymnen, der Marienlieder, in der Heimlichkeit der Kirchen, besonders der Krypten, nicht zuletzt aber auch in den oft so naiven, oft so menschlich-rührenden bildlichen Darstellungen, dem Skulpturenschmuck der Kathedralen. Der Mensch war durch innige Gemütskräfte mit seiner Hände Werk, das zugleich ein Werk seiner Seele war, verbunden, als Handwerker, als Künstler. Darauf beruht das Ergreifende jeder alten Truhe, jedes sonstigen Gebrauchsgegenstandes, jeder Bilddarstellung aus dieser Zeit. „Diese frommen Arbeiter legten in ihre Werke die ganze Zartheit ihrer Seele." Dadurch aber ist jede Form im Mittelalter „durch den Gedanken belebt", gleichsam Kleid eines Gedankens, der wie im Innern der Form arbeitet und sie ausgestaltet[7]).

In der Scholastik kommt dann auch besonders das *Verstandes*element der Verstandes- oder Gemütsseele zur vollen Geltung. Hier ist es die innere, verstandeserhellte Klarheit der Begriffswelt, welche den Inhalt der überlieferten Offenbarung ergreift und ihn durch das menschliche logische Denken eben diesem Denken einleuchtend zu machen sucht. Eine Freiheitstat in der Weise, wie sie im 13. Jahrhundert möglich war, als die Menschen von dem realen *Erleben* der übersinnlichen Welt am stärksten abgeschnitten waren. Ein genauer Ausdruck dieses scholastischen Strebens ist, wie ja längst von vielen empfunden, die Gotik. Die Klarheit der scholastischen Begriffe findet sich wieder in der Klarheit der gotischen architektonischen Gliederung, und wie die Begriffe der Scholastiker sich erheben, gleichsam sehnsuchtsvoll der verdunkelten geistigen Welt entgegen, in einer gewissen, damals notwendigen Abstraktheit, so die Pfeiler und Gewölbe des gotischen Doms: klar, etwas abstrakt emporstrebend, sehnsuchtserfüllt, zu den geistigen Welten. Zugleich aber auch hierin, bei aller Klarheit, jene *Gemütsseelenhaftigkeit*, die eben mit ergriffen wird, wenn der Mensch *so* aus der Innigkeit seiner Religiosität denkend nach dem Geistigen strebt, und die als eine so wunderbare Atmosphäre uns umfängt, wenn wir einen gotischen Dom betreten. –

Was *Zeit*aufgabe des ganzen griechisch-lateinischen Zeitalters ist, die Ausbildung der Verstandes- oder Gemütsseele, das ist zugleich *Volks*aufgabe eines bestimmten Volkes, des französischen. Daher sehen wir dieses Volk in jenen mittelalterlichen Jahrhunderten auf der Höhe der damaligen *Zeit*entwicklung, in harmonischem, produktivem Zusammenklang mit den allgemeinen Menschheitsimpulsen der Zeit. Und wer manche Tragik der späteren Entwicklung dieses Volkes, im Zeitalter der Bewußtseinsseele, mitfühlend empfindet, der schaue gerade auf diese letzten Jahrhunderte der Verstandes- oder Gemütsseelenkultur hin, als dieses Volk im eminentesten Sinne „zeitgemäß" wirken konnte. Damals blühte in Frankreich die Gotik, damals strebten dort Begriffe und Dome empor, alles eingetaucht in eine edle, erwärmende, christliche Gemüthaftigkeit. Die Tragik und der Niedergang begannen, aufs Große gesehen, als mit dem fünften nachatlantischen Zeitalter die Bewußtseinsseelenkultur heraufgezogen war, zu der nun zunächst das englische Volk in ein ähnliches zeit-gemäßes Verhältnis trat wie vorher das französische zur Verstandes- oder Gemütsseelenkultur. „Jedes Volk hat seinen Tag in der Geschichte . . . ." Dann gibt es seinen ureigenen Beitrag zu der allgemeinen Menschheitsentwicklung. Ein leuchtender Tag war für das französische Volk erschienen, als es den geheiligten Boden von Chartres in lebendiger Gegenwart sein eigen nennen konnte, als die Universität Paris blühte, als von allgemeinem, ungeheurem Enthusiasmus getragen die Gotik in Frankreich entstand.

Im scholastischen *Realismus* bewahrte die Menschheit noch einen letzten Zusammenhang mit der für wirkliches übersinnliches Erleben nun verdunkelten geistigen Welt: durch den Begriff, den ja dieser Realismus als ein reales, unabhängig vom Menschen Wesendes wußte. „In meinem Denken leben Weltgedanken", hätten diese Realisten noch, freilich in einem viel abstrakteren Sinne, sagen können. Sie hatten noch etwas wie einen Nachklang des Verständnisses für die „kosmische Intelligenz", eben durch das Teilhaben an der realistisch aufgefaßten Begriffswelt. Diesen Zusammenhang zerstört der *Nominalismus*. Er zerschneidet gleichsam den letzten dünnen Faden, der den Menschen noch mit der geistigen Welt verband. Er schnürt ihn von der geistigen Welt vollends ab. Er überantwortet ihn den Mächten der Tiefe, die hinter der Sinneswelt lauern, die ja nach der Anschauung des Nominalismus gegenüber den Begriffen als das allein Reale erscheint. Einer der großen, weltgeschichtlich wirksamen „Irrtümer"! Der das Ich des Menschen befreit von den alten Zusammenhängen, den Menschen auf sich stellt. Ihn erdentüchtig macht. Das Zeitalter der zunächst erdgebundenen Bewußtseinsseele vorbereitet, das Zeitalter der sinnlichkeitsbeschränkten Naturwissenschaft. Der Nominalismus bedeutet im tieferen Sinne den Todesstoß für das Mittelalter. Mit ihm tritt völlige Finsternis in bezug auf das Erleben des Geistes ein. Nun sind, für die große Breite des abendländischen Geisteslebens, wirklich *alle* Zusammenhänge mit den älteren Bewußtseinsstufen zerrissen. Dadurch trägt der Nominalismus auch seinen eigenen Todeskeim in sich. Er überantwortet die Scholastik der Sinnlosigkeit. Er hebt sich selbst auf (ein Phänomen, das man immer bei weltgeschichtlichen Erscheinungen beobachten kann, die aus ahrimanischer Wirksamkeit heraus in die Welt treten).

Diese Ichbefreiungs- und zugleich Geistverdunkelungsimpulse wirken stark schon im 14. Jahrhundert. In der Kunst wird die Darstellung einerseits individueller, andererseits naturalistischer. Auch der Künstler erlangt größere individuelle „Freiheit". Er beginnt die alten, auf tiefen Einsichten beruhenden, ihn ehemals bindenden Vorschriften über Stellung, Haltung, Attribute, räumliche Verteilung usw. der darzustellenden Personen der heiligen Geschichte zu ignorieren, weil er sie nun auch gemütsmäßig nicht mehr versteht. Man müßte unter solchen Gesichtspunkten ganze Kapitel der Kunstgeschichte neu schreiben. Man müßte verfolgen, wann und wo (auch volkspsychologisch) zuerst durchbrochen wird z. B. die strenge Gruppierung bestimmter Personen unter dem Kreuz, wann und wo zuerst der Goldhintergrund durch realistische landschaftliche Hintergründe verdrängt wird usw. Dies alles ist an sich natürlich längst bekannt, es müßte aber als der zeitlich, örtlich, volksmäßig und individuell differenzierte Anbruch des Bewußtseinsseelenzeitalters erkannt und dargestellt werden. Wie bedeutungsvoll ist z. B. der Wandel in den Madonnenbildern: im 13. Jahrhundert noch strenge Haltung der Mutter und des Kindes: hoheitsvoll, dem menschlichen Fühlen unnahbar, solange sich dieses Fühlen nicht selbst zum Göttlichen emporheben will. Im 14. Jahrhundert wird vielfach schon eine rein menschliche, von zärtlicher Liebe zum Kinde erfüllte Gestalt daraus. Einst trägt sie den symbolischen Apfel feierlich in der Hand, der daran erinnert, daß diese jungfräuliche Mutter die neue Eva ist; im 14. Jahrhundert wird aus dem Apfel ein Spielzeug für das Kind[8]). Wie interessant ist es auch, die Rolle der Stifter auf den Bildern zu verfolgen. Im 13. Jahrhundert knien sie noch, klein und in demütiger Haltung, in einer Ecke des Bildes, vor den heiligen Personen. Im 14. Jahrhundert werden sie schon größer und selbstbewußter. Später werden sie oft beinahe Selbstzweck und die Heiligen nur gleichsam Vorwand oder Attrappe. Im 17. Jahrhundert gar kann man es wohl erleben, den Heiligen, sogar auf Altarbildern, dadurch entwürdigt zu sehen, daß ihm selbst die höchst unheiligen, süffisanten Züge eines Barockstifters geliehen werden!

Zur Tragik der immer mehr zunehmenden geistigen Verdunkelung des Mittelalters gehört es auch, daß in dem Maße, wie eine gegenwärtige geistige Welt nicht mehr erlebt werden kann, die Geistigkeit ins Luziferische entartet. Das äußert sich in vielem. Z. B. darin, wie immer mehr in den legendären Geschichten die Grenze zwischen der physischen und der übersinnlichen Welt verwischt wird! Eine Erzählung beginnt z. B. in der physischen Welt; unversehens aber geht sie über in die geistige Welt; Schilderungen kommen, die nur als Darstellung von Wesenheiten der Astralwelt einen Sinn haben; dann springt die Erzählung wieder über in die physisch-historische Welt. Beide Welten werden miteinander vermengt, wodurch die physische Welt etwas Unwirklich-Phantastisches, die geistige Welt jedoch ein physisch-sinnliches Gepräge erhält. Es läßt sich ermessen, daß ohne die strenge, begriffsklare Arbeit der Scholastiker dieses Luziferisch-Werden der Geistigkeit noch weit verwirrendere Ausmaße angenommen hätte. Immer mehr nimmt, gerade gegen *Ende* des Mittelalters, der *Aberglaube* zu, der im wesentlichen nichts anderes ist als das Für-Physisch-Nehmen dessen, was eine Realität nur in einer übersinnlichen Sphäre hat: also auch ein Phänomen der Grenzverwischung. Und immer mehr werden nur die allerniedersten Regionen der übersinnlichen Welt Menschen real zugänglich, Menschen, die, wenngleich bereits Ausnahmenaturen, doch überall noch zahlreich genug vorhanden waren; und indem solche Menschen sich nicht mehr zu den reinen hohen Wesenheiten der höheren geistigen Welt zu erheben vermögen, treffen sie in den niedersten Sphären der übersinnlichen Welt mit allerlei dämonischen Wesen zusammen, wie wir sie ja oft so höchst realistisch auf mittelalterlichen Bildern oder in Holz und Stein dargestellt finden. Und wenn einst die Heiligen dieser Wesen Herr wurden, sie überwanden, so daß wir sie unter ihren Füßen sich windend dargestellt sehen, fehlt diese Überwindekraft gerade gegen Ende des Mittelalters mehr und mehr; Menschen gehen allerlei Verbindungen mit den Dämonen ein, und so nimmt das Hexenwesen furchtbare Dimensionen an, dem gegenüber freilich die Bekämpfungsmethoden durch die Hexenprozesse und ihre Scheußlichkeiten gleichfalls nur die vollendetste Bankrotterklärung einer geistig ohnmächtig gewordenen Zeit bedeuten. Erst mit dem heraufziehenden materialistischen Zeitalter verschwinden dann diese Dämonen wieder, nämlich wohl in die vom klaren Denken des naturwissenschaftlichen Menschen konstruierten technisch-maschinellen Erzeugnisse dieses Zeitalters, wohinein sie gleichsam gebannt sind, um je nach deren Verwendung dem menschlichen Leben zu dienen oder es zu vernichten.

Mit dem Anbruch eines neuen, geistigen Zeitalters in der Gegenwart beginnen sie wieder, an die *Seelen* der Menschen heranzutreten, wenngleich meist noch nicht wieder wahrgenommen, und entfalten eine neue Tätigkeit, wovon man sich z. B. bei dem Besuch mancher modernen Kunstausstellung, aber auch sonst überall auf den verschiedensten Gebieten und Höhenlagen des modernen Lebens leicht überzeugen kann. –

Nachdem die neuere Zeit heraufgezogen war, mußte vollends alles dazu dienen, den Menschen aus den alten geistigen Zusammenhängen gänzlich loszulösen. Das tat einerseits der *Protestantismus,* der neben allem Positiven, was er als Ichbefreiungsimpuls bedeutet, doch ebendeshalb notwendig zugleich auch einen großen weiteren Fortschritt auf dem Wege des *Nichtverstehens* dessen darstellt, was einst im Katholizismus gelebt hatte. „Daher zeigt uns auch", wie *Novalis* sagt[9]), „die Geschichte des Protestantismus keine herrlichen, großen Erscheinungen des Überirdischen mehr, nur sein Anfang glänzt durch ein vorübergehendes Feuer des Himmels, bald nachher ist schon die Vertrocknung des heiligen Sinns bemerklich; das Weltliche hat die Oberhand gewonnen, der Kunstsinn leidet sympathetisch mit, nur selten, daß hie und da ein gediegener, ewiger Lebensfunke hervorspringt und eine kleine Gemeinde sich assimiliert." Eigenartig, daß aber auch der Gegenpol des Protestantismus in derselben Richtung wirkt (was man aber oft in der Geschichte bemerken kann, daß Bewegungen, die einander entgegengesetzt sind, doch im Sinne der *tiefsten* Zeitimpulse in *einer* Richtung wirken), nämlich der *Jesuitismus.* Der gegenreformatorische Jesuitismus ist es, der durch das von seinem Geiste maßgebend beeinflußte Konzil von Trient gründlichst mit großen Teilen der mittelalterlichen Welt der Tradition und der Legenden aufräumt – diese sollen die Kirche vor dem modernen (protestantischen) Bewußtsein nicht mehr kompromittieren. Der Jesuitismus ist es aber auch bezeichnenderweise, der zuerst mit der alten geheiligten Tradition bricht, wonach der Kirchenbau nach bestimmten Regeln in den Kosmos hineingestellt werden mußte, nämlich von Ost nach West*): Der Mensch soll losgelöst werden vom Kosmos. Es bedeutet dies einen späten Sieg des römischen Impulses, der ja seine größten Triumphe überhaupt erst lange *nach* dem physischen Untergang seines ersten Trägers, des römischen Volkes, gefeiert hat. Und was das künstlerische Element in den Kirchen im Sinne echt mittelalterlicher Frömmigkeit und Gemüthaftigkeit betrifft, so wäre es schwer zu sagen, wer ihm mehr Abbruch getan hat: der Protestantismus, der zu einer Verarmung der Kirchen an bildender Kunst führte, oder der Jesuitismus, der diese Kunst veräußerlichte[10])?

---

*) Vgl. *Mâle* a. a. O. S. 5 und z. B. *Julius Haase* in seinem Aufsatz „Die Orientation sakraler Bauwerke in ihren geschichtlichen Grundzügen" in der Zeitschrift „Das Reich" IV 4 (Oktober 1919) S. 351. Bedeutsam ist es, daß auch der *Islam* in der gleichen Richtung wirkt. Wie Haase (S. 362) schreibt, steht bei den Muslimin die Orientation *ohne irgendwelche Beziehung zum Kosmos;* ja Muhamed verbiete geradezu seinen Gläubigen die Gebetsrichtung gegen irgendein Gestirn und schreibe statt dessen in der 2. Sure des Koran, Vers 136–145, streng die Gebetsrichtung nach der Kaaba von Mekka vor (also nach einem Punkt auf der *Erde).* – Die alte kirchliche Vorschrift, wonach die Kirche nach Osten orientiert sein mußte, findet sich in den Clemens I., dem römischen Bischof des 1. Jahrhunderts zugeschriebenen Constitutiones apostolicae. Bei *Migne,* Patrol. Graeca, T. 1, col. 723/4, findet man dabei eine (spätere) schöne Begründung dieser Orientation nach dem Osten: „Damit ... die Betenden zu der verlorenen, heißersehnten Heimat, dem Paradiesesgarten schauen, den Gott im Osten gepflanzt hat."

So geht es über in das vom Geistigen aus gesehen finsterste Zeitalter, als welches die ersten Jahrhunderte der Bewußtseinsseelenkultur und ihres Materialismus gelten müssen. Die Macht Ahrimans wurde groß auf allen Gebieten. Er folgte als die schicksalsmäßige Erfüllung auf Luzifer, der im Mittelalter, namentlich gegen dessen Ende, die vorwaltende Macht gewesen war. Was aber im Mittelalter, insofern es aus *altem* Geist-Erleben stammte, endgültig zu Grabe getragen worden ist, es kann wieder neu errungen werden, wenn nun der Mensch der *Bewußtseinsseele,* nachdem sich diese in den letzten vier bis fünf Jahrhunderten im Erleben der Materie gekräftigt hat, sich dem Geiste zuwendet, wie es dem gegenwärtigen Zeitalter in Wahrheit angemessen ist. Heute wenden sich viele Menschen mit Liebe und Sympathie dem Mittelalter zu. Manch einer fühlt sich diesem persönlich verbundener als den Zeiten, die dazwischen liegen. Darin wird sich manches von individuellem Schicksal ausdrücken, sicher aber auch oft eine tiefe Geistsehnsucht vieler moderner Menschen, die sich zunächst als Sympathie für das letztvergangene, vom Geiste noch in der Weise, wie wir zu zeigen versuchten, durchseelte Zeitalter auswirkt. Solche Menschen fühlen das, was Wahrheit ist in dem Worte des Novalis in seinem historisch-dichterischen Hymnus auf das Mittelalter, als den man jenes wunderbare Fragment „Die Christenheit oder Europa" bezeichnen kann, wo er von diesen mittelalterlichen Jahrhunderten sagt: „Einmal war doch das Christentum mit voller Macht und Herrlichkeit erschienen ..." Nicht alle freilich fühlen das gewaltig Zukunftweisende der folgenden Worte: „*... bis zu einer neuen Weltinspiration* herrschte seine Ruine, sein Buchstabe mit immer zunehmender Ohnmacht und Verspottung." Bis zu einer neuen Weltinspiration! Diese sollte *in der Gegenwart* für die Zukunft suchen, wer die *rechte* Liebe für das Mittelalter im Herzen trägt! Dann wird er nicht rückwärtsschauend Vergangenes, Verklungenes, Ausgekeimtes neu erwecken wollen durch eine Art Renaissance des Mittelalters, wie sie von manchen angestrebt wird, sondern in der Gegenwart aus der schon erklungenen und erklingenden neuen Weltinspiration die neuen Geistesquellen für die Zukunft finden.

Als die orientalisch-griechische Kultur sich hinüber lebte in die römische, da ging der Menschheit aus tragischer Notwendigkeit der *Geist* verloren. Damit gewann alle abendländische Menschheitskultur einen grundlegend neuen Charakter. In der Gegenwart, etwa seit dem 18. Jahrhundert, vollzieht sich ein Umschwung von gleich einschneidender Bedeutung für die Zukunft: nun begann auch die *Seele* verloren zu gehen. Sehen wir es nicht überall in der Gegenwart, wie jetzt auch die *Seele* des Menschen gleichsam „abgeschafft" wird? Wie die Menschen nur noch als Leiber („mit einigen seelischen Eigenschaften", könnte man sagen) behandelt werden und sich behandeln lassen? Wie Untermenschliches aus dem Abgrunde sein Haupt erhebt und die Menschen in seinen dämonischen Bann zieht? Überall kann man dieses ja sehen, wie es rapide heraufzieht und in alle Gebiete des Lebens eindringt. Das wird zum tragischen Schicksal derjenigen Menschheit, welche sich der seit dem Ereignis des Jahres 869 geschichtslogisch fortwirkenden Strömung mehr oder weniger passiv überläßt, die sie nach dem Geiste nun auch noch die Seele verlieren läßt. War aber der Verlust bzw. die zeitweilige Abdämmerung des Geistes in dem dargestellten Sinne sogar vorübergehend eine relative Wohltat, so läßt die nächste Stufe den Menschen *unter* dasjenige Niveau heruntersinken, auf dem er überhaupt noch menschenwürdig-menschlich leben kann. Es kann dies nur vermieden werden von denjenigen Menschen, die sich aktiv hineinstellen in die *andere* Strömung, die aus den Impulsen des gegenwärtigen michaelischen Zeitalters dem Menschen die Möglichkeit gibt, zu Leib und Seele sich den weltgeschichtlich zeitweilig verdunkelten Geist neu wieder hinzuzuerringen oder sich ihm zu öffnen, da er sich neu zu den Menschen herniederneigen will. Man mag alle Lebensgebiete der Gegenwart betrachten, überall zeigt sich, wie immer unausweichlicher sich vor die Menschen die Alternative stellt: entweder den *Geist* neu *hinzuzugewinnen* zu Leib und Seele – oder: nicht etwa zu behalten, was man durch so viele Jahrhunderte unangefochten besaß und ohne sein Zutun behalten konnte, sondern auch die *Seele* noch zu *verlieren!* Wer den Geist nicht neu gewinnt, der verliert auch noch die Seele: das ist die gewaltige, tragisch-furchtbare, höchste Verantwortung begründende Lehre, die zu uns aus der recht verstandenen Menschheitsentwicklung seit dem kulturhistorischen Siege des Römertums bis in die Gegenwart hinein spricht. *Wo* die Möglichkeiten zu einer *heil*vollen Weiterentwicklung liegen, kann heute gewußt werden. Jeder kann heute mit voller Klarheit wissen, daß die Möglichkeiten wieder vorhanden sind, einen entscheidenden Anfang in der Richtung zu machen, die *Novalis* in der Zeit der Vorbereitung und Vorverkündigung als Zukunftsnotwendigkeit im Sinne des Menschheitsheiles in seiner Art prophetisch so wunderbar umschrieb mit Worten wie diesen (am Schlusse seines oben erwähnten Aufsatzes), die heute freilich in einem allerumfassendsten Sinne ausgelegt werden müssen, wobei wir manche *Worte* heute anders zu setzen hätten:

„... Sollte es nicht in Europa bald eine Menge wahrhaft heiliger Gemüter wieder geben, sollten nicht alle wahrhafte Religionsverwandte voll Sehnsucht werden, den Himmel auf Erden zu erblicken? und gern zusammentreten und heilige Chöre anstimmen?

Die Christenheit muß wieder lebendig und wirksam werden und sich wieder eine sichtbare Kirche ohne Rücksicht auf Landesgrenzen bilden, die alle nach dem Überirdischen durstige Seelen in ihren Schoß aufnimmt und gern Vermittlerin der alten und neuen Welt wird.

Sie muß das alte Füllhorn des Segens wieder über die Völker ausgießen ..."

„Wann und wann eher? Darnach ist nicht zu fragen. Nur Geduld, sie wird, sie muß kommen, die heilige Zeit des ewigen Friedens, wo das neue Jerusalem die Hauptstadt der Welt sein wird; und bis dahin seid heiter und mutig in den Gefahren der Zeit, Genossen meines Glaubens, verkündigt mit Wort und Tat das göttliche Evangelium und bleibt dem wahrhaften, unendlichen Glauben treu bis in den Tod."

2. Martianus Capella und die sieben freien Künste

Wer weiß heute noch etwas von Martianus Capella, dem Verfasser des ältesten Buches über die sieben freien Künste? Außer einigen Philologen wohl nur wenige unserer Zeitgenossen. Die sich aber mit ihm befaßt haben, schildern ihn als einen recht absonderlichen, ja abgeschmackten Schriftsteller, mit dem eigentlich niemand etwas Rechtes anzufangen weiß. Wer aber von Gebildeten des Mittelalters hätte ihn *nicht* gekannt? Durch viele Jahrhunderte hindurch wohl auch nur ganz wenige! Zählt er doch zu den bekanntesten und einflußreichsten Schriftstellern, die die mittelalterliche Kultur mitkonfiguriert haben. Man kann ihn nicht wegdenken von der Pflege der „sieben freien Künste".

Deren zentrale Bedeutung für das gesamte mittelalterliche Bildungswesen drängt sich ja auch heute jedem Betrachter der mittelalterlichen Kultur auf. Was damals an weltlicher Bildung neben und auch zusammen mit der theologischen gepflegt wurde, bestand geradezu in dem übenden Sich-Aneignen des „trivium" und des „quadrivium", d. h. von Grammatik, Rhetorik und Dialektik als den Elementarfächern und von Arithmetik, Geometrie, Musik und Astronomie als den Gegenständen der höheren Bildung. Für ein Verständnis der Geistesgeschichte der Menschheit ist es daher von Bedeutung, sich darüber klar zu werden, was es eigentlich mit diesen sieben „Künsten" für eine Bewandtnis hat. Aus seiner Geistesforschung heraus hat Rudolf Steiner hierüber manche Angaben gemacht, von denen wir zunächst im folgenden einiges wiedergeben wollen.

Die sieben freien Künste weisen uns in die Weiten des Kosmos hinaus und zurück in die Vergangenheit der Menschheitsentwicklung. Vor Zeiten strahlten sieben Seelenkräfte aus dem Kosmos in den Menschen hinein. Die hellseherische Seele fühlte ihr Leben zusammenfließend aus diesen sieben ihr von göttlich-geistigen Wesenheiten zuströmenden Seelenkräften. Der Mensch hatte noch nicht die stark verbundene vom Ich zentral aus wirkende Einheit von Denken, Fühlen und Wollen erobert, die dem heutigen intellektuellen Bewußtsein natürlich ist. Dies geschah in entscheidender Art eigentlich zuerst durch das hebräische Volk seit Moses. Moses ist es, der dieses Volk von der noch auf altem Hellsehen beruhenden Kultur loslöst und seiner bedeutsamen Zukunftsentwicklung entgegenführt. Die Bibel schildert, wie Moses dereinst im Lande Midian den sieben Töchtern des Priesters Jethro begegnete. In diesen treten ihm, gleichsam das Ewig-Weibliche versinnbildlichend, noch jene sieben Seelenkräfte des alten Menschen entgegen. Die spätere Menschheit kannte sie nicht mehr in dieser lebendigen Form. Sie wurden nach und nach immer abstrakter. Und so sonderbar es zunächst klingen mag, so führte Rudolf Steiner aus, wir können diese Seelenkräfte, die sich einstmals auf dem Schauplatz der gesamten Seele auswirkten, in den sieben freien Künsten des Mittelalters wiedererkennen.

Moses heiratet eine der Töchter Jethros. Er verbindet sich vorzugsweise mit *einer* der sieben Seelenkräfte, derjenigen nämlich, welche die übrigen, vorher getrennt gedachten

Seelenkräfte in ein einheitliches Ichleben *zusammenschließt.* Damit wird die weitere Entwicklung des hebräischen Volkes inauguriert, zugleich aber die der späteren Menschheit überhaupt, die Kraft, aus dem Ichbewußtsein heraus intellektuell die Welt zu erfassen.

Wenn wir dieses hören, kann es uns bedeutungsvoll berühren, wenn wir nun von ganz anderer Seite her finden, daß *Cassiodorus,* der christliche römische Schriftsteller des 6. nachchristlichen Jahrhunderts, ausgesprochen hat, „Moses habe die Kenntnis der sieben Künste in ihrer Fülle besessen, und die Heiden hätten nichts anderes getan, als ihm einige Fetzen seines Wissens zu entwenden“ [11]). Cassiodor hat selbst eine Art Lehrbuch über die sieben freien Künste verfaßt. Im Zusammenhang damit weist er ausdrücklich darauf hin, daß die Keime zu diesen weltlichen Künsten überall schon in den heiligen Schriften zu finden seien, und er deutet auch hier auf Moses, der sie beherrscht habe, als ein Vorbild. Damit ist freilich zugleich noch ein anderer Zusammenhang gegeben. Cassiodor erwähnt auch, daß Moses ja in aller Weisheit der Ägypter unterrichtet worden sei, und so liegt es nahe, zu fragen, in welchem Sinne die Ägypter die späteren sieben freien Künste gekannt haben mögen und was überhaupt ursprünglich Sinn und Inhalt dieser Künste-Wissenschaften gewesen ist.

Für die übersinnliche Erkenntnis – wir folgen hier wieder Rudolf Steiner – erklingen die einzelnen Gebilde des Tierkreises in den Konsonanten, die Planeten in den Vokalen. Im physischen Leibe trägt der Mensch einen Abglanz der Weltenkonsonanz, im ätherischen einen solchen des Weltenvokalismus in sich, die er aufgenommen hat beim Durchgang durch den Kosmos vor der Geburt. Im Sprechen empfand daher der alte Mensch hellhörend noch die Beziehung zum ganzen Weltenall. Im Alphabet sprach er, wie in einem Ursatze, die ganze Fülle des Göttlichen aus. Aussprechen des Alphabets und Astronomielehre war für diese alten Zeiten ein und dasselbe. *Grammatik* bedeutete – noch in geschichtlichen Zeiten – ursprünglich nichts anderes, als daß der Mensch in die wirklichen Geheimnisse der einzelnen Buchstaben eingeführt wurde. Er lernte im Buchstaben den Stern kennen. In der *Rhetorik* lernte er dasjenige handhaben, was so als Wirkung des Astronomischen in ihm lebte. *Dialektik* aber hieß, es im Gedanken erfassen und bearbeiten.

In der *Arithmetik* sprachen sich die Zahlengeheimnisse aus. Hier ging man von der *Einheit* als dem Größten, Umfassenden aus. Die Zwei erhielt man, indem man die Einheit spaltete, ähnlich die Drei usw. Heute sieht man ja umgekehrt – atomistisch – in der Einheit das Kleinste und kommt zu der Zwei, der Drei durch Addition. Die alte Art aber führte von der Einheit organisch in die Realität der Zahlengeheimnisse. Ähnlich wurde *Geometrie* getrieben; man bekam zuletzt die Empfindung, daß das Geometrische, real gedacht, die Sphärenmusik ist. Man lernte die geometrischen Formen als musikalische Töne empfinden. So stieg man von der Geometrie auf zur *Musik*. Und endlich in der *Astronomie* als dem letzten Gliede der sieben Künste kehrte man, jetzt vollbewußt, zu dem Ausgangspunkt zurück.

Die alten Ägypter nun waren es, die in der Blütezeit ihrer Kultur besonders die vier Wissenszweige (des späteren quadrivium) ausbildeten: Geometrie, Astrologie, Arithmetik und Musik. Sie schauten hin auf den physischen

Leib des Menschen, den sie durch ein Überirdisches aus der Erde heraus erbildet wußten und den sie daher in der Mumie zu konservieren suchten. Sie betrachteten ihn in seinen Raumesformen nach den Gesetzen der *Geometrie* gebildet, unter dem Sterneneinfluß stehend nach den Gesetzen der *Astrologie,* von innen heraus sich betätigend nach dem Gesetze der *Arithmetik,* innerlich harmonisch gebaut nach dem Gesetze der *Musik.* Die Griechen hingegen schauten mehr auf das Innerlich-Seelisch-Lebendige, das sich den menschlichen Leib als ein plastisches Kunstwerk formt. Für sie wurden daher namentlich Geometrie, Astrologie und Arithmetik zu bloßen Wissenschaften.

Die Römer schauten den Leib auch nicht mehr als seelisch-lebendiges Kunstwerk an. Sie entwickelten das *innere Bewußtsein,* indem sie den Geist aus dem *Seelischen* sprechen ließen. Das Geistig-Seelische des Menschen selber stellten sie auf die Erde hin durch Grammatik, Dialektik, Rhetorik. In der *Grammatik* stellt nun der Mensch als Geist sich dar durch das Wort, in der *Rhetorik* durch das schöne Formen des Wortes, in der *Dialektik* stellt sich die Seele dar durch das Formen des Gedankens. So wird hier in neuer Weise lebendig das trivium herausgebildet. Die Wissenschaften des quadrivium waren nur noch Erbschaft, sie wurden abstrakte Wissenschaften; sie bildeten den höheren Teil der Bildung; ausgegangen wurde von den *drei* Wissenschaften. So geschah es noch das ganze Mittelalter hindurch. Da waren freilich bald auch Grammatik, Rhetorik und Dialektik schon mehr oder weniger verknöchert. Früher wußte man noch: wenn ich Grammatik treibe, spricht in mir der Logos. Aber dieses Bewußtsein ging immer mehr verloren.

*

In diesem Zusammenhang muß wieder auf die große Bedeutung des vierten nachchristlichen Jahrhunderts hingewiesen werden, das zugleich die Mitte des ganzen griechisch-lateinischen Zeitalters darstellt. Damals erlosch das konkrete geistige Erleben, damals begann in gewisser Weise das immer abstraktere Geistesleben der späteren Zeit. Unmittelbar nach dieser Zeit, wenn nicht noch etwa im 4. Jahrhundert selbst (jedenfalls vor dem Jahre 429), schrieb *Martianus Capella* sein Lehrbuch über die sieben freien Künste. Martianus Capella war *Afrikaner* mit *römischer Bildung*. Nach Cassiodor soll er in Madaura (unweit Karthago) geboren sein. Dieses scheint mir wesentlich. Offenbar waren in jenen spätantiken Zeiten gerade in Afrika – vielleicht durch Blutsvererbungsverhältnisse – noch stärkere Reste alter hellseherischer Fähigkeiten erhalten geblieben als etwa in Italien oder Griechenland. Bezeichnenderweise wird gerade diesen afrikanischen Schriftstellern eine besonders lebhafte „Phantasie" nachgesagt. Man kann schon nach den Lebensumständen und der Schreibweise Martianus Capellas den Eindruck haben, als ob bei ihm eine gewisse Verbindung, wenn auch nicht gerade ägyptischer Elemente, so doch solcher, die letzten Endes auf den ägyptisch-babylonischen Zeitraum als solchen zurückgehen, mit der römisch-griechischen Kultur vorliege, also etwas wie eine historische Verbindung des trivium und des quadrivium! Und so treten denn in seinem Werk die sieben freien Künste einerseits noch in allegorisch-wesenhafter Gestalt auf, als Wirkungen von Vorgängen in der Götterwelt, andererseits tragen sie dann doch wieder in höchst nüchterner systematischer Form den Lehrgehalt einer jeden dieser sieben Wissenschaften vor, wobei Martianus bei damals bekannten Autoren weitestgehend Anleihen gemacht hat. Das Charakteristische für den Stand der Weltenuhr zur Zeit Capellas ist gerade dieses Nebeneinander des Allegorisch-Übersinnlichen mit der nüchternen Intellektualität. Man mißversteht als moderner Philologe diesen Tatbestand vollkommen, wenn man hier nur von einer phantasievollen allegorischen „Einkleidung" der „eigentlichen" Lehren spricht. Es war auch gerade diese allegorisch-bildhafte Seite, die den folgenden Jahrhunderten des Mittelalters das Werk Martians so bedeutsam erscheinen läßt.

Martians Schrift trägt den Titel *„de nuptiis Mercurii et Philologiae"*. Es handelt sich also um die Hochzeit des Gottes Merkur mit der Philologia. Im ersten Buch wird erzählt, daß Merkur sich vermählen will. Nachdem er sich vergeblich um die Hand der Sophia, der Mantice und der Psyche bemüht hat, schlägt ihm Apollo, sein Bruder, die Philologia vor, die gelehrteste Jungfrau von uraltem Geschlecht. Merkur zieht nun in den Palast des Jupiter. Sein Wunsch, sich mit Philologia zu vermählen, wird Jupiter vorgetragen und sodann eine Götterversammlung zur Entscheidung einberufen. Diese stimmt dem Wunsche des Merkur zu, jedoch soll Philologia vorher zur Göttin erhoben werden.

Im zweiten Buch finden wir dann die Braut. Sie muß erst ihre Bedenken gegen die Vermählung mit einem, wiewohl geliebten, Gotte durch eine Berechnung seiner und ihrer „Zahl" (3 und 4) aus ihrer beider Namen überwinden. Ihre Mutter Phronesis (Verstand, Klugheit) schmückt sie zur Hochzeit, wobei jedoch alle tierischen Stoffe vermieden werden. Musen und Grazien begrüßen sie. Unter rauschender Musik erscheint Athanasia, die Tochter der Apotheosis, um sie zum Himmel zu geleiten. Vorher aber muß Philologia sich alles Irdischen entledigen, das sie in ihrem Busen trägt. Sie gibt daher eine große Anzahl von Büchern in den verschiedensten Sprachen aus ihrem Munde von sich, die jedoch von wesenhaft dargestellten Künsten und Wissenschaften sofort begierig aufgefangen werden. Apotheosis reicht ihr dann noch einen Trank der Unsterblichkeit, und nun erhebt sich Philologia in einer sternengeschmückten Sänfte zu den himmlischen Regionen. Sie durchwandert, von Juno geleitet, erst die Luftregion, dann beim Erklingen der Sphärenmusik die Kreise der Planeten und kommt endlich in die Milchstraße vor den Thron Jupiters. Hier erscheint nun im Kreise der Götter und Göttinnen auch Merkur, der Bräutigam (begleitet von Göttern, Halbgöttern, aber auch Menschenseelen wie Homer, Vergil, Orpheus, Pythagoras und Aristoteles, welch letzterer auch hier „auf den Höhen des Himmels noch genauer über die Entelechia nachforschte"). Die Ehepakten werden geschlossen. Die verstandeskluge Mutter der Braut verlangt sodann die Verlesung der (auf die Mitgift bezüglichen) römischen lex Papia Poppaea! Und die Übergabe der Mitgift. Nun führt Apollo sieben der edelsten Dienerinnen seines Bruders Merkur als zu der Mitgift gehörig vor. Es sind dies die sieben freien Künste. Sie treten nun in den folgenden Büchern einzeln auf, werden nach Gestalt und Attributen beschrieben und bringen den Lehrinhalt ihrer Wissenschaften vor.

Bedeutungsvoll kann es zunächst schon erscheinen, daß es sich hier um eine *Hochzeit* handelt, wie sie ja so oft in Schriften, die übersinnliche Vorgänge darstellen, das Bild abgibt. Daß hier *Merkur* auftritt, hat man im Mittelalter folgendermaßen erklärt: In mystischen Schriften, z. B. bei Martian, bedeute Merkur bald zwar den Stern, bald aber auch die Beredsamkeit (eloquentia), wie etwa Saturn außer dem Stern auch die Zeit (tempus) bedeute. So schreibt z. B. im 12. Jahrhundert *Bernardus Silvestris,* eine der großen Persönlichkeiten der Schule von Chartres. Und er meint, wenn Martianus Merkur sich mit Philologia vermählen ließe, so bedeute dies, daß die Beredsamkeit sich mit der Weisheit verbinde, da ja Beredsamkeit ohne Weisheit wenig nütze und sogar schädlich sei, während auch die Weisheit ohne Beredsamkeit nur sich selbst zunutze sei. Dieser Gedanke stamme übrigens schon von Cicero (anscheinend aber ohne den Bezug auf Merkur). Ähnlich schreibt gleichfalls im 12. Jahrhundert der etwas spätere Lehrer von Chartres, *Johann von Salisbury,* Merkur sei immer das, wozu die benachbarten Planeten ihn jeweils machten, da er von wandelbarer Natur sei und sich nach den Mächtigeren richte. Daher gelte er den meisten als ein Urbild der Beredsamkeit, weil diese, verbunden mit der Weisheit, sehr viel nütze, mit der Schlechtigkeit dagegen sehr viel schade. Merkur (Hermes) soll von Plotin mit dem Logos in Verbindung gebracht werden, was sich ja übrigens auch mit der anderen Anschauung sehr wohl vereinbaren ließe; Philologia ist dann diejenige, die den Logos liebt und sich zu ihm zu erheben sucht. Charakteristisch genug ist es, daß sie bei Martian zuerst ihr Erden-Buchwissen zurücklassen muß. Die nach Weisheit oder zum Logos strebende Menschenseele erlangt aber gleichsam Heimatrecht in der geistigen Welt erst dadurch, daß ihr als Mitgift von dem Gotte Merkur die sieben Jungfrauen beigeordnet werden. So erkennen wir jene sieben alten Seelenkräfte wieder, von denen Rudolf Steiner spricht. Wir werden sehen, wie es bei Martian deutlich erkennbar wird, daß diese „zur Mitgift gehörenden“ oder „Merkur-Jungfrauen“ im Zusammenhang stehen mit der Welt der Planeten, aus der sie gleichsam hereinstrahlen in die menschlich-irdische Welt. Noch etwas kommt hinzu: Merkur wurde ja früher stets als der Psychopompos, als der Begleiter der Seelen nach dem Tode verehrt. Da geleitet er die Seelen in die geistige Welt, d. h. aber in die Planetensphäre. Und so geleitet er auch den noch verkörperten Menschen, der sich der Schulung durch die sieben freien Künste hingibt, in eben diese selbe Sphäre. Und endlich: Wir sahen, wie in Ägypten die freien Künste, insbesondere die des späteren quadrivium, in wunderbarer Weise ausgebildet waren. Kein Zweifel, daß sie einen Teil der altägyptischen *Hermesweisheit* bildeten. Deren Name aber deutet schon darauf hin, in wie enger Verbindung sie mit der Wesenheit auch des Gottes Hermes-Merkur steht. Und Moses wiederum war ja eingeweiht in eben diese heilige Hermesweisheit der Ägypter!

Aber wenden wir uns wieder Martianus Capella zu und betrachten wir einige charakteristische Züge seiner sieben freien Künste!

Im dritten Buch führt Apollo als erste der Merkur-Dienerinnen die *Grammatica* vor. Es ist eine bejahrte Frauengestalt. Sie erzählt, sie sei in Memphis unter der Herrschaft des *Osiris* zur Welt gekommen und, nachdem sie lange im Verborgenen gelebt habe, von Hermes gefunden und erzogen worden; später sei sie mit dem griechischen Philosophengewand bekleidet nach Attica gekommen. (Hierzu bemerkt ein im 9. und 10. Jahrhundert angesehener Kommentator, Remigius von Auxerre, die Grammatik sei älter als alle anderen Künste, über die ja auch nur durch sie disputiert werden könne; alle seien in Ägypten erfunden.) Die Grammatik erscheint bei Martian ausgestattet mit ärztlichen Attributen, so daß einige der Götter sie zuerst für einen *Arzt* halten, z. B. führt sie u. a. eine Art Skalpell bei sich, womit sie verschiedene Operationen an der Zunge und den Zähnen vornehmen kann, um das Sprechen zu erleichtern. Mit anderen Medikamenten sucht sie der Rustizität der Stimme und der Rede beizukommen! Sie trägt nun (auf etwa 40 Seiten) eine große Anzahl grammatischer Lehren vor. – Nehmen wir die angegebenen Züge zusammen mit dem, was wir oben über das Wesen der Grammatik anführen durften, so wird es recht deutlich, daß es sich um eine Wesenheit handelt, die, indem sie das *Wort* pflegt, mit dem Logos, mit der *Sonnen*wirksamkeit zu tun hat.

Als nächste der Jungfrauen läßt nun Apollo die *Dialectica* auftreten. Es erscheint ein blasseres Weib in einem schwarzen Gewand mit lebhaften Augen in fortwährender Bewegung und scharfen Blicken. Ihr Haar ist gewunden. Auch sie stammt aus Ägypten, ist von dort in die Schule des Parmenides und nach Attica gekommen, habe sich aber der Weisheit des Sokrates und Plato unterworfen. Athene hebt hervor, daß sie durch große Nüchternheit ausgezeichnet sei! Sie trägt in der linken Hand eine *Schlange*, deren hinterlistige Windungen sie aber unter dem Gewande verbirgt, außerdem andere Attribute, so z. B. eine Art Angelhaken, die nach Remigius den trügerischen und verführerischen Charakter dieser Wissenschaft, ihre verfänglichen Schlüsse, ihre Sophismen usw. ausdrücken. Dialectica gibt dann eine eingehende Darstellung ihrer Lehre. Als sie endlich noch die verwickeltsten und dunkelsten Gegenstände behandeln will, wird der Bräutigam ungeduldig, und

Athene nötigt sie aufzuhören. Dialectica verabschiedet sich gehorsam mit einigen Versen und verstummt. „Einige der Götter aber, die anfangs über sie gelacht hatten, schauderten!" Damit schließt das vierte Buch, das uns diejenige Seelenkraft schildert, die aus der *Monden*wirksamkeit heraus im Menschen das intellektuelle, ans physische Gehirn gebundene Denken anregt. Sie ist es, durch die der Mensch zu seiner einheitlichen intellektuellen Weltansicht kommt, die ihn sich als Ichzentrum ergreifen läßt. Diese Seelenkraft ist es auch, die besonders von dem jüdischen Volke ausgebildet wurde. Die Schlange der Dialectica bei Martianus Capella und die eherne Schlange, die Moses errichtet, sind im tieferen Grunde eine und dieselbe.

Nun ertönen Trompeten, der Äther hallt wider, und geräuschvoll tritt auf die *Rhetorik.* Eine glanzvolle majestätische Gestalt, die durch das Schwingen ihrer Waffen den Donner *Jupiters* nachahmt. „Schließlich glaubt man, sie könne auch Blitze schleudern nach Jupiters Art." In ihr Gewand sind die mannigfaltigsten Blumen und Figuren eingestickt. Ihr folgen berühmte Redner, wie Demosthenes und Cicero. Auch sie trägt nun ausführlich ihre Lehre vor. Schließlich küßt sie geräuschvoll die Braut, „denn nichts konnte sie schweigend vornehmen, auch wenn sie es wollte!"

Im sechsten Buch präsentiert sich die *Geometrie,* als Erdmesserin. Sie ist eine unermüdliche Fußgängerin. Sie hat einen kraftvollen Körper; „mit Recht könnte man sie für einen Mann halten". Sie trägt in der rechten Hand einen Zirkel, eine Sphäre in der linken. Bekleidet ist sie mit einem Peplus, auf dem der Lauf der Gestirne abgebildet ist und der Schatten, den die Erde im Himmel wirft. Auf Geheiß der Götter, von denen viele die Erde nie betreten haben, erklärt sie deren Gestalt, Lage und Einteilung an Hand von Plinius und Solinus. Endlich überreicht sie den Göttern die Werke Euklids. – Wir können schon hier empfinden, daß wir es bei dieser männlichen Gestalt mit einer dem *Mars* verbundenen Wesenheit zu tun haben. Dies wird sich uns später bestätigen.

Das siebente Buch zeigt uns die *Arithmetica.* Ihr trägt Pythagoras eine Fackel voraus. Sie erscheint als eine schöne Frau von stattlichem Ansehen und vornehmem Alter („da ja die Zahl von Ewigkeit her ist“, meint Remigius). Ihre Finger bewegen sich „mit unglaublicher Beweglichkeit“ hin und her, biegsam wie Würmer, Zahlen andeutend (wie um uns ein Bild von ihrem quecksilbrig-*merkurialen* Wesen zu geben!). Eine Art Schleier breitet sich über die Gestalt der Jungfrau, „der die Werke der ganzen Natur verdeckte“. Aus ihrer Stirn dringt leuchtend ein kaum wahrnehmbarer Strahl, von ihm löst sich ein zweiter los, dann ein dritter und vierter, bis zu einem neuenten, zehnten. Diese Strahlen, in variablen Gruppen von zwei und drei, bewegen sich um die ganze Gestalt, sie vervielfältigen sich ins Unendliche, reduzieren sich allmählich und kehren schließlich zur Einheit zurück. Remigius belehrt uns, daß der erste Strahl die Monade ist, der zweite die Zwei usw. und daß jeder aus dem vorher abgegabelten sich herauslöst. Was haben wir hier durch dieses Bild anderes als eine wunderbare Bestätigung dessen, was in gedanklicher Form Rudolf Steiner ausgeführt hat über das Ausgehen von der *Einheit* als dem Größten, in dem alle Zahlen enthalten sind, in der alten Arithmetik? Arithmetica setzt nun zunächst das Wesen der Zahlen von der Monade bis zur Dekade auseinander, beginnend: „Vor allem sei angesprochen die heilige Monade ..." Die Sieben (Heptas venerandam) redet sie feierlich an, hinweisend unter anderem z. B. auf die Sieben-Jahres-Entwicklungsperioden des menschlichen Lebens.

Nachdem Arithmetica nach mancherlei Lehren geendet, naht auf Apollos Geheiß als nächste der Merkur-Jungfrauen die *Astronomie.* Die Götter sehen eine Kugel aus Licht und Feuer langsam heranrollen, in deren Innerem sie eine Jungfrau bemerken, blitzend von Diamanten. Alle ihre Glieder haben funkelnde Augen, auf dem strahlenden Haar trägt sie eine Sternenkrone. Goldene Flügel bewegen sich in der Luft mit Kristallfedern. Sie trägt in der einen Hand ein astronomisches Instrument, in der anderen ein Buch, in dem auf verschiedenen farbigen Metallen die Wege der Götter, das Vor- und Zurückschreiten der Sterne verzeichnet sind. (Die „verschiedenfarbigen Metalle" dürften die den verschiedenen Planeten zugeordneten bekannten Metalle sein.) Auch Astronomia trägt nun ihre Lehren vor; zu Beginn bemerkt sie, sie sei „durch unermeßlich viele Jahrhunderte hindurch, damit sie nicht durch gemeine Geschwätzigkeit profaniert werde, im Allerheiligsten ägyptischer Weihestätten verborgen worden".

Nachdem Astronomie geendet und *Venus* wiederholt daran erinnert hat, der Abend sei gekommen, wird „als einzig noch übriggebliebene der Merkur-Jungfrauen" *Musica* vorgelassen (im neunten Buch). Ausdrücklich zurückgewiesen werden die Medizin und die Architektur, da diese Angelegenheit der Sterblichen auf der Erde seien und mit dem Äther nichts zu tun hätten. (Dies scheint mir ein bedeutungsvoller Zug zu sein. Man kann ihn mit folgendem zusammenhalten: Rudolf Steiner schildert in seinem Werke „Die Geheimwissenschaft im Umriß"[12]) die verschiedenen

„Orakel", die es zur Zeit der alten Atlantis auf Erden gab: das Sonnen-, Saturn-, Mars-, Jupiterorakel, das Merkur- und Venusorakel sowie endlich das *Vulkan*orakel. Von den Anhängern des letzteren sagt er, ihr Blick sei mehr den *irdischen* Erscheinungen zugewendet gewesen als derjenige der übrigen Eingeweihten. Sie hätten die ersten Gründe zu dem gelegt, was später als Wissenschaften und Künste unter den Menschen entstand. Hiernach kann man den Eindruck haben, als ob Medizin und Architektur, die bei Martianus Capella als mit dem Äther nichts zu tun habend zurückgewiesen werden, gewissermaßen mehr in den geistigen Zusammenhang dieses irdischeren Vulkanorakels gehörten.)

Nur Musica oder *Harmonia,* „die die besondere Liebe des Himmels und der Gestirne ist", soll also noch zu Wort kommen. Eine Symphonie bezaubernder Töne kündigt sie an. Holde Götter wie die Grazien gehen mit Gesang und Saitenspiel ihr voran. Halbgötter und Heroen des Gesangs wie Orpheus begleiten sie. Sie selbst schreitet, eine erhabene Gestalt, zwischen Apollo und Athene; ihr Haupt ist mit Gold geschmückt, goldstarrend ihre Gewandung, bei jeder ihrer Bewegungen harmonisch tönend. In der rechten Hand hält sie ein rundes Instrument, das in wunderbaren Harmonien erklingt, an der linken hängen goldene Bilder der Freuden des Theaters. (Das erstere ist nach Remigius die himmlische Musik, das letztere ein Sinnbild für die irdische.) Ihre Mutter, *Venus* *), folgt ihr. Harmonia stimmt einen langen Gesang in mannigfachen Rhythmen an. Dann trägt

---

*) So schreibt auch *Bernardus Silvestris,* die rechtmäßige Venus sei die Welten-Musik, die mundana musica i. e. aequalis mundarum proportio.

auch sie die Theorie ihrer Kunst vor. Zuletzt geleitet sie mit einem Schlummerliede die Braut ins Schlafgemach. –

So läßt Martianus Capella in den sieben freien Künsten noch gleichsam Sonne, Mond und Sterne erklingen. Man spürt es seiner ganzen Art an, daß es etwas wie ein letztes Verklingen ist. Martian schließt sein Werk mit einem Gedicht an seinen Sohn (der gleichfalls Martianus hieß), das mit den Worten beginnt: „Da hast du nun, Martianus, die greise Fabel (senilem fabulam)..." Das kann sich wohl auf das hohe Alter des Autors beziehen. Könnte es aber nicht auch – vielleicht zugleich – ausdrücken, daß Martianus selbst empfindet, daß seine Fabel letzter Nachklang eines Alten, in weite Vergangenheit Zurückreichenden ist?

Rudolf Steiner hat einmal in ähnlichem Zusammenhang über Martianus und seine sieben freien Künste gesprochen. Da wies er auf das Geistesleben besonders der Griechen, aber auch der Römer hin, wie es durch lange Zeiten gewesen: einzelne Persönlichkeiten erheben sich zum schauenden Bewußtsein; zuerst in der geistigen Welt erleben sie die Begriffe und Ideen; dann tragen sie sie an die Dinge der Sinneswelt heran. Diese wird dadurch erst verständlich. Das wirkt, in der untergehenden römischen Welt, auch noch nach bei Persönlichkeiten wie Martianus Capella, der danach ringt, das, was zu seiner Zeit schon immer abstrakter geworden war, dennoch in der geistigen Welt zu suchen. Die ältere Anschauung hatte noch gewußt, daß Engel es sind, die den Menschen in die geistige Welt begleiten. Die Griechen haben sie „Wächter" genannt. Was so wirklich geistige Wesenheit gewesen, wie die neun Musen der Griechen, das war zu Capellas Zeit z. B. die Grammatik geworden. Früher wußte man: in den Worten und Wortzusammenhängen wirkt der Engel, der „Wächter". Früher waren Grammatik, Rhetorik geistige Anschauungen. Sie *lehrten* nicht nur etwas, sondern sie waren schaffende Wesenheiten, in die derjenige eindrang, der sich zum Geist erhob. Bei Martian sind sie schon Allegorien geworden, *aber immerhin noch Allegorien.* Dr. Steiner nannte diese Gestalten des Martian verschiedentlich scherzhaft „Damen", die zwar schon recht dürr und mager geworden seien, aber doch noch vollsaftige Gestalten gegenüber dem, was in noch späteren Zeiten aus ihnen geworden! Sie tragen ihn noch hinein in die geistige Welt. Capella hätte die Schilderung seines Weges zur Weisheit mit den Worten schließen können: „Das siebenfach Weibliche zieht uns hinan!" Später hörte dann auch das Allegorische auf, und es blieb schließlich nur noch übrig das Intellektuelle. So geht der Menschheitsweg in die Abstraktion.

*

Im Mittelalter spielte, wie schon erwähnt, das Buch Martians eine außerordentlich große Rolle. Schon in den Zeiten Gregors von Tours (im 6. Jahrhundert) war es als Lehrbuch für den Unterricht in den sieben freien Künsten bekannt. Oft bildete es die einzige Grundlage dieses Unterrichts. Aber erst die Iren haben, wie man glaubt, aus ihrem Wissen heraus Erklärungen zu dem Schulbuch verfaßt, wobei sie hauptsächlich die Griechen zur Erläuterung heranzogen. Einen der ältesten Kommentare schrieb der Ire *Dunchad*, von dem es heißt, er habe aus pythagoräischer Weisheit geschöpft. Etwa gleichzeitig verfaßte einen weiteren Kommentar kein Geringerer als der in den irischen Weisheitsschulen herangebildete einflußreiche Denker des 9. Jahrhunderts, *Scotus Erigena.* Charakteristisch genug, daß gerade von dieser Seite her man sich eingehend mit Martian befaßte! Als Schüler von Dunchad und Scotus Erigena gilt *Remigius von Auxerre*, der sich, wie man annimmt, ganz auf die hibernische Schule stützte und dessen zirka 888 geschriebenen Kommentar wir verschiedentlich erwähnten. *Notker Labeo* von St. Gallen († 1022) übersetzte die beiden ersten Bücher der „Hochzeit", also die den rein mythologischen Teil enthaltenden, sogar ins Althochdeutsche. Eigenartig ist, daß noch der berühmte holländische Gelehrte und Staatsmann *Hugo Grotius* (1583–1645), einer der charakteristischsten Bannerträger des 5. nachatlantischen Zeitraums, sich philologisch-kritisch an das schwierige Werk Capellas heranmachte und es herausgab, und zwar bereits als 15jähriger Knabe; wie wenn er rekapitulierend sich mit dem Wesen des griechisch-lateinischen Zeitalters hätte auseinandersetzen müssen, ehe er das Neuartige seines späteren Wirkens aufnehmen konnte! Noch *Leibniz* endlich wollte das Werk neu herausgeben.

Die Spuren Martians treffen wir auch sonst vielfach noch an durch Beeinflussung späterer Werke über die freien Künste. Unter diesen kann uns heute besonders die große Dichtung *Alanus ab Insulis'*, der „Anticlaudian" aus dem 12. Jahrhundert, interessieren. Ich bin auf dieses Werk in anderem Zusammenhange eingegangen[13]) und will daher jetzt nur darauf hindeuten, wie auch hier die sieben freien Künste in einer an Martianus stark anklingenden Weise bedeutungsvoll vorgeführt werden, und zwar so, daß sie der „Prudentia", die sich zu Gott erheben will, einen Wagen bauen. Mit diesem Wagen vermag in der Tat Prudentia, also etwa die menschliche Klugheit, das menschliche Geistesstreben, zu der Sternenwelt hinanzufahren, zunächst in die Welt der Planeten. Auch hier haben wir eine sinnvoll-allegorische Behandlungsweise vor uns. Auch hier wird es deutlich, wie die sieben Künste die Seelenkräfte sind, die den Menschen mit dem Kosmos zu vereinigen vermögen.

Ich habe mir oft die Frage vorgelegt, wie wohl das Verhältnis sein möge zwischen einem mittelalterlichen oder spätantiken Schriftsteller und den früheren Autoren, aus denen er „schöpft". Die heutige Philologie macht sich diese Frage ja recht leicht. Sie begnügt sich damit, die „Quelle" für eine spätere Schrift in einer früheren „nachzuweisen". (Es scheint ja sogar oft, als ob diese „Abhängigkeiten" überhaupt das *Einzige* seien, das moderne Philologen interessiert.) Nun, so einfach ist die Sache gewiß nicht. Gerade in diesem „Schöpfen" aus Quellen scheint mir ein wichtiges Problem der ganzen mittelalterlichen Geistesart zu liegen. Begreiflich muß erscheinen, daß in einer Zeit immer mehr versiegenden alten Schauens die Autorität der Früheren und die Bedeutung der Tradition immer größer werden mußte. Andererseits war auch der mittelalterliche Denker, vor dem Eintritt des neueren Zeitalters der Persönlichkeitskultur, viel freier von dem Ehrgeiz, durchaus nur „Eigenes", Selbsterdachtes bringen zu wollen. Ihm kam es viel mehr als auf diesen Autoren-Individualismus auf sichere, sich dem ganzen durch die Jahrhunderte fließenden Erkenntnisstrom zuverlässig einfügende Erkenntnisse an. Er konnte sich ehrfürchtigen Gemütes *hingeben* an die Weisheitslehren seiner Vorgänger. So entsteht die große Kontinuität des mittelalterlichen Geisteslebens. Es kommt aber noch ein Weiteres in Betracht. Die Schauungen, die Bilder, die Ideen und Begriffe der Früheren fielen bei den Späteren auf einen noch nah verwandten, wenn auch um so viel weniger produktiv gewordenen Boden. Dieser reagierte daher auf die aufgenommenen Bilder und Begriffe, so daß diese in noch *lebendigem* Nach-Denken aufgefaßt und selbständig mit-erlebt und so wirklich zu eigen gemacht wurden. Aus diesem „selbständig Nach-Erlebten" konnte dann der mittelalterliche Lehrer schreiben, das Alte zugleich tradierend, bestätigend, weiterbildend. Mit dem Ende des griechisch-lateinischen Zeitalters, also mit dem 15. Jahrhundert, war dann freilich die äußerste Grenze erreicht, über die hinaus dieser abebbende Strom nicht oder nicht in gesunder Weise hätte fortfließen können.

Ein ganz Analoges gilt auch für die künstlerischen Darstellungen des Mittelalters. Auch hier eine große, durch die Jahrhunderte fortfließende Kontinuität! Die Beziehungen zwischen Kunst und Weltanschauung oder Weisheitslehre und Theologie waren ja lange noch äußerst enge. So sehen wir die sieben freien Künste Martians auch in den bildlichen Darstellungen noch viele Jahrhunderte nachwirken. Zwar konnten die Künstler nicht all die vielfachen Attribute, mit denen die sieben Merkur-Jungfrauen bei Martian auftreten, zur bildhaften Darstellung bringen, wohl aber doch manche charakteristischen Züge. Immer aber waren es die sieben Jungfrauen. *Émile Mâle*[14]) erzählt uns hierüber manches Interessante. Am getreuesten folgte hiernach die Darstellung der sieben freien Künste am alten Portal in Chartres aus dem 12. Jahrhundert[15]) den Schauungen Martians. Nirgends wurden ja auch im Mittelalter, meint Mâle, die sieben Jungfrauen Martians mehr geehrt als in Chartres! Dort sieht man sie, ähnlich wie Martian sie schildert; zu ihren Füßen je eine berühmte Persönlichkeit, die sich in der betreffenden Wissenschaft ausgezeichnet hat, z. B. Aristoteles, Cicero, Pythagoras, Euklid, Ptolemäus. Aber auch in zahlreichen anderen Kathedralen findet man die sieben Jungfrauen dargestellt. Das soll immer als ein Zeichen dafür aufgefaßt werden können, daß an diesen Orten blühende Schulen der sieben freien Künste vorhanden waren. So finden wir die Grammatik im langen Mantel mit einem Werkzeug wie bei Martian; eine der ältesten Darstellungen dieser Art ist auch wieder in Chartres. Die Dialektik trägt die Schlange in der Hand. Hier jedoch bildet gerade Chartres eine Ausnahme. Die Schlange ist dort zum Skorpion geworden. So nämlich beschreibt *Alanus ab Insulis* die Dialektik in seinem oben erwähnten Werke, dem „Anticlaudian". Die Arithmetik wird so dargestellt, daß die Künstler die Beweglichkeit ihrer Finger, auf die wir oben besonders hinwiesen, plastisch zum Ausdruck zu bringen suchen! Auch die Geometrie tritt fast überall mit denselben Attributen auf wie in der Hochzeit des Merkur mit der Philologia. So erweist sich noch durch Jahrhunderte die Kraft der Schauungen des Martianus wirksam.

Noch einmal treten uns in großem kosmischem Zusammenhang die sieben freien Künste entgegen in der alchymistischen Weisheit des *Basilius Valentinus*. Dieser lebte im 15. Jahrhundert. Es gibt eine Ausgabe der ihm zugeschriebenen „Chymischen Schriften" aus dem Jahre 1677. Darin befinden sich u. a. sieben Gedichte unter der Überschrift: „Von der Meisterschaft der sieben Planeten, Ihren Wesen, Eigenschaften, Kraft und Lauf, auch ihren verborgenen Geheimnissen und Verwandlung etc." In jedem der Gedichte spricht in tiefsinniger Weise je einer der Planeten gleichsam sein Wesen aus. Er erzählt uns, welches sein „Engel" ist

(z. B. Gabriel der des Mondes), welche „Tugend“ ihm eignet, welcher Wochentag ihm zugehört, welcher Edelstein, zu welchen Farben er Beziehung hat usw., und so auch, welche der sieben freien Künste ihm zugeordnet ist! Und so finden wir hier eine der schönsten Bestätigungen dessen, was wir schon aus den Schilderungen Martians heraushören konnten. Ich lasse einen Teil der Zuordnungen, die Basilius Valentinus gibt, hier folgen, überlasse es jedem Leser, über die vielfachen tiefen und aufschlußreichen Zusammenhänge weiter nachzudenken, und bemerke nur, daß auch die „Tugenden“ und als ihr Gegenbild die entsprechenden „Laster“ in dem mittelalterlichen Vorstellungsleben wie auch in den Kunstwerken eine außerordentlich große Rolle spielen.

Saturn	– Astronomie	– Fides	– Samstag
Jupiter	– Rhetorik	– Spes	– Donnerstag
Mars	– (Geometrie)*)	– Fortitudo	– Dienstag
Sonne	– Grammatik	– Justitia	– Sonntag
Venus	– Musik	– Charitas	– Freitag
Merkur	– Arithmetik		Mittwoch
Mond	– Dialektik	– Prudentia	– Montag**)

*

---

*) Diese Angabe fehlt bei Basilius Valentinus, ergibt sich aber mit größter Sicherheit, da die übrigen sechs Künste ja genannt sind. Sie steht in Übereinstimmung mit der Schilderung Martians.

**) Eine gänzlich andere Zuordnung der sieben freien Künste zu den Planeten hat *Dante* gegeben (vgl. den Aufsatz von Dora Baker, „Von den ‚Sieben freien Künsten‘ zu den ‚Schönen Wissenschaften‘“ in „Das Goetheanum“ XXXIII 7/8 vom 14./21. Februar 1954, S. 59). Dante schöpft hier offenbar nicht mehr aus der Tradition; gerade die Art seiner Begründung läßt vielmehr erkennen, daß er etwas vorbringt, das er sich *ausgedacht* hat.

Die Initiationswissenschaft der Gegenwart lehrt uns mit tiefinnerlichster Befriedigung erkennen, daß der Mensch alles, was er dereinst in Urzeiten an Fähigkeiten besaß und dann im Laufe der Zeit verlor und dessen letzte Reste eben im Mittelalter verklungen sind, daß er dies alles in der Zukunft auf eine neue Weise, durchchristlicht und aus dem Ich-Bewußtsein heraus, wird wieder erringen können. Wir dürfen aber geradezu fragen: *wie* werden die „sieben freien Künste" wieder auftreten? Wir finden die Antwort in Rudolf Steiners „Die Geheimwissenschaft im Umriß", ohne daß freilich dort der Name der freien Künste erwähnt würde. In dem Abschnitt über Gegenwart und Zukunft der Welt- und Menschheitsentwicklung wird dort wie auch an anderer Stelle davon gesprochen, wie bei dem in spiritueller Entwicklung Befindlichen zunächst Denken, Fühlen und Wollen sich verselbständigen, gleichsam zu drei selbständigen Wesenheiten, wie zu drei Persönlichkeiten werden, wie dann im Verlaufe der weiteren Entwicklung das selbständig gewordene Denken das Auftreten einer vierten seelisch-geistigen Wesenheit anregt, welche man bezeichnen könne wie ein unmittelbares Einfließen von Strömungen in den Menschen, die den Gedanken ähnlich sind. Ebenso regen Fühlen und Wollen zwei Kräfte in der Seele an, und endlich kommt noch eine siebente Kraft und Wesenheit dazu, welche ähnlich dem eigenen Ich selber ist. „So findet sich auf einer gewissen Entwicklungsstufe *der Mensch als sieben Wesenheiten,* die er zu lenken und zu leiten hat[16])." Hier sehen wir, wie sich auf dem Wege der Initiation in neuer Weise wieder auseinanderzugliedern beginnen die sieben Seelenkräfte, die seit Moses sich zum einheitlichen Ich-Bewußtsein miteinander verbunden hatten. Von ihnen sprach Rudolf Steiner auch in dem 1913 im Haag gehaltenen Vortrags-Zyklus: „Welche Bedeutung hat die okkulte Entwicklung des Menschen für seine Hüllen und sein Selbst?“ Auch da zeigt er, wie sich bei fortschreitender geistiger Entwicklung das Selbst des Menschen gewissermaßen zerteilt, wie es allmählich gleichsam *sieben Selbste* aus sich heraussondert. Diese aber werden mit *sieben Planeten* verglichen ...

So kann sich uns ahnungsvoll vor die Seele stellen, wie in Zukunft immer mehr der Mensch auf dem Rückwege in die geistigen Welten des Kosmos, die er vor Zeiten verlassen hat, um ein Ich zu werden, neu sich dieselben Seelenkräfte erringen kann, die er einst im alten Hellsehen wahrnehmen konnte als aus den Weiten des Kosmos in ihn einstrahlend und aus denen, wie wir gesehen haben, bereits im Nachklange hervorgegangen sind die „sieben freien Künste“ [17]).

3. Chartres
in der Geistesgeschichte des Christentums

Zu den lichtvollsten Aufschlüssen, welche die anthroposophische Geisteswissenschaft über die spirituelle Entwicklung der Menschheit und des Christentums im Mittelalter zu geben vermag, gehören die Mitteilungen über die Schule von *Chartres.* Es war dies eine Menschengemeinschaft, deren Wirkenszentrum in Chartres (in Nordwestfrankreich) lag, wo noch heute jene einzigartig herrliche Kathedrale des 12. und 13. Jahrhunderts steht, das Ziel unzähliger Reisender. Im 12. Jahrhundert erreichte die Schule von Chartres ihren Höhepunkt. In ihr lebte wie in einem wunderbaren, späten Abglanz und Nachklang vieles von älterem spirituellem Leben fort: von altem Platonismus, der sich in einem tiefsten Sinne mit dem Christentum verbunden hatte; von altem schauendem Erleben des Naturwirkens in den vier Elementen, der „Göttin Natura", durch deren Wirken der menschliche *Leib* gebildet wird; eine alte kosmische Anschauung, die aus dem Planetenwirken die menschliche *Seele* versteht und in den Fixsternwelten den menschlichen *Geist* urständend weiß ... Es war eine verklingende Welt, von der Abenddämmerungsstimmung des alten Geist-Erlebens eingehüllt und durchdrungen. (Ich habe versucht, manches von diesem allem an Hand der geschichtlichen Überlieferung zu schildern in meinem Buche „Das Wunder von Chartres" 3. Auflage, Stuttgart 1956).

Aber was so in Chartres gelehrt und gelebt wurde, das erscheint angeknüpft an das geschichtliche Zusammenfließen zweier Strömungen, zweier *christlicher* Strömungen, wenn man das Wort in einem weiten und freien Sinne nimmt: die eine Strömung – um es ganz kurz und mehr andeutend hier zu charakterisieren – wirkt vom Norden und Nordwesten Europas aus vorchristlicher Zeit herein; die Menschen, die zu ihr gehörten, erlebten das Geistige in der Natur, im Werden der Elemente, sie schauten durch lange Zeiten auf zu dem hohen Sonnengeist draußen im Kosmos, den unzählige Völker der Vorzeit verehrt hatten, mit dem die alten Menschen ihr tiefstes Menschsein verbunden wußten. Unter verschiedensten Namen verehrten sie die erhabene Wesenheit des *Christus.* Und da er nun durch das Mysterium von Golgatha gegangen war und sich mit der Erde verbunden hatte, fanden die Menschen dieser nördlichen Strömung, von der wir hier sprechen, seinen Lebensgeist in der Atmosphäre der Erde; sie war wie umweht von dem Lebensgeist des Christus. Er wurde geschaut in den zentralen Mysterien des Keltentums in Hybernia (Irland); die Ritter des Artuskreises standen in seinem Dienste. Es war die Strömung eines naturhaften, kosmischen Christentums, eines vorchristlich-heidnischen Christentums, das aber weit in die nachchristlichen Zeiten hinein fortdauerte.

Die andere Strömung war die des geschichtlichen Christentums. Sie ging von Palästina aus, der Stätte des Erdenwirkens und Leidens des Herrn, der Stätte, da er sein Blut vergossen, dieses Blut, das im Mittelpunkte insbesondere aller jener Überlieferungen steht, die von dem heiligen Gral zu berichten wissen. Die Menschen, die unter dem Einfluß dieser von Osten nach Westen herüberwirkenden Strömung standen, nahmen den geschichtlichen Christus auf in ihre Seelen; er lebte sich auf innerliche Weise ein in die Gemüter, in die Herzen. So drang er von Palästina auf einem südlichen Wege nach Westen, durch Griechenland, Nordafrika, Italien und Spanien nach Europa. Es ist die Strömung, die an das Blut des geschichtlichen Christus anknüpft. Ihr tief verwandt und geheimnisvoll verbunden ist die Strömung des heiligen Grales, des Gralschristentums.

Wir hören nun, wie beide Strömungen sich später „begegneten", die nordwestliche und die von Südosten hereinströmende. Wie sie sich begegneten „innerhalb Europas in der geistigen Welt vor allen Dingen". Das war im 9. nachchristlichen Jahrhundert. Will man ein markantes Jahr angeben, so ist es das Jahr 869, da in Konstantinopel das 8. ökumenische Konzil tagte. Um diese Zeit herum geschah jener Zusammenfluß von altem kosmischem Christentum und der innerlich christlichen Lehre, von dem, was einerseits rechnete mit dem geistigen Leben und Weben in der Natur, andererseits aber mit dem historischen Mysterium von Golgatha als ein menschlich-geschichtliches Christentum. An diesen Zusammenfluß knüpften die Lehren an, wie sie insbesondere in der Schule von Chartres gepflegt wurden, wo man das Christentum noch auf kosmische Art anschaute. So erscheint Chartres mitten hineingestellt in diese beiden Strömungen, stehend im Zeichen ihres Sich-verbindens. „Wie die Schatten der Artusburg" im Norden (im heutigen Südwest-England) und „wie die Schatten der Gralsburg" im Süden – so drückte Rudolf Steiner dieses Zusammenfließen aus – wirkten die übersinnlichen unsichtbaren Impulse in die Schule von Chartres hinein, nicht so sehr in den Inhalt der Lehren, als vielmehr in den ganzen

Ton, die Haltung, die Stimmung. So daß man gleichzeitig, wenn man in Chartres von dem Christus sprach, „den nach dem Sinne der Gralsanschauung innerhalb der Erdenevolution fortwirkenden Christusimpuls sah, aber auch zu gleicher Zeit das Herabströmen des Sonnenimpulses in dem Christus sah."

*

In wunderbarer Weise spiegeln sich diese übersinnlich-sinnlich geschichtlichen Zusammenhänge nun in dem wider, was auch in der äußeren Historie als Tatsachen oder doch als Traditionen und Legenden aus der Geistesgeschichte von Chartres bekannt ist.

Wir hören durch die Überlieferung, wie die Gegend von Chartres schon in vorchristlicher Zeit ein geweihtes Gebiet war, wie sich dort ein wichtigstes, offenbar das zentrale Heiligtum der Druiden für ganz Gallien befand; Caesar berichtet darüber in seinem „Gallischen Kriege", wobei er bezeichnenderweise nicht unterläßt, auf den Ursprung der „Lehre" in Britannien hinzuweisen. Und die Legende weiß dann von jenem Kulte zu künden, der schon in vorchristlicher Zeit in Chartres von den Druiden der *„virgo paritura"* dargebracht wurde, „der Jungfrau, die gebären wird", und die offenbar innigst verwandt jener „Göttin Natura", der Erden-Monden-Jungfrau-Mutter, der Wesenheit der unschuldig schöpferischen, fruchtenden Kräfte ist. – Da stehen wir ganz im Wirken jener nordwesteuropäischen vorchristlich-christlichen Strömung darinnen, jener heiligen keltischen Mysterien und ihrer Weltenadventstimmung.

Die historische Maria gebar den Sohn in Palästina. Aber während dort die erhabenen Ereignisse sich vollzogen, die dann in dem Mysterium von Golgatha gipfelten, schaute man sie in Hybernia als kosmische Geschehnisse und vollzog die entsprechenden Kulthandlungen. Und dann kam das historische Christentum, vom Osten und Süden nach dem Westen und Norden Europas hingetragen. So auch nach Chartres, wohin das Evangelium nach der Überlieferung (wie um den innigen Zusammenhang mit den palästinensischen Ereignissen so ganz drastisch deutlich zu machen) schon im Jahre 33 oder 34 gebracht worden wäre und wo die ersten Missionare, Sabinian und Potentian, den größeren Teil des Volkes „bereits als Christen" vorgefunden hätten. Ja es habe, so heißt es, ein Fürst von Chartres noch zu Lebzeiten der Muttergottes an diese eine Botschaft gesandt und sie ersucht, den Namen der „Dame von Chartres" anzunehmen!

Mit vollendeter Ausdruckskraft weisen alle diese und viele andere Züge der Überlieferung auf jenen Zusammenfluß der beiden Strömungen, von denen wir hier sprechen, in Chartres hin: die christlich-geschichtliche Jungfrau Maria fließt nun mit jener keltischen virgo paritura zusammen; ihr Kult, durch den gerade Chartres hochberühmt wurde, gilt als eine kontinuierliche Weiterführung des keltischen Kultus der naturhaften Wesenheit. Diese wird als prophetisch vorverkündigend die historische Jungfrau genommen. Über der Grotte, wo die Druiden die virgo paritura verehrt hätten, wäre die Kirche von Chartres, letztlich die heutige Kathedrale erbaut worden. Die alte hölzerne Statue der Jungfrau aber, die in der Krypta der Kathedrale durch Jahrhunderte von unendlichen Pilgerscharen verehrt ward, galt der frommen Überlieferung als die nämliche, die schon die Druiden einst als die virgo paritura verehrt hätten. Und wie um den Zusammenhang ganz deutlich zu machen, trug dieses hölzerne Standbild eine Krone auf dem Haupt, deren Spitzen nach einer älteren Abbildung und Notiz aus Eicheln bzw. Eichblättern bestanden. Die Eiche aber war ja der heilige Baum der Druiden.

Ich habe in meinem Chartres-Buch geschildert, wie dann nach Jahrhunderten unterirdischer Verehrung die Jungfrau aus der Krypta gleichsam aufstieg und als erste Darstellung der Muttergottes mit dem Kinde an der Fassade einer Kirche erschien: im 12. Jahrhundert am West-Portal der Kathedrale von Chartres [18]). Und auch hier tritt ein Ornament von Eichblättern auf, unmittelbar unter der Reliefdarstellung der Jungfrau und der sie umgebenden beiden Engel.

Die Jungfrau von Chartres aber wurde die berühmteste von ganz Frankreich.

Sehen wir so die „virgo paritura" der Druiden mit der historischen Jungfrau zusammen- und wie in sie einfließen, so bleibt auf der anderen Seite die lebensvolle Erinnerung an die alte Gottheit, die jungfräuliche Göttin Natura gerade an einer Stätte wie der Schule von Chartres erhalten. Und mehr als nur die Erinnerung! *Alanus ab Insulis,* der große Lehrer des 12. Jahrhunderts, hat eine tiefsinnige Dichtung hinterlassen: „de planctu naturae" („Die Klage der Natura"), worin er eine „mystische Erscheinung", eine Begegnung mit der Göttin schildert. Sie erscheint ihm als eine Jungfrau von herrlicher Gestalt. Auf dem Haupte eine Krone, verziert mit zwölf und sieben Edelsteinen, in denen die Kräfte der zwölf Tierkreiszeichen und der sieben Planeten leben; in ihren Gewändern ist die gesamte Tierwelt abgebildet, die Reiche, welche die drei Elemente Luft, Wasser, Erde bewohnen: die Vögel, die Fische, die Säugetiere. Alanus führt nun ein längeres Gespräch mit Natura, worin diese klagt über den Sturz des Menschen, die ihn erniedrigenden Leidenschaften, all die Verbrechen gegen Natura...

In wunderbarer Weise spricht dann auch aus des Alanus' Gedicht („Über die Hinfälligkeit der menschlichen Natur")

„Omnis mundi creatura
Quasi liber et pictura
Nobis est et speculum"

eine innige Verbundenheit mit den spirituell empfundenen Naturvorgängen, der Welt des ätherischen Geschehens, dem Blühen und Welken der Rose, womit im engsten Zusammenhang das Schicksal des Menschen erlebt wird. Das Ganze aufs stärkste eingetaucht in jene tragische Abenddämmerungsstimmung, die wie ein allumfassender Hauch über der Schule von Chartres liegt.

Und *Bernardus Silvestris* – der Name schon scheint auf das geheimnisvolle Weben des Waldes (Silva) hinzudeuten –, eine Leuchte der Schule von Chartres, schrieb eine großartige Kosmologie, die aus den Weiten des belebten und beseelten, von göttlichen Schöpfertaten erfüllten Alls heraus die Entstehung der Welt und des Menschen schildert. Das ist altes kosmisch-naturhaftes Erleben, heidnische Frömmigkeit, die sich aber hier mit dem Christlichen in einer wunderbaren Einheit zusammenfindet.

Noch einmal erlebt dann, unter der Wirkung dessen, was geistig-übersinnlich ausstrahlte von der Schule von Chartres, im 13. Jahrhundert *Brunetto Latini*, der Lehrer Dantes, eine Begegnung mit der Göttin Natura, der Stellvertreterin des obersten Weltschöpfers, wie sie lebt und west in allem Gestalten und Vergehen in den Naturvorgängen.

Als eine Helferin des Christus, die ausführende göttliche Macht, erscheint sie im Sinne jenes mysterienhaften Christentums, wie es in der ersten Hälfte des Mittelalters noch an manchen Stätten lebte und wie es eben ausklang in der Schule von Chartres. Dahinein ergießt sich dann freilich noch wie ein dritter Strom altes Griechentum, sokratisches und besonders platonisches. Wie denn Natura wiederum auch als dieselbe Gestalt wie Proserpina-Persephone, die Tochter der Demeter, im Sinne der griechischen Mythologie, betrachtet werden kann.

Auf den von Nordwesteuropa aus den Stätten des Keltentums in Irland oder England nach Chartres hereinfließenden und sich dort mit dem historischen Christentum treffenden Strom deuten dann auch wie mit leiser Geste manche Herkunftsorte gewisser Persönlichkeiten noch in späteren Zeiten hin, die Lehrer der Schule von Chartres wurden oder ihr doch sehr nahe standen: wie *Johannes von Salisbury,* der seine Bildung der Schule von Chartres verdankte, der 1180 als Bischof von Chartres gestorben ist und dessen Name auf Salisbury hinweist, den Ort, in dessen Nähe das berühmte keltische sakrale Baudenkmal, das stonehenge liegt; oder *Adelard von Bath* (im südwestlichen England); oder auch, in etwas anderem Sinne, *Bernardus,* der ehrwürdige „Greis von Chartres", wie man ihn nannte (gest. vor 1130), und sein Bruder *Thierry von Chartres,* die aus der Bretagne, d. h. derjenigen Gegend von Frankreich stammten, in der sich wiederum das keltische Element am längsten und stärksten erhalten hat. –

Endlich noch ein Weiteres: das 9. Jahrhundert, speziell das Schicksalsjahr 869, erscheint, wie wir hörten, als das der „Begegnung" jener beiden Strömungen. Auch für diesen besonderen *Zeitpunkt* finden wir in der Geschichte von Chartres etwas wie einen physiognomischen Ausdruck. Im 9. Jahrhundert spielte sich in Chartres ein Ereignis ab, das der Verehrung der Jungfrau in Chartres einen weiteren, mächtigen, durch viele Jahrhunderte fortwirkenden Impuls gab. Damals kam nämlich nach Chartres, der Stätte jenes alten vorchristlichen Kultus der Druidenzeit, eine Reliquie von besonderer Bedeutung, die sogenannte heilige Tunika der Jungfrau Maria, das Untergewand, das sie nach der Überlieferung bei der Geburt bzw. bei der Verkündigung getragen hätte, eine Reliquie also, die wiederum mit äußerster Entschiedenheit auf das irdisch-geschichtliche Christentum von Palästina hinweist. Ich habe schon in meinem Chartres-Buch versucht zu zeigen, was in jenen Jahrhunderten eine solche Reliquie den Menschen und ihren Verehrungsgefühlen bedeutete; wie der mittelalterliche Mensch mit den Reliquien die real fortwirkende Geistigkeit der Persönlichkeiten, von denen sie stammten, verbunden betrachtete, und wie uns so das Herüberbringen einer Reliquie von einem Ort zum anderen in jener Zeit, die ja überhaupt das Geistig-Seelische im Körperlichen suchte (es war ja das Zeitalter der „Incarnatio“, in dem „verbum caro factum est“, das Wort Fleisch ward), wie ein physischer Ausdruck einer geistigen Strömung erscheinen kann, die von einem Ort herüberwirkt zu einem anderen. Ja, der mittelalterliche Mensch sah es so an, als ob der verstorbene Heilige selbst es ist, der aus der geistigen Welt seine Reliquie an einen bestimmten Ort hinführt und so sein Segenswirken mit diesem Orte verbindet. Daher hatte man in Chartres die Auffassung, als sei die Jungfrau durch dieses „ihr“ Geschenk der heiligen Tunika gleichsam in den Besitz der Stadt Chartres eingetreten. Dieses Geschenk aber erfolgte im Jahre 861 oder nach anderer Angabe 877, also acht Jahre vor oder nach 869! Wobei als bedeutungsvoll noch empfunden werden kann, daß der physisch-geschichtliche Schenker *Karl der Kahle*, der König des Westfrankenreiches (gestorben 877), war. Karl der Kahle tritt in der Geschichte auf wie ein Protektor der spirituelleren älteren Strömungen bzw. ihrer Vertreter. Er setzte sich z. B. für eine geistigere Abendmahlsauffassung gegenüber der sich vergröbernden seiner Zeit ein. Und an seinem Hofe war es, wo *Johannes Scotus Erigena* lebte (dessen Name übrigens schon auf Irland hindeutet, das damals Scotia major hieß), in dem noch so vieles von dem alten Geistwissen nachwirkte. Er hatte sich z. B. besonders mit der Hierarchienweisheit des Dionysius Areopagita befaßt. Und wiederum hören wir, wie in der Schule von Chartres nachmals beide, Dionysius Areopagita und Scotus Erigena, eine bedeutende Rolle spielten.

So also kam um das Jahr 869 die Reliquie nach Chartres, von deren Wunderwirkungen die Überlieferung vieles zu berichten weiß und zu deren wesentlichsten die Bekehrung des Normannenfürsten Rollo nach dessen vergeblicher Belagerung von Chartres gezählt wird (911), ein Vorgang von weitreichenden historischen Folgen. Man kann wohl sagen: in Chartres, wo und nachdem und weil sich dort jene südliche und jene nördliche Strömung begegnet und durchdrungen hatten, bricht sich, sich wandelnd, das Heidentum der wilden Nord-Mannen, gehen auch sie ein in die Entwicklung des historischen Christentums.

4. Vom Genius des Mittelalters
Einige Betrachtungen zum West-Portal der Kathedrale von Chartres

Auf zwei Wegen strebte im Sinne des Mittelalters der Mensch, sich von dem Sturze zu erheben, den die Menschheit in Urzeiten durch den Sündenfall erlitten hatte: Der eine Weg war bezeichnet durch das Wort des Herrn an Adam bei der Vertreibung aus dem Paradiese: „Im Schweiß deines Angesichts sollst du dein Brot essen.“ Es ist der Weg der mühevollen *Arbeit.* Der andere Weg ist der der *Erkenntnis,* des Weisheitsstrebens, der Wissenschaft: durch sie sucht der Mensch etwas von der Verfinsterung aufzuhellen, die als Folge seines Sturzes seinen Geist umlagert.

Erst außerhalb und oberhalb dieser beiden Wege, die der Mensch aus eigener Kraft mit ganzer Hingebung gehen soll, beginnt das Reich der Gnade, durch die Opfertat des Erlösers.

Die Kathedralen des Mittelalters, in ihrem geistigen Reichtum, ihrer künstlerischen Fülle, stellen wie in einem umfassenden Gemälde das *ganze* Leben in all seiner Vielseitigkeit dar: von der Alltäglichkeit bis zu den höchsten Höhen der zentralen geistig-religiösen Tatsachen des Christentums, und umgekehrt: von Gott Vater und Sohn und von der jungfräulichen Himmelskönigin über die Darstellung der Engelchöre, der Heiligen, Märtyrer und Bekenner, der Szenen aus Altem und Neuem Testament herab bis zu dem Arbeitsleben des Landmannes oder Handwerkers.

In einzigartiger Schönheit finden wir all dies z. B. in und an der Kathedrale von Chartres, dieser wunderbaren Stätte mittelalterlicher Geistigkeit.

In dieser mittelalterlichen Geistigkeit verklingt, wie wir schon zeigten, wie in einem letzten Aufleuchten, innerlichst durchseelt, die Geistestradition von Jahrtausenden, letzten Endes die Weisheit und Erkenntnis, die einst in den Mysterienstätten des Altertums gepflegt worden waren. Schon in der Kultur der Griechen und Römer war das alte schauende Bewußtsein weithin entschwunden, das gedankliche, logisch-klare Bewußtsein der Verstandesseele heraufgezogen. Aber diese Gedanklichkeit war noch keineswegs der moderne tote Intellekt. Was der Mensch, namentlich in den ersten Jahrhunderten dieses Zeitalters, des vierten nachatlantischen, griechisch-lateinischen, erlebte, konnte er noch als das lichtvolle Aufleuchten lebensvoller objektiver Gedanklichkeit, „kosmischer Intelligenz", auf dem Schauplatz seines Bewußtseins empfinden. Das menschliche Gemüt konnte mit voller Wärme an diesen lichtvollen Gedanken Anteil nehmen. Das alles wirkte in den Gesinnungen nach im Mittelalter. Hinzugekommen war das junge Christentum, das sich langsam in den Seelen ausbreitete. Überwog in der griechischen (oder gar der römischen!) Kultur die Verstandeshelle, so trat nun immer mehr das Gemüt hinzu bzw. in den Vordergrund: die andere Seite jenes Wesensgliedes der „Verstandes- oder Gemütsseele", das dieses ganze griechisch-lateinische Zeitalter zu entwickeln hatte. Was die Gelehrten, die doctores, die Scholastiker in klaren Begriffen erarbeiteten, das erwärmte zugleich das menschliche Gemüt aller Gläubigen, und das Gemüt – so möchte man sagen – „bewahrte alle diese Worte in seinem Herzen".

Davon sind besonders die Dome des Mittelalters bildgewordenes Zeugnis.

So lebt diese Zeit im Dämmerdunkel der fast erloschenen Schauenskräfte, einer verglimmenden Geistigkeit und wiederum im Lichte und in der Wärme gemütsdurchtränkter Begrifflichkeit.

Da tritt, was einstmals das alte Schauen gewesen war, die einstmaligen grandiosen Imaginationen, uns in verwandelter, abstrakterer Form entgegen als der *Symbolismus* des Mittelalters oder, aufs stärkste durchsetzt von der verstandesmäßigen Begrifflichkeit, als *Allegorien,* die das Mittelalter so liebte, – bis es schließlich nur noch „personifizierte Begriffe" waren, immer dürrer und dürrer geworden und reif zum Untergang.

Noch eine andere Wesensseite des vierten nachatlantischen Zeitalters lebt sich in diesem Zuge zum Symbolismus und zur Allegorie aus. Das vierte Zeitalter ist dasjenige, in dem der Geist die tote Form ergreift, in dem sich eine wunderbare Ehe von Geist und Materie vollzieht. Daher denn auch dieses Zeitalter das der *Inkarnation* genannt werden kann. Selbst das hohe Gotteswesen, das Weltenwort, der Logos ist in diesem Zeitalter Fleisch geworden.

So geht das vierte Zeitalter ein in die *Form.* Der Geist sucht die Form, und jede Form soll ein Geistig-Seelisches ausdrücken.

Das auch zeigt sich im höchsten Maße im Mittelalter. Mochte die Form oft unbeholfen sein: Geistiges drückte sie aus, Geistiges, das den Bildwerken ihren tiefen Sinn gab. Es war eine tief sinnvolle, tief gemüthafte Kunst.

In einzigartiger Weise ist diese Kunst erblüht in dem Lande und bei dem Volke, die das Land und das Volk der

Verstandes- oder Gemütsseele im besonderen Sinne waren: in Frankreich, im französischen Volke in der hohen Zeit des Mittelalters.

Als ein eindrucksvolles Beispiel für diese Züge, von denen hier gesprochen wurde, kann man das *West-Portal der Kathedrale von Chartres* erleben. Es ist noch ganz aus dem zwölften Jahrhundert, aus dessen Mitte, es fällt also noch ganz in die Zeit der eigentlichen Blüte der Schule von Chartres, jenes zwölften Jahrhunderts, da in Chartres ein spiritueller Platonismus lebte. Vor diesem Westportal müssen sie in Ehrfurcht gestanden, durch es müssen sie hindurchgeschritten sein, die Lehrer und Schüler der Schule von Chartres.

*

Das Westportal der Kathedrale von Chartres wird beherrscht von einer Darstellung aus der *Apokalypse:* das mittlere, größte Portal des dreigliedrigen Gesamtportals zeigt im Giebelfeld die majestätisch sitzende Gestalt des Christus, in einem eigenartig fließenden faltigen Gewande, in der Linken ein Buch, die Rechte feierlich erhoben; er ist umgeben von einer mächtigen Aura, die den Hintergrund der ganzen Gestalt bildet. Zu seinen Seiten die vier apokalyptischen Tiere: Stier, Löwe, Adler, Mensch. Sie sind so angeordnet, daß unten links (vom Christus aus gesehen) der Stier, unten rechts der Löwe zu sehen ist, oben links der Adler und oben rechts der Mensch oder Engel. Diese Anordnung entspricht dem Bedürfnis des Mittelalters, jedem Ding seinen Platz im Sinne der angemessenen Rangordnung zukommen zu lassen: die Ehrenplätze waren in der Mitte gegenüber den Seiten, oben gegenüber unten und rechts gegenüber links. So ergibt sich also für die vier Tiere um Christus herum die angegebene Reihenfolge im Sinne eines rangmäßigen Aufstieges von unten nach oben: Stier, Löwe, Adler, Mensch.

Rings um die Gestalten des Christus und der vier apokalyptischen Tiere sieht man auf diesem mittleren Portal in den Bogenrundungen zwölf Engel und weiter nach außen die vierundzwanzig Ältesten der Apokalypse. Unten die zwölf Apostel.

Man stellte im Mittelalter die Kirchen, alten Traditionen folgend, noch ganz bewußt in die Himmelsrichtungen des Kosmos hinein [19]). Wie die ganze Kirche orientiert, d. h. von Westen nach Osten gerichtet war, so stellte man im Norden, d. h. an der kälteren, lichtärmeren Seite der Kathedralen die Szenen der vorchristlichen Heilsgeschichte dar, das Alte Testament und etwa das Marienleben vor der Geburt des Herrn. Im Licht und in der Wärme des Südens dann die Szenen, die das Sonnenreich des Christus zum Gegenstande haben. So ist es auch in Chartres. Und im Westen erscheinen dann oft die Darstellungen gleichsam des Weltenabends, eben Bilder der Apokalypse, wie also auch hier in Chartres.

Die beiden kleineren Seitenportale des Gesamt-West-Portals, rechts und links von dem apokalyptischen Mittelportal, zeigen als Hauptgestalten in den Giebelfeldern Christi Himmelfahrt und die thronende Jungfrau mit dem Kinde. Die Anordnung ist wiederum so, daß *rechts* von dem apokalyptischen Christus des Mittelportals aus gesehen (vom Beschauer also links) die *Himmelfahrt Christi* dargestellt ist, *links* von ihm die *Jungfrau mit dem Kinde.*

Diese Darstellung der majestätisch thronenden jungfräulichen Mutter mit dem Kinde, beide in feierlichster, sakraler Haltung, ist jenes herrliche Bildnis, über dessen spirituelle und äußere Vorgeschichte ich in meinem Buche: „Das Wunder von Chartres“ eingehender berichtet habe, jenes Bildnis, das so tief zusammenhängt mit der ganzen Geschichte des Marienkultus von Chartres. Und Chartres, „ubi omnia Mariam sonant“ („wo aus allem Maria ertönt“), war eine der allerwichtigsten Stätten des mittelalterlichen Marienkultus überhaupt, der Marienverehrung, die so stark dazu beigetragen hat, etwas von dem rauhen Wesen der jungen germanisch-romanischen Völker des Abendlandes zu wandeln, etwas von Starkmut und Tapferkeit überzuführen in Milde und Liebeskräfte. Es ist ein Stück der großen weltgeschichtlichen Wandlung von Mars in Merkur.

Die thronende Jungfrau ist hier, in den Bogenrundungen jenes Seitenportals, umgeben von den *sieben freien Künsten,* hier in der Reihenfolge von Dialektik, Rhetorik, Geometrie, Arithmetik, Astronomie, Grammatik und Musik. Unter jeder von diesen ist ein hauptsächlicher Vertreter der betreffenden freien Kunst dargestellt, z. B. unter der Gestalt der Dialektik die sitzende Figur des Aristoteles, hier ein Mann von ausgesprochen semitischen Zügen, in denen wohl zum Ausdruck kommt, wie das zwölfte Jahrhundert in Aristoteles vor allem den durch die *Araber* vermittelten antiken Philosophen erblickte. Manche seiner Schriften wurden ja zuerst aus dem Arabischen ins Lateinische übersetzt.

Dieser Darstellung der sieben freien Künste im Seitenportal der Jungfrau entsprechen an dem gegenüberliegenden Seitenportal Darstellungen der *„Monate“*, wie man etwa sagt, die die Himmelfahrtsszene Christi umgeben. Da sind Bilder aus dem Arbeitsleben des Landmannes zu sehen, wie man sie als charakteristisch für die verschiedenen Monate empfand; auch seine Ruhe- und Festeszeiten werden dabei zur Anschauung gebracht. Über jeder dieser Darstellungen (bis auf zwei) ist dann das Tierkreiszeichen des betreffenden Monats abgebildet. So sieht man z. B. für den Juli einen Bauern, der das Getreide mäht, unter einer Darstellung des *Krebses;* für den August einen Bauern mit Garben zum Dreschen, darüber den *Löwen;* für den September eine Szene von der Weinlese und -bereitung, darüber die *Jungfrau;* für den Oktober einen Mann bei der Obsternte, darüber eine Frau, die eine *Waage* in Händen hielt; für den November einen Landmann, der ein Schwein schlachtet, darüber den *Skorpion* (den Träger der Todeskräfte!); der Dezember als Festesmonat wird durch einen Mann und eine Frau veranschaulicht, die an einem gut gedeckten Tische sitzen, darüber erscheint der *Schütze.* In ähnlicher Weise werden auch die übrigen Monate dargestellt.

So erscheint hier um den gen Himmel auffahrenden Christus im Bilde der ganze Jahresrhythmus, – der Jahresrhythmus, in dem im Element der Zeitenfolge der Christus den Menschen begleitet.

Aber es hat noch einen tieferen Sinn – ich weiß nicht, ob er schon bemerkt worden ist –, daß diese Monats- und Tierkreisdarstellungen des (vom Beschauer aus) linken Seitenportals genau korrespondieren mit den Darstellungen der sieben freien Künste am rechten Seitenportal.

Was sind denn die sieben freien Künste des Mittelalters? Wir konnten es im 2. Kapitel zeigen: Nachklänge von etwas, das einstmals als siebenfache Seelenkraft aus dem Kosmos den Menschen zustrahlte, geistige Wesenheiten, dereinst wesenhaft-real erlebt und daher auch wesenhaft

Der Auferstandene, Mittelteil des Westportals

Aristoteles, Marienportal

Pythagoras, Marienportal

Die Wesenheit der Musik, Marienportal

dargestellt als sieben göttliche Jungfrauen. So hatte sie, wie wir hörten, in einer eindrucksvollen maßgebenden Schau noch um das Jahr 400 nach Christus *Martianus Capella* gesehen und geschildert, und so sah sie auch noch das ganze Mittelalter. Es waren Allegorien gewordene Schatten alter kosmischer Imaginationen. Deutlich scheint, wie wir sahen, bei Martianus Capella durch seine bildhafte Darstellung die Beziehung der sieben freien Künste zu je einem bestimmten *Planeten* durch, und noch tausend Jahre später gab eine Persönlichkeit wie Basilius Valentinus – übereinstimmend mit den Schilderungen Martianus Capellas – ausdrücklich eine Zuordnung der sieben freien Künste zu den sieben Planeten wie folgt: Astronomie – Saturn, Rhetorik – Jupiter, Grammatik – Sonne, Musik – Venus, Arithmetik – Merkur, Dialektik – Mond, wobei ergänzt werden darf: Geometrie – Mars[20]).

Aus den Planetenregionen entstammen und in die Planetenregionen erheben gleichsam die sieben freien Künste den Menschen, der sie sich zu eigen macht, der sich mit ihnen verbindet. „Das siebenfach Weibliche zieht uns hinan": so hätte nach einem bereits angeführten Wort Rudolf Steiners Martianus Capella von seinen freien Künsten sagen können.

Wie der Zusammenschluß dieses „siebenfach Weiblichen", wie ihre höhere Einheit erscheint am Portal in Chartres die Jungfrau Maria, die Verkörperung des Ewig-Weiblichen, das uns hinanzieht. Maria, zu der das Mittelalter mit so tiefer Verehrung aufblickte als zu dem „Stern des Meeres", der dem Menschen Orientierung gibt, zu dem z.B. die Schiffer aufschauen, um die richtige Fahrt zu finden, wenn sie von den Wogen des Meeres umhergeworfen werden; dieser erhabene Stern des Meeres, die stella maris, sie ist umgeben von dienender siebenfacher Planetenkraft. Und so erscheint sie hier in Chartres zugleich in ihrem tiefsten Wesen als *Jungfrau Sophia*, als höchste Vereinigung der siebenfachen Weisheit der sieben freien Künste.

So also stehen sie sich gegenüber am West-Portal der Kathedrale von Chartres: links vom Christus der Apokalypse (von ihm aus gesehen) an dem einen Seitenportal die *Planeten*wesen, rechts von ihm an dem anderen Seitenportal die *Tierkreis*bilder: die Planetensphären, in denen lebt, was der Mensch von sich aus als Weisheit, als Sophia oder auch Philo-Sophia entwickeln kann – die Tierkreisbilder, mit denen in Zusammenhang steht der Jahresrhythmus der körperlichen Arbeit des Landmannes, die er an der Erde leistet. Zusammen weisen sie jenen doppelten Weg, den der Mensch, noch vor dem Wirken der Gnade und der Erlösungskraft des Christus, gehen kann, um von sich aus an der Erhebung von seinem Falle mitzuwirken, den Weg des Erkenntnisstrebens und den Weg der Arbeit.

So leben im Mittelalter und vollends an einer geheiligten Stätte wie in Chartres auch alte kosmische Ahnungen fort, als ein Teil jener verklingenden Weisheit der Vorzeit, vielfach schon ganz Tradition geworden, im Bilde sich verbergend oder auch offenbarend, je nachdem, ob der Mensch heute mit adäquaten Erkenntnismitteln an das Bild herantritt.

Und so auch erleben wir im Mittelalter noch einmal in eigenartiger Form jene Einheit von Religion, Wissenschaft und Kunst. Auch sie war ja durchaus in allen älteren Zeitaltern gegeben; sie war noch vorhanden am Beginne der vierten nachatlantischen Zeit, etwa in der früheren griechischen Kultur. Sie klingt noch einmal auf in den Jahrhunderten des verlöschenden vierten Zeitalters, eben im Mittelalter. Was die Überlieferungen der Religion, die religiösen Tatsachen waren, das durchdachten mit dem klaren Denken der Verstandesseele die Wissenschafter, die Theologen und Doctores; das nahmen wiederum die Künstler in ihr sinnendes Gemüt auf, und sie erbildeten so die Kunstwerke, die uns in ihrem eigenen Zauber in den mittelalterlichen Bildwerken entgegentreten.

Dann verklang der griechisch-lateinische Zeitraum vollends. Es zogen herauf die Jahrhunderte der Zersplitterung. Die Menschheit schien sich im Irdischen zu verlieren. Am Irdisch-Stofflichen aber auch erwachte das helle Bewußtsein, entzündete sich die Bewußtseinsseele, die heute vor der unerbittlichen Schicksalsalternative steht: entweder im Abgrund zu versinken und in Dumpfheit zurückzufallen oder aber neu, jetzt voll bewußt, den Weg zu geistiger Erkenntnis, in geistige Welten, in kosmische Weiten zu finden.

5. Romanisch-Gotisches

Die Geschichte der Philosophie zeigt im mittelalterlichen Geistesleben einen bedeutsamen Übergang. Dieser führt von einer früheren Periode vorwiegend *platonischer* Orientierung zu einer späteren Periode, in welcher der *Aristotelismus* philosophisch zu herrschen beginnt. *Heinrich Ritter* z. B. spricht in seiner Geschichte der christlichen Philosophie[21]) diesen Übergang mit den Worten aus: „Es wird uns hoffentlich gelungen sein, zu zeigen, daß bis zum 13. Jahrhundert die Platonische Philosophie unter mancherlei Abänderungen herrschte, daß sie in diesem Jahrhundert nur allmählich durch die Aristotelische Philosophie verdrängt wurde . . .“ Denselben Gedanken spricht *Clemens Baeumker* in seiner Festrede „Der Platonismus im Mittelalter“[22]) folgendermaßen aus: „Diese Allherrschaft Augustins“, der in seinen Grundgedanken Platoniker war, „aber wird bekanntlich auch im theologischen Kreis mit dem Beginn des 13. Jahrhunderts beeinträchtigt durch die mächtig vordringende neue *aristotelische* Bewegung. Plato wird abgelöst von Aristoteles . . .“

In der äußeren Tatsache dieses philosophiegeschichtlichen Übergangs vom Platonismus zum Aristotelismus spiegeln sich wichtige Vorgänge, die sich in geistigen Welten abgespielt haben und von denen Rudolf Steiner aus seiner Geistesschau gesprochen hat. Daraus ergibt sich, daß hinter den philosophischen „Strömungen" bestimmte *Menschen*zusammenhänge stehen, die durch ihr Schicksal von alten Zeiten her, die einen mit dem Platonismus, die anderen mit dem Aristotelismus verbunden waren, und die sich nach einem weisen Walten der Schicksalsmächte in ihrem Wirken auf Erden ablösen. Der Übergang erfolgte um die Wende des 12. und 13. Jahrhunderts.

Von hier aus kann man nun leicht zu der Frage kommen, ob nicht etwa mit diesem Wandel der gleichzeitige Wandel der Stile, der Übergang vom Romanischen zum Gotischen irgendwie zusammenhänge. Auf den romanischen Stil, der im 11. und 12. Jahrhundert seine Blüte hatte, folgt ja die Gotik, deren erste Anfänge sich in Frankreich zwar bis zur Mitte des 12. Jahrhunderts zurückverfolgen lassen, deren Blütezeit aber in das 13. und die erste Hälfte des 14. Jahrhunderts fällt. Den Übergang vom romanischen zum gotischen Stil bildet, wie bekannt, der sogenannte „Übergangsstil".

In der Tat scheint nun ein solcher Zusammenhang durchaus zu bestehen. Es sind dieselben geistigen Strömungen, die sich das eine Mal in dem romanischen Baustil und der mehr christlich-platonischen Geistesart dieser Jahrhunderte, das andere Mal in der Gotik und dem das Christentum zu erfassen strebenden Aristotelismus ausdrücken.

Am unmittelbar einleuchtendsten ist die Kongenialität zwischen Gotik und aristotelischer Scholastik. Diese Beziehung ist ja auch oft empfunden worden. Die Gedankengebäude der großen Aristoteliker sind den gleichzeitigen gotischen Domen innerlichst vergleichbar und verwandt[23]). Selbstverständlich ist dies nicht so gemeint, als ob man irgendwie aristotelische Gedanken etwa bewußt ins Architektonische habe „übersetzen" wollen. Sondern dieselbe Geistesart drückt sich in beiden aus, das eine Mal als Weltanschauungs- und Gedankenstreben, das andere Mal künstlerisch-architektonisch. Beides entspricht ein- und derselben Inspirationsquelle.

Und im Romanischen? Bei der romanischen Kirche kann man das Empfinden haben, als trage sie ihr Geistig-Wesenhaftes nicht im selben Sinne *in sich* wie der gotische Dom. Sie erweckt gleichsam träumende Ahnungen kosmischer Welten und Weiten. Sie ist vergleichbar einem schlafenden oder träumenden Menschen. Dieser liegt da, die Leiblichkeit von der Schwere der Erdenkraft ergriffen, indes Geist und Seele sich in die Welt des geistigen Kosmos ausbreiten. Was man *sieht*, der physische Leib, enthält gerade *nicht* das Geistig-Seelische. Er weist über sich hinaus. Er weist in den Kosmos hinaus, in Sternenwelten. So auch die romanische Kirche. Sie ist wie lastend von der Schwere des Physischen. Für die romanische Kirche ist die Krypta, die Gruft, charakteristisch, die man ja gerade unter dem Chore romanischer Kirchen regelmäßig findet. Da liegt der Mensch physisch wie in Erdenfesseln, denen sich Geist und Seele entringen. So etwas aber gehört zum Wesen der ganzen romanischen Kirche. Der Geist ist nicht unmittelbar *in* ihr. Man muß ihn draußen suchen. Sie träumt wie in kosmischen Träumen. Wie wenn sie mit ihren Rundungen, mit ihren Halbkugeln (besonders deutlich z. B. an Sankt Maria im Kapitol in Köln zu beobachten) den Kosmos nachbilden wollte.

Das alles aber ist dem Wesen des Platonismus verwandt. Auch er will nicht ganz in den Leib hinein. Er hält sich zurück. Rudolf Steiner sprach einmal davon, wie der Mensch, wenn er mit innerer Erfahrung Plato liest, über sich selbst hinausgeführt wird, über sein Physisches, über das irdische Gehirn sich erhebt. Anders bei Aristoteles: Da arbeitet man gerade an diesem Gehirn und schafft es zum schöpferischen Werkzeug um. So steht im gotischen Dom gleichsam der Mensch vor uns, der in Wachheit, im Leibe, sich seines Gedankens bedient, um mit ihm hinaufstrebend die Inhalte der geistigen Welten, die in der Offenbarung vorliegen, begrifflich zu erfassen. Der Platonismus dagegen träumt, wie außerhalb des Leibes, seine wunderbaren Träume, wie Wahrträume von der Welt der Ideen.

Als der platonische Geist der Jungfrau Hroswitha in Gandersheim lebte[24]), setzte die Blütezeit des romanischen Stils ein. Wenn wir heute die Krypta der romanischen Kirche des ehemaligen Benediktinerinnenstiftes von Gandersheim betreten, dem Hroswitha angehörte, können wir das Empfinden haben: hier könnte Hroswitha geweilt haben, hier können wir sie uns gegenwärtig denken. (Auch rein chronologisch erscheint dies begründet. Hroswitha starb etwa 1002. Die heutige Stiftskirche geht [nach Dehio] in ihrer Anlage auf einen Neubau aus den Jahren 997–1007 zurück. Und wenn auch, wie ja so vielfach, der oberirdische Bau nach Bränden und dergleichen öfter erneuert werden mußte, so wird doch die Krypta aus der alten Zeit sein.)

Im 11. und besonders im 12. Jahrhundert blühte dann die Schule von Chartres, wo platonische Geistesart ihre wunderbare Abendröte erlebte. Aus dieser Zeit stammt noch das im vorigen Kapitel behandelte romanische Westportal der Kathedrale von Chartres und die romanischen Glasfenster darüber und der größte Teil der beiden Türme.

Um 1200 wurde in höheren Sphären der Übergang von den Platonikern zu den Aristotelikern inauguriert. Auf

Erden zeugt architektonisch davon der „Übergangsstil". Natürlich darf man solche Perioden nicht pedantisch auf ein bestimmtes Jahr festlegen wollen. Früheres dauert stellenweise noch an, während an anderen Orten das Neue schon hereinflutet. Auch kommt es ja nicht nur auf die Inspirationen aus den geistigen Welten an, sondern auch darauf, ob, wann und wo jeweils auf Erden Menschen leben, die fähig sind, sie aufzunehmen. Das kann gleichzeitig an verschiedenen Orten sein, aber auch zu verschiedenen Zeiten an verschiedenen Orten eintreten.

Im Dom zu Bremen, der im Übergangsstil erbaut ist (und ähnlich in anderen Kirchen dieses Stils), kann man ganz stark das Empfinden haben: hier ist es ja, wie wenn der Mensch gerade eben *erwachte!* Wie wenn er gerade einginge in den physischen Leib, aber doch noch nicht ganz darinnen wäre.

Im gotischen Dom ist der Mensch ganz wach. Da ist sein Geistig-Seelisches in den physischen Leib eingezogen. Der Mensch träumt nicht mehr kosmische Träume, er bedient sich des klaren, bewußten Gedankens. Aber er verwendet ihn, um sich zu einem Verstehen des Offenbarungsinhaltes der höheren Welten zu erheben.

Lessing, selber ein aristotelischer Geist, charakterisiert einmal den Unterschied zwischen Plato und Aristoteles mit den kurzen Worten: „Plato träumte, Aristoteles schloß." Diese Worte können für die nachchristlich-mittelalterliche Zeit zugleich auch den Unterschied dessen bezeichnen, was uns der romanische und der gotische Stil offenbaren.

6. Vom Dominikanerorden im 13. Jahrhundert

Es war eine große, herrliche Zeit, als im 13. Jahrhundert ein neuer gewaltiger Aufschwung des Geisteslebens durch die abendländische Menschheit ging, als der Dominikanerorden erstand, als sein großer Gründer, Dominikus, und seine Propagatoren predigend durch die Länder zogen und durch das Feuer ihrer inspirierten Reden allüberall die Besten an sich zogen. In Scharen strömten damals edle Jünglinge diesem Orden zu, der ihnen, was äußere Güter des Lebens betraf, nur Armut und Entbehrungen bot, ihnen einen streng geregelten, aufopferungsvollen Lebenswandel auferlegte. Es wird berichtet, wie gerade die nachmals größten Dominikaner durch innere Berufung den Weg in diesen Orden der Fratres Praedicatores, der „Predigerbrüder", fanden, wie z. B. dem Albertus, als er, ein junger deutscher Adliger, in Padua studierte, dereinst in der Dominikanerkirche die heilige Jungfrau erschien und ihn in den Orden berief. Oder wie etwa Jordanus von Sachsen, der Nachfolger des hl. Dominikus im Amte des obersten Ordensmeisters, auf seinen Reisen durch die Wunderkraft seines Wortes die Herzen entflammte. Mehr als tausend Jünglinge soll er allein von den Hochschulen zu Bologna und Paris für den jungen Orden gewonnen haben. Es war, wie wenn diese Menschen nur gewartet hätten auf denjenigen, der durch die Macht seines Wortes das heilige Feuer in ihnen zu voller Flamme entzünden sollte, das nur in ihren verborgenen Seelentiefen bis dahin geglommen hatte. Was war es doch, was all dies bewirkte?

Die Ursprünge des Predigerordens knüpfen diesen bedeutungsvoll an die Wirksamkeit des ihm vorausgegangenen *Zisterzienserordens* an. Dieser war am Ende des 11. Jahrhunderts von Robert, dem ersten Abt von Cîteaux, gegründet, als eine Reform des alten Benediktinerordens, dessen strenge Regel er wiederherstellen sollte. Durch das Wirken *Bernhards,* der 1113 dem Orden beitrat und alsbald Abt des Tochterklosters *Clairvaux* wurde, hatte dann der Orden in wenigen Jahrzehnten eine unerhörte Ausbreitung erfahren. Daher sagte man auch von dem Zisterzienserorden, sein *Inspirator* sei der *heilige Geist* gewesen, sein *Gesetzgeber* der *hl. Benedikt,* sein *Gründer* der *hl. Robert,* sein großer *Mehrer* aber der *hl. Bernhard.* Fünfzig Jahre nach seiner Begründung umfaßte der Orden bereits über 500 Klöster, deren Zahl sich später noch erheblich erhöhte. Bedeutungsvoll verknüpft mit dem, was im Zisterzienserorden lebte, ist die Schule von Chartres, besonders durch den großen *Alanus ab Insulis.* Am Ende des 12. Jahrhunderts oblag den Zisterziensern die Mission bei den ketzerischen Albigensern und Waldensern Südfrankreichs. Und so wurde der Zisterzienserorden von den Päpsten bei der Neubegründung des Inquisitionstribunals herangezogen und war an dessen Anfängen maßgebend beteiligt. Was aber ließ die Albigenser und Waldenser zu jenen „Ketzern" werden, gegen die die Kirche mit blutbefleckten Maßnahmen glaubte einschreiten zu müssen? Letzten Endes handelt es sich bei diesen Ketzern vielfach um Seelen, in denen noch stärker ältere Fähigkeiten und Bewußtseinsreste fortlebten, in eine Zeit hinein, in der sie immer weniger zeitgemäß waren, in der sie in die Dekadenz fielen, zu Hindernissen zu werden drohten. Es *mußte* ja einmal das Zeitalter der Intellektualität durchgemacht werden. Dem stellten sich die Ketzer entgegen. (Dabei hatten sie freilich nur allzu viel Grund, aus ihren Gesinnungen heraus an der sich veräußerlichenden römischen Kirche Anstoß zu nehmen, die sich ja gerade damals auf den Gipfelpunkt ihrer äußeren Machtstellung erhob.) Da ist es nun bezeichnend, daß wir hören, daß eigentlich die Zisterzienser bei ihrer Mission gegen diese Ketzer nicht allzuviel auszurichten vermochten. Aber es kann dies doch ganz gut begreiflich dem erscheinen, der da weiß, wie in einem tieferen Sinne gerade in dem Zisterzienserorden selbst noch recht vieles von der älteren Seelenart lebte.

Nun ist es höchst bedeutungsvoll, wie das Walten des Schicksals den hl. Dominikus, aus ganz anderen äußeren Ursachen, in jene Gegenden Südfrankreichs kommen ließ. Wie er sich da beteiligte an der Mission gegen die Ketzer. Wie er mit reinen Mitteln, mit aller Liebeskraft und Sanftmut seines Wesens, mit der Macht seines geisterleuchteten Wortes, seiner Anmut, wirkte, wie er mit Tränen und Beschwörungen der Menschen Erfolge erzielte, die den offiziellen päpstlichen Legaten aus dem Zisterzienserorden versagt geblieben. In diesem Wirken des hl. Dominikus liegen die Ursprünge des *Predigerordens*.

War es dessen besondere Aufgabe, den Irrgläubigen und den Ungläubigen zu predigen, ja überhaupt die Predigt an die großen Massen des Volkes heranzubringen, so daß jeder einzelne ergriffen werden konnte (im Zeitalter der heraufziehen wollenden Bewußtseinsseele) – so mußte er dazu die *Wissenschaft* als eine notwendige Voraussetzung rechter Predigt pflegen. So ward er zugleich der Orden der Wissenschaft, dessen große geschichtliche Mission es immer mehr werden sollte, das streng begriffliche *Denken* auszubilden, das aus der aristotelischen Philosophie sich verbinden konnte mit dem Christentum. Dadurch löste *dieser* Orden in Wirklichkeit endgültig die Überreste des älteren Bewußtseins ab, wie sie in den „Ketzern" noch nachwirkten. Er führte damit zugleich überhaupt das Zeitalter der Intellektualität herauf. Diese wurde eben *zuerst* auf das Begreifen der höchsten Wahrheiten des Christentums verwendet. Später auf die Natur und die äußere menschliche Zivilisation.

1216 bestätigte der Papst zuerst Dominikus seinen Orden. Auch dieser verbreitete sich nun alsbald in unerhörtem Maße. Bereits 1220 konnte Dominikus beim ersten Generalkapitel des Ordens die Abgeordneten von sechzig Klöstern, die in acht Provinzen eingeteilt waren, um sich versammeln. Bald erhielt der Orden das Privileg, daß seine Religiosen überall und jederzeit predigen durften. Und bald ward nun auch das Inquisitionstribunal auf den jungen Dominikanerorden übertragen (1233), ein folgenreicher Vorgang, der ja leider nur allzubald auch zu den traurigsten menschlichen Verirrungen führen sollte. So mußten die Zisterzienser zugunsten der Dominikaner abdizieren. So wurden die Dominikaner im wahrsten Sinne die *„Nachfolger"* (successores) der Zisterzienser, wie es in einer alten Geschichte des Zisterzienserordens bedeutungsvoll heißt. Auch in diesen Vorgängen spiegelt sich in einer wunderbaren Weise wider und wirkt sich aus, was als Vorgänge in höheren Welten von Rudolf Steiner geschildert worden ist, insofern er spricht von jenem dort inaugurierten Übergang von den großen Platonikern, wie sie in der Schule von Chartres geblüht hatten, zu der führenden Rolle der Aristoteliker, die nun im 13. Jahrhundert auf Erden ihre Wirksamkeit im Sinne des heraufziehenden Zeitalters der Begrifflichkeit, eben in dem Dominikanerorden ausüben sollten. Da wurden in der Tat die Dominikaner zu den „Nachfolgern" der Zisterzienser berufen! Kein Wunder nun auch jener schnelle herrliche Aufschwung des Dominikanerordens! Kein Wunder, daß die Seelen dieser Menschen, die sich im vorirdischen Dasein schon mit solchen Vorsätzen durchdrungen hatten, nun gleichsam nur „warteten" auf ihre Berufung auf den physischen Plan in den Orden. Daß die schlummernden Funken so schnell zu gewaltigen Flammen entfacht wurden durch ein inneres Erlebnis oder durch jene begeisternden, inspirierenden Reden der großen Propagatoren des Ordens! Da eilten sie dann herbei, legten die Gelübde ab und nahmen das Ordenskleid des hl. Dominikus, den weißen Rock und das weiße Skapulier, darüber den schwarzen Mantel mit der schwarzen Kapuze. So traten sie dann ein in den Orden derer, die für den Glauben „wachsam" sein sollten, nach dem tiefsinnigen mittelalterlichen Wortspiel in die Schar der „domini canes", d. h. der „Hunde des Herrn", die die Herde des Herrn bewachen sollten. (So ist auch überliefert, daß die Mutter des hl. Dominikus vor seiner Geburt im Jahre 1170 träumte, wie sie einen schwarzen Hund in ihrem Schoße trage, der, zwischen den Zähnen eine lodernde Fackel haltend, den ganzen Erdball in Flammen setzte. Auch auf älteren Bildern sieht man oft die Dominikaner als die „domini canes" abgebildet: symbolisiert als Hunde, das Fell schwarzweiß wie die Ordenstracht; so z. B. in Santa Maria Novella in Florenz.)

Bald gelang es dem Predigerorden, an den Universitäten Paris und Bologna Fuß zu fassen. Namentlich Paris war ja damals das glanzvolle Zentrum der scholastischen Wissenschaft der gesamten Christenheit. So strömten tausende von Jünglingen aus allen Ländern, darunter viele von vornehmem Geschlecht, zu den theologischen Lehrstühlen der Dominikaner an diesen beiden Universitäten, was nicht wenig zu der rapiden Ausbreitung des Ordens beitrug. Zahlreiche hochberühmte Gelehrte sind so aus dem Dominikanerorden hervorgegangen, im 13. Jahrhundert z. B. der bekannte *Vincens von Beauvais*, der alles Wissen seiner Zeit in seinem berühmten „Spiegel" zusammenfaßte. In Paris lebte einige Zeit lang ja auch der große *Albertus* als hochgefeierter Lehrer. Da wirkten sie in dem berühmten Dominikanerkloster St. Jakob (nach welchem später die Jakobiner der französischen Revolution benannt wurden, da sie in diesem Kloster ihre Zusammenkünfte abhielten). Ein herrlicher Zug von geistigem Kosmopolitismus geht durch dieses Wirken. Ein katholischer Biograph des Albertus Magnus schreibt hierüber: „... da der Predigerorden die so rühmenswerte Übung hatte, die Vorteile der höchsten Bildungsstätte der Welt, der Universität Paris, immer den französischen und fremden Mitgliedern des Ordens gleichmäßig zugänglich zu machen und darum immer einen Franzosen und einen Ausländer zugleich dozieren zu lassen, so finden wir hier unseren Albertus als Repräsentanten der Ausländer im Orden wirkend. Außerdem war gewiß damals eine größere Anzahl ausgezeichneter, hochgelehrter Mitglieder des Predigerordens aus allen Nationen in jenem Hause zu

St. Jakob vereint, um welche eine lernbegierige Jugend ... sich gesammelt hatte ... Es ist dies eine so rührende Erscheinung! ... Männer vom Morgen- und Abendlande, vom Süden und Norden, Deutsche und Romanen wohnen hier im Kloster in höchster Eintracht und christlichen Liebe zusammen, um den Interessen der Wissenschaft, der Begründung und Ausbreitung des Gottesreiches in den Geistern zu leben!" Da sehen wir diesen Kosmopolitismus des Geistes, wie er im Dominikanerorden des 13. Jahrhunderts lebte ...

So wurde dieser Orden der Boden, auf dem in der Weise, wie es eben im 13. Jahrhundert möglich war, sich in glorioser Weise auszuwirken vermochten die damaligen michaelischen Impulse. Wenige Jahre nach dem Tode des hl. Dominikus – er starb am 6. August 1221 – sollte derjenige größte aller Dominikaner geboren werden, der vom Schicksal berufen war, der gewaltigste Lehrer des ganzen scholastischen Mittelalters zu werden, „der Lehrer der Lehrer", der angelische Doktor *Thomas von Aquino*.

7. Thomas von Aquino

I.

Die vielen alten Bilder, die Thomas von Aquino darstellen mit der nach allen Seiten Strahlen aussendenden *Sonne* auf der Brust, bringen in großartiger Weise zur bildlichen Anschauung, in *wessen* Dienst dieses Leben stand, aus welchen Impulsen all sein grandioses Wirken erflossen ist. Unter denen, die im 13. Jahrhundert die einstmals kosmische, dann zu den einzelnen Menschen herniedergestiegene Intelligenz in allumfassender Weise in den Dienst des Christentums stellten, war Thomas, der „Fürst der Scholastiker", der Größte, der Geistgewaltigste. Früh schon empfanden aber die Menschen, daß höhere Wesenheit in diese gewaltige Gedankenkraft hinein und durch den doctor angelicus, den „Engel der Schule" wirkte. Beachtenswert ist in diesem Sinne auch, was ein neuerer katholischer Biograph Thomas' in seiner Weise schreibt, um diese besondere Art seiner Erkenntnis zu charakterisieren: „Von Gott selbst, direkt durch Eingießung des heiligen Geistes, durch eine unmittelbare Mitteilung des Wissens der Engel empfing er in seiner Seele soviel Licht und Wissen. Nach Art der reinen Geister ist er mehr *schauend* als durch Vernunftschlüsse denkend. Er *hört* mehr, als daß er argumentiert. Er *ergreift* mit einem einzigen Blick die Wahrheit selbst, anstatt sie durch vielfältige Bemühungen zu entdecken ... Er ist mehr *intuitiv* als *diskursiv*, um in der Sprache seiner Zeit zu reden... Er ist mehr *Engel* als *Mensch*[25])." Wer aber ist insonderheit diese englische Wesenheit, die durch den großen Lehrer wirkte? Der gleiche Schriftsteller bestätigt es uns, wenn er – ohne Zweifel auch hier nur aussprechend, was Jahrhunderte alte Überzeugungen sind – weiter von Thomas schreibt: „Er war nicht nur der friedensvolle Engel der Kontemplation, sondern auch der feurige Engel der göttlichen Schlachten. Nicht allein durch seine jungfräuliche Reinheit... wurde er ‚angelicus', mehr noch vielleicht durch seinen Eifer, bis zu den Enden der Welt widerhallen zu lassen den Kriegsruf des obersten der Engel: ‚Wer ist wie Gott?'" Dieses aber ist der Ruf und der Name des Sonnen-Erzengels *Michael.*

Ein wahrhaft michaelischer Kampf ist es auch, den Thomas kämpfen mußte gegen Averroes und seine überlebte, irreleitende, unverchristlichte Lehre von der Einheit des Intellekts. Den „Verfälscher, nicht Kommentator des Aristoteles" nannte Thomas, den man selbst als den „kongenialen Kommentator des Aristoteles" bezeichnet hat, den großen arabischen Philosophen; gegen ihn galt es, den zeitgemäß ausgelegten wahren Aristoteles und die individuelle menschliche Postexistenz zu verfechten. Die Bilder, die Thomas, mit der strahlenden Sonne auf der Brust, über Averroes, der zu seinen Füßen überwunden daliegt, triumphierend darstellen, weisen auf tiefste Zusammenhänge der Menschheitsentwicklung hin. Sie weisen in die Vergangenheit und in die Zukunft. In die Vergangenheit: denn sie erinnern den Wissenden an einen Vorgang, der sich im 9. nachchristlichen Jahrhundert in der übersinnlichen Welt abspielte, nämlich jenes „übersinnliche Konzil", auf dem nach der geistigen Forschung eine folgenschwere Auseinandersetzung stattfand, die zum Ausgangspunkt dafür wurde, daß die beiden Strömungen sich immer mehr im Zeichen des Kampfes schieden: auf der einen Seite diejenigen Aristoteliker, die den geistigen Impulsen Michaels – wie schon von alten Zeiten her – treu bleiben und das hieß jetzt dem Christusimpuls auf ihre besondere – aristotelische – Weise dienen wollten, auf der anderen jene Individualitäten, die, auch „Aristoteliker", den Christusimpuls ablehnten, von Michael abfielen, um im Sinne des Arabismus[26]) weiter zu wirken. Dieser Kampf lebt im 13. Jahrhundert wieder auf, da Thomas mit gewaltiger Geistesmacht, ein michaelischer Diener, den Averroes bekämpft. Und dieser selbe Kampf geht gewandelt durch die Jahrhunderte weiter. So weisen jene Bilder auch in die Zukunft, in der immer mehr der Geisteskampf entbrennen sollte zwischen allem, was im Zeichen der Michaelströmung steht, und den vielfach metamorphosierten Wirkungsweisen des Arabismus und der einst arabischen Individualitäten, die dann besonders in alledem fortwirken, was moderne materialistische Naturwissenschaft des fünften nachatlantischen Zeitalters ist. So wandelt sich das Bild des über Averroes triumphierenden Thomas nach der Gegenwart zu wieder zurück in sein eigentliches Urbild: das Bild jenes anderen, übermenschlichen Sonnenkämpfers gegen die Drachenmächte, mit denen sich das Wirken des Arabismus ja so eng verbunden hat.

Wie Thomas der unvergleichlich größte Meister der einst durch Aristoteles der Menschheit eroberten Gedankenkraft im Mittelalter ist, tritt aus seinem gesamten Werk überwältigend hervor. Bedeutsam für die vollendete Sicherheit seines Urteils ist es z. B., daß er, wie schon in der ältesten, klassischen Biographie seines Schülers Wilhelm von Tocco hervorgehoben wird, mit nur ganz geringen Ausnahmen alle jene Lehrmeinungen, die er als junger Baccalaureus in Paris aufgestellt hatte, auch späterhin beibehalten konnte, ohne an ihnen Wesentliches ändern zu müssen. Es war, wie wenn die umfassend-souveräne Beherrschung der Gedankenkraft mit ihm geboren worden wäre. So wurde er der „doctor communis", dessen Lehre die Christenheit erfüllte.

Mit dieser gewaltigen Genialität des Gedankens verbindet sich bei Thomas in einzigartiger Weise – wahrhaft michaelisch – die Sonnenkraft eines durchchristlichten Herzens. Beides läßt sich bei ihm nicht von einander trennen. So bezeugte auch einer, der Thomas gut kannte, nach seinem Tode, wie in ihm die Vernunft und das Herz sich gegenseitig halfen: der Wille erlangte für die Intelligenz, daß sie die heiligen Wahrheiten durchdringe; und die Intelligenz, erleuchtet durch das Licht des Himmels, entflammte den Willen mit um so brennenderer Liebe ... So wurden Leben und Lehre Thomas', des „gelehrtesten unter den Heiligen und heiligsten unter den Gelehrten" *eines*.

*

Etwas von überirdischer Klarheit und Wärme zugleich leuchtet und strahlt uns in den vielen Zügen entgegen, aus denen sich das Wesensbild Thomas' zusammensetzt. Welch wunderbare Zielsicherheit in dieser Lebensgeschichte! Wie fügt sich alles, wie überwindet er die Widerstände, um seine große Mission zu erfüllen! Wie deutlich weist das alles hin auf jene Vorgänge in der geistigen Welt um die Wende des 12. und 13. Jahrhunderts, von denen in dem vorangegangenen Kapitel über den Dominikanerorden kurz die

Rede war, die Vorgänge, durch welche der Übergang von dem Platonismus zum Aristotelismus, bzw. in gewissem Sinne der von den Zisterziensern zu den Dominikanern inauguriert wurde. Das bildet den geistigen Hintergrund zu vielen Zügen, die uns aus der unübersehbar großen Literatur immer wieder entgegentreten. Wie Thomas, aus hochadligem Geschlecht der Grafen von Aquino hervorgegangen, als Knabe von den Benediktinern in dem nahen Monte Cassino erzogen wird, in jenem hochberühmten Kloster, wo ihm in etwa der Inbegriff der ganzen bisherigen abendländisch-christlichen Entwicklung übermittelt werden konnte. Wie er dann in Neapel studierte, wie schon in jungen, fast noch Knabenjahren, in ihm der Entschluß reifte, in den Dominikanerorden einzutreten, wie er dann entgegen allen Hindernissen und schweren Anfechtungen, die ihm von seiner Familie widerfuhren, nach langen Kämpfen es durchsetzte, daß er in diesem Orden bleiben konnte, dessen größte Leuchte er werden sollte. Wie ihn der Ordensgeneral persönlich, nach dem Vorbild des hl. Dominikus zu Fuß, von Rom über Paris zu seinem Lehrer Albertus Magnus nach Köln brachte, wo alsbald seine überragende Begabung hervortrat. Wie er mit Albertus nach Paris kam, wo er seine Lehrtätigkeit beginnen sollte, die er dann zur Erleuchtung der Kirche und zum Ruhm seines Ordens durch Jahrzehnte in Frankreich und Italien ausübte. Unzählige Züge zeigen ihn in der jungfräulichen Reinheit seines ganzen Wesens, in der hingebungsvollen Demut, von der er bei aller gewaltigen Geistesgröße zeitlebens erfüllt blieb, so daß an ihm wahr wurde sein schönes Wort „Humilitas facit hominem capacem Dei“ (die Demut macht den Menschen fähig, Gott in sich aufzunehmen). Wie er eine Art Verkörperung des Ordensideals war, er, der zeitlebens der einfache Frater Thomas blieb, es ablehnend, irgendwelche kirchlichen Würden anzunehmen, die ihn von seinen ureigentlichsten Aufgaben hätten ablenken müssen. Wir hören von seiner ungeheuren Konzentrationskraft, die ihm z. B. ermöglichte, gleichzeitig vier Schreibern über verschiedene Materien zu diktieren. Wie er unermüdlich arbeitete, wie er äußerst wenig schlief, aber zuweilen selbst schlafend noch an seinen Werken weiter diktiert habe. „Wie wenn seine Seele schon befreit gewesen wäre von den Fesseln und der Last des Leibes." Wie er häufig in Ekstase verfiel, und wie er aus solchen Zuständen heraus, aus der unmittelbaren Anschauung, oft seine Werke, z. B. die Summa contra gentiles, geschrieben. Er selbst vertraute einem treuen Genossen an, daß ihm z. B. einmal auf sein Gebet um Erleuchtung die Apostel Petrus und Paulus des Nachts erschienen seien, um ihm selbst zur Erklärung einer schwierigen Stelle aus der hl. Schrift zu verhelfen. Ein Bild Thomas' ersteht vor uns, wenn wir bei Karl Werner in seinem schönen Werke „Der heilige Thomas von Aquino" [27]) lesen: „Nach dem Beispiele des heiligen Patriarchen Dominikus brachte er oft einen großen Teil der Nacht am Fuße der Altäre zu, in die Anbetung des hochheiligen Fronleichnams versunken; wenn er am Altare die Geheimnisse der Erlösung feierte, war sein Gemüt von erhabenen Rührungen bewegt, welche über sein Angesicht einen verklärenden Schimmer verbreiteten; nach Vollendung der heiligen Handlung pflegte er einem anderen Priester am Altare zu dienen, um in stiller Sammlung die Stimmungen, die ihn während des Opfers beseelt, in sich zu wiederholen und der geheimnisvollen Nähe des Allerhöchsten sich noch länger zu erfreuen. So ward er, ein

Engel im Fleische, den himmlischen Geistern ähnlich, die am Throne des Allerhöchsten dienen und die dem irdischen Auge unter mysteriöser Hülle erscheinende Herrlichkeit Gottes in ihrer unverhüllten Wesenheit anschauen." – Ein anderes Bild zeigt uns Thomas in seiner unerschütterlichen Gelassenheit und Ruhe. Er predigte an einem Palmsonntag in Paris in der Kirche des Ordenshauses der Dominikaner. Nun war ja damals ein heftiger Streit zwischen den Bettelorden und der Pariser Universität entbrannt, an dem auch Thomas aktiven Anteil hatte. Während dieser Predigt erschien ein Universitätsbeamter in der Kirche, gebot Thomas Stillschweigen und las ein gegen die Bettelorden gerichtetes Universitätsdekret ab. Da hielt Thomas nur schweigend inne, bis der Störer geendet, dann setzte er ohne Wort oder Zeichen des Unwillens seine Predigt fort[28]) ...

So verlief dieses heilige Leben des großen Lehrers in Gebet und Meditation, in Erleuchtungen und Gnadenbeweisungen der geistigen Welt, in unablässiger Übung aller christlichen Tugenden, in Studium und Predigt und Lehre, im Schaffen jener gewaltigen philosophischen und theologischen Werke, in denen der Inbegriff alles dessen niedergelegt ist, was im 13. Jahrhundert höchste menschliche Gedankenkraft teils durch sich selbst erreichen, teils zur Begründung und Durcharbeitung des christlichen Lehr- und Überlieferungsgehaltes erarbeiten konnte. So durften Thomas, wie Wilhelm von Tocco überliefert, dereinst in der Dominikanerkirche zu Neapel vor dem Bilde des Gekreuzigten jene Worte erklingen: „Thoma, bene scripsisti de me; quam recipies a me pro tuo labore mercedem?" (Thomas, du hast gut über mich geschrieben; welchen Lohn verlangst du von mir für deine Arbeit?) Worauf Thomas geantwortet habe: „Keinen anderen Lohn als Dich, o Herr.“

*

Thomas' theologisches Gesamtwerk in seiner wunderbaren, großartigen Geschlossenheit hat man oft mit der wunderbaren Geschlossenheit der himmelanstrebenden *gotischen Dome* verglichen. Recht schön schreibt Martin Grabmann, der katholische Thomasforscher, in diesem Sinne: „So ist über das Schrifttum des hl. Thomas der friedvolle Geist der Ordnung, Harmonie und Ausgeglichenheit ausgebreitet. Sowohl in der inhaltlichen Behandlung der Probleme als auch in der Benützung der Quellen kommt dieser Sinn für Vermittlung und Ebenmaß, dieser, wenn ich so sagen kann, Rhythmus der Wahrheit und Klarheit zum Vorschein. Wer durch jahre- und jahrzehntelanges Studium in diese Harmonien und Proportionen des thomistischen Gedankengebäudes sich hineinversenkt und hineingelebt hat, dem wird Freude und Friede sich in die Seele ergießen, vergleichbar jener weihevollen Stimmung, die uns bei der Betrachtung der himmelanragenden Dome ergreift ...“ Ja, wir dürfen wohl noch weitergehen und sagen: ein und derselben Inspirationsquelle entstammt der christliche Aristotelismus der großen Scholastiker und die Gotik als Stil im umfassendsten Sinne. Wie die Gedankengebäude der großen Aristoteliker in wunderbarer Harmonie und Geschlossenheit nach oben, der geistigen Welt entgegenstreben, deren Wahrheiten sie, wenn auch in abstrakter Art, wie es damals allein möglich war, in Begriffen und Vorstellungen zu erringen trachten, die sich gegenseitig stützen und tragen – so auch stützen und tragen sich die Pfeiler und Gewölbe des gotischen Domes gegenseitig, auch sie in einer gewissen Abstraktheit, aber gewaltig, in wunderbarer Geschlossenheit voller Harmonie nach oben strebend. Das kann man unmittelbar fühlen und erleben. Es wird aber auch durch manche legendäre Überlieferungen bestätigt, die z. B. Albertus, den großen Lehrer Thomas', in Zusammenhang mit der gotischen Baukunst bringen, diese sogar als die „ars Albertina" bezeichnend. Sie räumen dem Albertus insbesondere einen bedeutsamen Anteil an dem Kölner Dombau ein[29]). Da wird erzählt, wie einst Albertus, als er, mit dem projektierten Bau beschäftigt, in seiner Zelle saß, vier Männer in weißen Talaren mit goldenen Kronen auf den Häuptern, die Attribute der Baukunst mit sich führend, erschienen. Ihnen folgte die heilige Jungfrau, nach deren Anweisung alsobald die vier Meister den Plan zu einem majestätischen Kirchenbau entwarfen. „In hellstrahlenden Linien bildete der Aufriß sich zu einem erhabenen Ganzen fort, wie Albertus nie das Bauwerk nur zu ahnen vermocht hatte." Bald schwand die Erscheinung, doch das Bild des Wunderbaues blieb in Albertus' Seele gegenwärtig, und er lieferte danach den Plan des wunderbaren Domes zu Köln.

II.

Anfang Dezember 1273 erhielt Thomas eine Aufforderung des Papstes, am Konzil von Lyon teilzunehmen, bei dem es sich insbesondere um einen Versuch der Wiedervereinigung der östlichen und westlichen Kirche handeln sollte. Damals schrieb Thomas am dritten Teil seiner „Summa".

Um diese Zeit zeigten sich die ersten Vorboten seines nicht mehr fernen Todes[30]). Am 6. Dezember, dem Feste des hl. Nikolaus, als er in Neapel die Messe zelebrierte, fand man ihn völlig verändert. Von da an schrieb und diktierte er nicht mehr. Als einer der Brüder, der ihm besonders nahestand, ihn fragte, ob er denn ein so großes Werk wie seine Summa zum Lobe Gottes und zur Erleuchtung der Welt nicht zu Ende führen wolle, antwortete ihm Thomas: „Ich kann nicht; denn alles, was ich geschrieben habe, *erscheint mir wie Spreu verglichen mit dem, was ich geschaut habe* und was mir offenbart worden ist.“ ... Trotz seiner Schwäche machte er sich jedoch noch auf die Reise nach Rom, um dem Rufe nach Lyon zu folgen. Unterwegs konnte er nicht mehr weiter. Sehr geschwächt suchte er das Schloß seiner Nichte Francisca von Ceccano auf, um sich dort auszuruhen. Er fand keine Erleichterung, wiewohl man es an keiner Sorge für ihn fehlen ließ. Es gebrach ihm vollständig der Appetit; er begann eine unüberwindliche Abneigung gegen jede Nahrung zu empfinden. Es wird nun erzählt, wie er schließlich einmal auf Drängen seiner Umgebung den Wunsch äußerte, von einer bestimmten Art von Fischen zu essen, die es aber in der dortigen Gegend weit und breit nicht gab. Wie durch ein Wunder fand man gleichwohl von den Fischen und war glücklich, sie ihm bringen zu können. Noch ein oder zwei Mal konnte er die Messe zelebrieren, zur besonderen Erbauung der Mönche durch seine außergewöhnlich tiefe Devotion und die Tränen, die er dabei vergoß. Er verließ noch das Schloß der Nichte, da er nicht in einem weltlichen Hause, sondern in einem Kloster sterben wolle, wenn es ihm beschieden; und so setzte er denn in Begleitung einiger Predigerbrüder und einiger Zisterzienser seinen Weg noch ein Stück fort. So kam er in das nahe Zisterzienserkloster Fossanuova (bei Terracina). Bei seinem Eintritt sagte er, diesen Ort habe er ausgesucht, um hier die ewige Ruhe zu finden. Die Zisterzienser pflegten ihn. Sie ließen ihm alle erdenkliche Sorge angedeihen. Sie gingen in den nahen Wald, um Holz für sein Feuer zu holen; sie trugen das Holz auf ihren Schultern, denn sie wollten, wie sie sagten, diese Last nicht unvernünftigen Tieren überlassen, die nicht zu verstehen vermöchten, *wem* sie diesen Liebesdienst erwiesen. Thomas aber, der ihnen ein vollendetes Vorbild der Güte, der Reinheit und Schlichtheit war, gab ihnen auf ihre Bitte, so schwach er sich auch fühlte, Erklärungen zum Hohenlied Salomonis. Welche Blitze des Genius, schreibt hierzu Didiot, welches Feuer der Liebe, welche Gedanken und welche Worte empfingen da *die Söhne des hl. Bernhard*) in der Schule des sterbenden Sohnes des hl. Dominikus ...*

Als seine Schwäche noch mehr zunahm, legte Thomas eine Generalbeichte seines ganzen Lebens ab. Dann ließ er sich die heilige Wegzehrung geben. Dabei, heißt es, sei er der geweihten Hostie entgegen gegangen, indem noch einmal die Kraft seines Geistes den Sieg über den kranken Leib davontrug. Am folgenden Tage erbat und erhielt er das Sakrament der letzten Ölung. Dann hätte er um sein Lager den Franziskanerbischof der Diözese, die Zisterziensermönche des Klosters, eine größere Anzahl von Dominikanern und einige Franziskaner versammelt. In der Frühe

---

*) Bernhard von Clairvaux war (siehe bereits oben) der große Förderer des Ordens der Zisterzienser, die nach ihm auch Bernhardiner genannt werden.

des 7. März 1274 durchschritt er die Pforte des Todes. „... Nach einer Weile aber gab er seinen Geist dem Herrn zurück: als einen heiligen hatte er ihn empfangen und so ihn auch bewahrt; ebenso heiter verließ er den Leib, wie er bewunderungswürdig außerhalb des Leibes gelebt zu haben schien ..." (Wilhelm von Tocco). So kehrte Thomas in die geistige Welt zurück, aus der er herniedergestiegen, um im Geiste des Christus der Menschheit zu dienen.

*

Wenn wir bedenken, was oben S. 81 ff. über das geistesgeschichtliche Verhältnis zwischen den Zisterziensern und Dominikanern angegeben worden ist, so wird gerade dies als tief bedeutsam empfunden werden können, wie Thomas seine Tage in einem Zisterzienserkloster beschließt. Es ist, wie wenn sich damit ein Kreis schlösse. Das haben auch die älteren Zisterzienser empfunden. Es gibt eine Zisterzienserordensgeschichte, die in einem Kapitel über die Beziehungen zwischen den Zisterziensern und anderen Orden auch die zu den Dominikanern behandelt. Auch hier wird[31]) besonders des hl. Thomas von Aquino, des angelischen Doktors, der Sonne der Christenwelt, gedacht und erzählt, wie er auf der Reise nach Lyon jenes Zisterzienserkloster Fossanuova aufsuchen mußte und wie er dort seine reine Seele unter den „honigfließenden Zöglingen" des Klosters aushauchte. Da werden nun noch manche Zusammenhänge des Schicksals erwähnt. Es heißt: „Und nicht durch Zufall ist dies geschehen, daß der angelische Aquinate vor allen anderen die Unseren ... auserwählt hat, um sich bei ihnen niederzulegen und, was sterblich an ihm, auszuziehen ...", denn, so meint nun die Chronik, das sei deshalb geschehen, weil die Grafen von Aquino und daher die Vorfahren des hl. Thomas die Gründer jenes Klosters waren, und Thomas' Eltern und auch der hl. Doktor selbst, nach dem erblichen Rechte des Blutes, die Patrone jenes Hauses. „Zu seinen Lehensleuten also wollte der Patron getragen werden, um von ihnen gepflegt und endlich auch von seinen Schutzbefohlenen begraben zu werden.“ Nachdem sodann die so überaus wenig ansprechende Geschichte der mehrfachen Umbestattungen Thomas' erzählt worden ist, heißt es weiter, mit Recht sei der Tod des hl. Doktors durch die Güte des Schicksals in dem Zisterzienserkloster beschlossen worden, „auf daß, weil ja Thomas dereinst in zarter Jugend den Geist der Religion unter den Benediktinern von Monte Cassino schöpfte, er seinen Geist voller Gnade und Wahrheit auch wiederum unter den Benediktiner-Zisterziensern*) Gott zurückgebe, um ihn den Engeln zuzugesellen, mit denen er, durch die Reinheit des angelischen Lebens, solange er am Leben war, die Ähnlichkeit bewahrte...“ Die Zisterziensergeschichte berichtet dann noch mit großer Anerkennung, wie Thomas voller Verehrung gewesen sei für den hl. Bernhard, den „doctor mellifluus“ (den honigfließenden Lehrer), wie er ständig, sicherlich nicht ohne tiefere Bedeutung, genannt wird und wie ihn schon seine Zeitgenossen nannten. Thomas habe ausgesprochen, wie der hl. Bernhard mit neun Edelsteinen, d. h. mit den neun Ordnungen der Engel begabt gewesen, die in ihm wirkten. Durch dieses Lob aber

*) Der Zisterzienserorden war, wie wir schon hörten, eine Reform des Benediktinerordens, durch Rückkehr zu der strengen Regel des hl. Benedikt.

habe Thomas das Band zwischen dem hl. Bernhard und sich selbst noch enger geknüpft, indem er an Bernhard dasjenige erkannt und gepriesen habe, worin er, selbst doctor angelicus, Bernhard ähnlich gewesen.

*

Über die Vorgänge nach dem Tode Thomas' finden wir eine besonders schöne Darstellung in Thomas' Lebensbeschreibung des italienischen Humanisten *Joh. Ant. Flaminius* († 1536). Er schreibt: „Da aber der Abt und die Mönche an so vielen Zeichen der Heiligkeit schon klar erkannt hatten, ein wie großes Licht der Kirche erloschen, wandten sie, traurig und schmerzerfüllt, alles auf, was sie nur konnten, um ihm ein feierliches Leichenbegängnis zu bereiten. An dessen Feier nahmen nicht nur sehr viele Mönche aus dem Orden der Predigerbrüder teil, die aus verschiedenen Klöstern gekommen waren, um ihn in seiner Krankheit zu besuchen, oder die sich dorthin begeben hatten, nachdem die Kunde von seinem Hinscheiden sich verbreitet, sondern auch eine überaus große Menge vornehmer Männer aus den Städten Campaniens, die der Ruhm des großen Doktors herbeigerufen hatte ... Es war auch der Franziskanerbischof Franziskus zugegen, der einige aus seinem Orden mitgebracht hatte ..." Flaminius schildert sodann, wie unter Hymnen und Gesängen in großer Feierlichkeit unter allgemeinem Schmerz und Wehklagen die Beisetzung erfolgte. „Es glaubten alle, wie es ja auch war, daß das größte Licht der christlichen Religion erloschen und die Kirche durch den Tod dieses Lehrers verwaist sei, der durch seine göttliche und unvergleichliche Lehre und die ungeheure Menge seiner Schriften jene in der ganzen

Welt erleuchtet hatte ..." Als nun unter Tränen und Klagen sein Lob in aller Munde erklang, da bestieg einer der Dominikaner, ein Schüler und treuer Genosse von ihm, den Rednerplatz, „um durch sein Zeugnis seine Pflicht als Mensch und als dankbarer Schüler zu erfüllen und zugleich den Schmerz aller zu lindern, und hielt eine kurze Ansprache über das Leben und die Heiligkeit jenes, wobei er etwa die folgenden Worte gebrauchte". Nun folgt die Leichenrede. Sie gibt eine Lebensbeschreibung Thomas'. Sie schildert so manche wunderbaren Begebenheiten in diesem nur Großes, Denkwürdiges, Göttliches in sich schließenden Leben. Dann zählt der Redner die große Reihe der Schriften Thomas' auf, Thomas, der, „was immer er lesen konnte, durch göttliche Erleuchtung auch zu interpretieren vermocht" habe. Er erzählt (was wir oben bereits erwähnten), wie Thomas oft gleichzeitig drei oder gar vier Schreibern über verschiedene Materien diktiert habe, wie er im Diktieren einschlafend sogar im Schlafe noch weiter diktiert und so das Begonnene, wie wenn er wache, fortsetzte ...

Vorher hatte der Franziskanerbischof die Pontifikalmesse zelebriert. Denkwürdig bleibt, was K. Werner darüber folgendermaßen berichtet: „Der Bischof von Terracina, dem Orden des heiligen Franziskus angehörend, zelebrierte die Pontifikalmesse. Als beim Beginne derselben der Vorsänger des Chores die Missa Requiem intonieren sollte, überraschte er die Versammelten, indem er mit dem Introitus der Missa de Confessoribus: Os justi begann. Aber der ganze Chor fiel alsogleich in dieselbe Gesangsweise ein, und statt einer Fürbitte für den Verstorbenen gestaltete sich der gottesdienstliche Akt zu einer Lobpreisung seines heiligen Lebens."

Schon die ältesten Überlieferungen, wie sie insbesondere in dem Kanonisationsprozeß niedergelegt sind (die Heiligsprechung erfolgte am 15. Juli 1323), wissen von den Wundern zu berichten, die sich bei und nach Thomas' Tode ereignet hätten. Wie ein Mönch des Zisterzienserklosters, der beim Gebet in der Kirche eingeschlafen war, im Traum einen glänzenden Stern auf das Kloster fallen und alsdann wieder zum Himmel aufsteigen sah, von zwei anderen begleitet, die ihn zu führen schienen. Es war die Sterbestunde Thomas'. Zur gleichen Zeit sei auch ein Komet erloschen, der drei Tage lang über dem Kloster gesehen wurde. Nach dem Tode aber habe der Leichnam des Heiligen mannigfache Wunder gewirkt. So habe der Unterprior des Klosters, der seit langem erblindet war, durch die ehrfurchtsvolle Berührung das Augenlicht wiedererlangt, und ähnlich seien viele andere Personen, die in den Akten des Kanonisationsprozesses einzeln aufgeführt werden, in wunderbarer Weise von den verschiedensten Krankheiten geheilt worden.

III.

Zu den aufklärendsten und großartigsten Einsichten über die Zusammenhänge der menschlichen Geistesentwicklung, die Rudolf Steiner gegeben, gehören jene, die den inneren Fortgang der Weltanschauungsentwicklung vom Thomismus, von der Hochscholastik des 13. Jahrhunderts zur Geisteswissenschaft unserer Zeit aufweisen. Thomas unterschied diejenigen Erkenntnisse, die dem menschlichen *Denken* als solchem zugänglich sind, die von ihm selbst gefunden werden können, und denjenigen, an die es nicht heranreicht, die daher nur als *Glaubenswahrheiten* angenommen, dann aber durch das Denken erläutert, verarbeitet, verteidigt werden können. Zu jenen, die Thomas auch als die „Praeambula fidei" bezeichnet, gehört z. B. auch noch die Erkenntnis eines die Welt schaffenden Gottes (des „ersten Bewegers" im Sinne Aristoteles'), zu diesen z. B. die Wahrheit von der Trinität, die Lehre vom Sündenfall und der Erlösung, die Inkarnation des Christus im Jesus von Nazareth usw. Es ergibt sich nun, wie dieser Grundgedanke des Thomismus durchaus so hätte entwickelt werden können, „daß die Grenze der menschlichen Forschung sich immer mehr nach oben in das übersinnliche Gebiet hätte erweitern können", mit andern Worten, daß das Gebiet der „Praeambula fidei" nicht als ein ein für allemal fest umrissenes, sondern als ein mit der Fortentwicklung der menschlichen Erkenntnis erweiterungsfähiges hätte aufgefaßt werden sollen. Als diese Erweiterung stellt sich die Anthroposophie dar[32]).

Diese Zusammenhänge werden in der lichtvollsten Weise weiter ausgeführt in drei öffentlichen Vorträgen über „Die Philosophie des Thomas von Aquino", die Rudolf Steiner zu Pfingsten 1920 in Dornach gehalten hat[33]). Da wurde gezeigt, wie in der Hochscholastik des Thomas und des Albertus im Grunde das Problem der *Christologie* enthalten ist. Wie für die beiden gewaltigen Denker ungelöst noch die Frage geblieben: wie tritt der Christus ein in das menschliche *Denken,* das durch den Sündenfall verderbt ist? Das wichtigste Ergebnis der Hochscholastik ist eine *Frage:* „Wie trägt man die Christologie in das menschliche Denken hinein? Wie wird das Denken christlich gemacht? *Diese* Frage steht weltgeschichtlich da in dem Augenblick, als Thomas

1274 stirbt, – ... die *Frage* steht mit aller Herzinnigkeit da in der europäischen Geisteskultur." *Weil* die großen Denker des 13. Jahrhunderts noch nicht das christliche Erlösungsprinzip in der Ideenwelt finden konnten, *deshalb* stellte man diese der Offenbarungswelt entgegen. Hingegen „die erlöste menschliche Vernunft, die das wirkliche Verhältnis zu Christus hat, die dringt ein in die geistige Welt." Das aber geschieht im großen weltgeschichtlichen Fortgang der menschlichen Geistesentwicklung durch Anthroposophie. Sie beantwortet die große Frage, die all das Wirken und Streben der großen Scholastiker des 13. Jahrhunderts gestellt hatte.

Deren Aufgabe war in jener Zeit, als die neuere Naturwissenschaft noch nicht existierte, sich mit dem Offenbarungsgehalt der Kirche auseinander- und in Einklang zu setzen. Inzwischen ist diese neuere Naturwissenschaft entstanden. Sie machte eine „Frontänderung" notwendig. Der Anfang davon ist mit Goethes Weltanschauung gemacht. In ihr liegt „der Anfang desjenigen, was eigentlich nun mit Frontänderung nach der Naturwissenschaft hin aus dem Thomismus werden muß, indem er sich heraufhebt zu der Entwicklungshöhe der Gegenwart". So wird es klar, wie das, was im Thomismus noch in abstrakter Form vorhanden war, nun in vollsaftig-konkreter Weise in der Geisteswissenschaft auftritt. Wenn Thomas und Albertus in abstrakter Weise z. B. ausgesprochen hatten, daß in den ganzen menschlichen Leib hinein das Geistig-Seelische wirkt, so handelt es sich in der Gegenwart darum, das Geistig-Seelische bis in alle Einzelheiten des Leiblichen hinein konkret zu verfolgen, wie dies durch Geisteswissenschaft geschieht. So lebt wirklich, „indem sie sich entzündet an dem Goetheanismus, die thomistische Philosophie... in unserer Gegenwart als Geisteswissenschaft weiter".

*

Thomas, der Fürst der Scholastiker, hatte sein Wirken so ganz und gar in die Kirche hineingestellt, sich so ganz mit ihr verbunden, daß er als Persönlichkeit gleichsam in ihr aufging. Er wurde wahrhaft der „doctor communis". Sein Gedanke wurde der der ganzen Kirche. Aber die Kirche hat den Zusammenhang mit dem *lebendigen* Thomismus verloren. Zwar der Thomas des 13. Jahrhunderts wurde als Autorität immer fester begründet. An Ehrungen des großen Lehrers ließ es die Kirche wahrlich nicht fehlen. Gar auf dem großen Konzil der Gegenreformation, dem Konzil von Trient, wurden ihm und der Reinheit seiner Lehre unendliche Lobeserhebungen zuteil. Man sah dort auf ein und demselben Tische seine Summa theologiae neben der Bibel liegen, offenbar, um als Erklärung und Auslegung des heiligen Textes zu dienen[34]). Aber gerade damals war es ja, daß die Kirche, aus tragischer innerer Notwendigkeit feindlich den neu heraufziehenden Mächten des naturwissenschaftlichen Zeitalters, sich im Sinne einer Befestigung des *Vergangenen* konsolidierte, daß sie erstarrte. Von da an verlor sie immer mehr den Zusammenhang mit jenem Thomismus, der sich fortentwickelte, der sich metamorphosierte. Sie versäumte es, jene „Frontänderung nach der Naturwissenschaft" vorzunehmen. Sie blieb im wesentlichen an dem Punkte stehen, an dem der Thomismus des 13. Jahrhunderts stand. Sie machte das, was, geistesgeschichtlich betrachtet, jene große *Frage* an die Menschheitsentwicklung war, gestellt zu einer ganz bestimmten Zeit, zu einer *Antwort,* die für ewige Zeiten gelten solle. So vertiefte sie auch von ihrer Seite her die Kluft zwischen Glauben und Wissen zu einer immer unüberbrückbareren. Sie verband sich, besonders gerade seit dem Konzil von Trient, immer mehr mit den Mächten, die die geistige Weiterentwicklung der Menschheit *nicht* fördern wollen.

Was geschah? Im Jahre 1879 begann das neue Michaelszeitalter[35]). Es ist das Zeitalter, das die Impulse zu einer neuen Spiritualisierung der Menschheit bringen sollte. Davon ist ein Aspekt, daß in ihm anknüpfend an den Goetheanismus der Thomismus in dem eben charakterisierten Sinne fortgebildet werden sollte aus den Möglichkeiten heraus, die das neue Zeitalter gab. Und schon lebte und reifte derjenige heran, der also im Sinne der Michaelimpulse wirken sollte. Ungefähr im November des Jahres 1879 wurde Michael Regent[36]). Wenige Monate zuvor, gleichsam noch gerade kurz vor Toresschluß, am 4. August, erschien Leos XIII. berühmte Enzyklika *Aeterni Patris,* die mit der höchsten Autorität des Heiligen Stuhles die Theologie und Philosophie Thomas', den sie mit größtem Lobe erhebt, als Richtschnur allen katholischen Denkens und Forschens vorschreibt, Thomas', der, wie es in der Enzyklika bedeutungsvoll genug heißt, „der Sonne gleich den Erdkreis durch die Glut seiner Tugenden erwärmt und mit dem Glanze seiner Lehren erfüllt" habe, der die menschliche Vernunft zu einem solchen Grade der Vollkommenheit gebracht, daß man nicht denken könne, sie werde sich noch höher erheben. Zahlreiche Maßnahmen wurden im Verfolg der Enzyklika getroffen, Institute, Lehrstühle, Zeitschriften gegründet usw. Der Papst proklamierte den hl. Thomas feierlich zum Patron aller katholischen Hochschulen. Ablässe wurden denen bewilligt, die im Gebet den hl. Thomas anrufen oder sich seiner Gebetsformeln bedienen. So kam eine machtvolle Bewegung innerhalb der katholischen Welt zustande. Die Welle des „Neuthomismus" ergoß sich über alles katholische Lehren, Forschen.

Man sieht, wie hier in einer Weise gehandelt worden ist, die in ihrem Sinne mit den großen geistigen Entwicklungstatsachen der Menschheitsentwicklung rechnet. Denn so hatte man noch rechtzeitig vor Beginn des neuen Michaelzeitalters die Vergangenheit aufgerufen und dem neuen Zeitalter und seinen das Alte lebendig weiterentwickelnden Inspirationen einen Damm errichtet durch die Galvanisierung eben dieses selben Alten, des großen Werkes des großen Michaeldieners des 13. Jahrhunderts. Zum Charakter des 13. Jahrhunderts hatte es gehört, daß dazumal die Menschen sich, insbesondere um das Jahr 1250, am meisten abgeschlossen fühlten von der realen geistigen Welt, daß selbst solche Individualitäten, die in den vorhergehenden Inkarnationen schon hohe geistige Entwicklungsstufen erreicht hatten, eine Zeitlang eine vollständige Trübung ihres unmittelbaren Einblicks in die geistige Welt erleben mußten. Daraus gerade ergaben sich die besondere Eigenart der Scholastik und ihre Erkenntnisgrenzen. (Welch neues Licht fällt übrigens von hier auf jenen Ausspruch Thomas' vom Ende seines Lebens, alles, was er geschrieben – und es war ja das Grandioseste, was dazumal geschrieben werden konnte – erscheine ihm wie Spreu, verglichen mit den Erleuchtungen, die er in dieser letzten Zeit vor seinem Tode erhalten! Ist es nicht, wie wenn sich in diesen letzten Erleuchtungen wie in einem Vorglanze schon das lichtere Zeitalter der Zukunft ankündigen wollte?)

Didiot, der katholische Theologe, aber, dessen in vieler – namentlich historischer – Beziehung schönes und treffliches Buch wir verschiedentlich erwähnten und benutzten, der dieses Buch „gehorchend einer Aufforderung, die von Rom an mich ergangen", geschrieben und der es Leo XIII. als „dem machtvollen und glorreichen Erneuerer der Philosophie, der Theologie und des Rechtes durch die Lehre des Engels der Schule, des hl. Thomas von Aquino", gewidmet hat, er schreibt: „Die katholischen Universitäten, die Akademien der Philosophie und der Theologie hatten in dem großen Akt des 4. August 1879 *das Ende einer Periode der Finsternis*[37]) und der Übel, den *Beginn einer neuen Ära des Friedens und des Lichtes*[37]) begrüßt." Und er ruft aus: „Statt unaufhörlich immer tiefer in den Schmutz der Tierheit herabzusteigen, wird der Mensch, geführt durch den Engel der Schule, sich den angelischen Sphären nähern. Er wird richtiger und klarer denken, er wird edler und reiner leben, er wird christlicher und heiliger sterben." So entbietet man in seiner Art dem neuen Zeitalter den Gruß.

Mittlerweile hatte die neue geisteswissenschaftliche Bewegung eingesetzt. In dem für diese besonders wichtigen Jahre 1923 feierte die katholische Welt das 600jährige Jubeljahr der Kanonisation des hl. Thomas. Im November 1923 fand in Rom eine Settimana Tomistica statt, vom 15. bis 20. April 1925 aber, ebenfalls in Rom, der von der Academia di San Tommaso veranstaltete „erste internationale Thomas-Kongreß". Über diesen brachten die „Stimmen der Zeit" einen interessanten Bericht von Erich Przywara S. J.[38]) Hier wird u. a. die Schlußrede des bischöflichen

Leiters des Kongresses referiert. Darin heißt es: „Die thomistische Erneuerung ist von den Päpsten nicht gedacht gewesen als einfache Rückkehr zu Vergangenem, sondern als lebendiger Fortschritt christlicher Philosophie ... Das bedeutet letztlich, daß Thomas lebendig bleiben müsse ... Mit einem Wort: es bedeutet, daß Thomas betrachtet werden müsse in seiner organischen Verbundenheit mit Vergangenheit, Gegenwart und Zukunft. Es bedeutet, daß in allen Fragen vielmehr das zu fragen ist: Was würde Thomas *heute* sagen oder schreiben, wenn er *heute* lebte. Es bedeutet: Thomismus als Lebendigkeit des *Geistes* des Aquinaten ...“

Niemand wird bezweifeln wollen, daß diese Sätze subjektiv ehrlicher Überzeugung entspringen. Wie ihr objektives Verhältnis zu der Wahrheit ist, ergibt sich aus dem, was wir ausführen konnten. Und wozu *dieser* Thomismus führt, das zeigt uns Przywara recht deutlich, indem er einen Teil der Verhandlungen des ersten Thomaskongresses, von dem er hofft, daß er nur der erste Schritt zu weiteren Kongressen sei, zusammenfaßt mit den Worten: „Das wahre Ergebnis der Erkenntniskritik also ist nichts anderes als reductio in mysterium, Rückführung ins unlösbare Geheimnis.“ So ist Ignorabimus-Stimmung, Erkenntnisresignation statt Erweiterung der Erkenntnisgrenzen die Frucht. Und so schließt auch Przywara selber einen eigenen Aufsatz in der gleichen Nummer der „Stimmen der Zeit“ über „Thomas von Aquin als Problematiker“ mit den tief bezeichnenden Sätzen: „Nur Gott kann so etwas schauen wie ein geschlossenes Weltbild. Sache des Geschöpfes ist es, immer demütiger und entsagender durch allen Wahn scheinbarer Geschlossenheiten hindurch seinen wahren Beruf zu erkennen, der da ist: anbetendes Verstummen vor den Geheimnissen: Adoro te devote, *latens* Deitas." (Demutsvoll bete ich dich an, *verborgene* Gottheit.) *)

Die Kirche, da sie in Wahrheit versäumt hat, den Thomismus fortzubilden und jene Frontänderung nach der Naturwissenschaft vorzunehmen, und die daher aus tragischer Notwendigkeit an dem alten Thomismus festhalten, seine wahre Fortbildung aber bekämpfen muß, sie befindet sich in einer Situation, für die das Urbild eigentlich gegeben ist in der bedeutsamen Gestalt eines Mönches schon des 14. Jahrhunderts, der in Rudolf Steiners Mysteriendrama „Die Prüfung der Seele" auftritt. Dieser Mönch glaubt, im Sinne der Kirche eine mystische Brüderschaft, einen Ritterorden, wegen ihres besonderen Geistesstrebens als ketzerisch bekämpfen zu müssen. Er glaubt sich darin in Übereinstimmung mit den guten Traditionen seines Mönchsordens, dessen Zierde ein großer Meister war, der vor etwa 50 Jahren verstorben ist. Als der Mönch nun zu einer Verhandlung mit der verhaßten Brüderschaft deren Räume betreten muß, da erscheint ihm, wie schon so manches Mal, wenn er im Gebet um Klarheit in wichtigen Lebensfragen flehte, in der inneren Schau der Geist seines großen Meisters. Der spricht zu ihm:

Du bist im Hause eines Bruderbundes,
Den deine Seele böser Ketzerei beschuldigt.
Er scheint zu hassen, was wir lieben;
Und zu verehren, was uns Sünde dünkt.

---

*) Die letzten Worte sind der – von Przywara hier nicht ohne Geschick, namentlich durch seine Hervorhebung des Wortes latens, in seinem Sinne verwendete – Anfang eines berühmten Gebetes von Thomas.

Es halten unsre Brüder sich verpflichtet,
Den Untergang der Geistessünde zu befördern.
Sie können sich dabei auf jene Worte stützen,
Die ich im Erdensein gesprochen.
Sie ahnen nicht, daß diese Worte
Sich lebend nur erzeugen können,
Wenn sie im rechten Sinne fortgebildet werden
Von jenen, welche meiner Arbeit Folger sind.
So lasse du in deiner Seele
Im Sinne einer neuen Zeit erstehen,
Was ich auf Erden habe denken dürfen.
Den Orden, welcher aus der Mystik Reich
Sich seine Ziele weisen läßt,
Erblicke ihn in jenem Lichte,
In dem ich selbst ihn heute sehen würde,
Wenn mir beschieden wäre,
Im Erdenleibe wirksam unter euch zu wandeln.
Der Bund ist hohen Zielen zugewandt.
Die Menschen, die sich ihm gewidmet,
Empfinden ahnend spätre Erdenzeiten;
Und ihre Führer schauen schon im Vorgesicht
Die Früchte, die in Zukunft reifen sollen.

So ermahnt ihn der Meister, das rechte Verhältnis in seinem Sinne zu finden zu dem, was in der Gegenwart des 14. Jahrhunderts im Geiste der Zukunft wirke. Aber der Mönch kann es nicht fassen.

Der Mönch des Mysteriendramas hat im nächsten Leben den Zugang zu der spirituellen Geistesströmung unserer Gegenwart gefunden. Die Kirche aber ist seine damaligen Wege weitergewandelt.

8. Die Enzyklika Aeterni Patris vom 4. August 1879

In dem vorangegangenen Kapitel wurde gezeigt, wie die katholische Kirche, indem sie an dem Thomismus des 13. Jahrhunderts festhielt und es versäumte, jene „Frontänderung" nach der Naturwissenschaft hin vorzunehmen, das, was in dem ganz großen geistesgeschichtlichen Zusammenhang betrachtet jene weltbedeutende *Frage* an die Menschheitsentwicklung war (die Frage nach der Umwandlung des menschlichen Erkennens, so daß dieses die „Grenze" überschreiten lerne), zu einer *Antwort* gemacht hat. Zu einer Antwort, der der Anspruch beigelegt wurde, eine Antwort für ewige Zeiten zu sein, einer Antwort also, welche die Kluft zwischen Glauben und Wissen zu einer ewig unüberbrückbaren machen sollte. Auf dieser Linie ist die Kirche mit der ihr eigenen welthistorischen Folgerichtigkeit besonders im 19. Jahrhundert weitergeschritten.

Ein höchst bedeutender Markstein ist hierfür, wie bereits erwähnt, die berühmte Enzyklika Leos XIII. *„Aeterni Patris"* vom 4. August 1879, die mit der höchsten Autorität des päpstlichen Stuhles die Theologie und Philosophie Thomas' von Aquino als Richtschnur allen katholischen Denkens und Forschens vorschreibt, erlassen unmittelbar vor Anbruch des neuen Zeitalters, das die Impulse zu einer Spiritualisierung der Menschheit durch eine Spiritualisierung der menschlichen Intelligenz bringen sollte, der Intelligenz, deren großartige Ausbildung zuvor eben besonders durch die Hochscholastiker des 13. Jahrhunderts aus dem Dominikanerorden inauguriert worden war. Dem gegenüber ist die Enzyklika der Ausdruck eines allerbedeutsamsten, aber rückwärts gewandten welthistorischen Willens; sie ist ganz aus der Kraft des ablaufenden Zeitalters heraus erlassen, charakteristischer- und programmatischerweise am 4. August, dem Tage des hl. Dominikus, des Gründers des Dominikanerordens. So wurde die große Bewegung inauguriert, die seither die katholische Welt beherrscht und die das Geistesleben der Gegenwart in großzügiger und planvoller Weise erneuern will, aber im Sinne des Alten, der Vergangenheit Angehörenden.

*

Wenn man die Enzyklika Leos XIII. liest[39]), so weht einen der Atem jener weltumspannenden, in den Jahrhunderten gegründeten Institution an, als welche die katholische Kirche sich fühlen darf. Wir vernehmen eine autoritative Sprache, wie sie nur aus einer solchen Institution, im Bewußtsein einer weltgeschichtlich bedeutsamen Stunde gesprochen werden kann. Als Hintergrund dient ihr das ganze wohlgefügte System der Anschauungen des römischen Christentums und der Kultur des vierten nachatlantischen Zeitalters. So spricht man von einer die ganze Welt und die ganze Geschichte überschauenden Warte, immer aber rückwärts gewandt, im Dienste jener alten Anschauungen. So ist die Enzyklika, selbst vom neuthomistischen Geiste erfüllt, ein weltgeschichtlich bedeutsames Dokument. Wir lernen aus ihr die geschichtliche Strömung, aus der sie hervorgegangen, und ihr geschichtliches Wollen tiefer verstehen. Es soll daher im folgenden der hauptsächliche Gedankengang der Enzyklika, großenteils an Hand wörtlicher Zitate (nach der in Anm. 39 erwähnten Übersetzung) wiedergegeben werden.

Nach der Anrede:

„An alle Ehrwürdigen Brüder, Patriarchen, Primaten, Erzbischöfe und Bischöfe der katholischen Welt, welche in Gnade und Gemeinschaft mit dem Apostolischen Stuhle stehen,

Papst Leo XIII."

und Erteilung des Grußes und apostolischen Segens beginnt die Enzyklika, indem sie an den Lehrauftrag anknüpft, den der eingeborene Sohn des ewigen Vaters (aeterni patris) den Aposteln und der Kirche als gemeinsamer und oberster Lehrerin aller Völker gegeben, und in dessen Ausführung die Kirche stets danach strebte, die Religion zu lehren und Irrtümer beständig zu bekämpfen. Da aber durch Weltweisheit und leeren Trug die Gemüter der Christen häufig getäuscht werden, haben es die obersten Hirten der Kirche immerdar für ihre Pflicht erachtet, auch die wahre Wissenschaft mit allen Kräften zu fördern und dafür zu sorgen, daß alle menschlichen Wissenschaften, besonders aber die Philosophie, überall der Regel des katholischen Glaubens gemäß gelehrt würden.

Die Enzyklika wendet sich sodann der Gegenwart zu (es sind ja die Jahrzehnte des am stärksten gewordenen naturwissenschaftlichen Materialismus):

„Wer unsere traurige Zeitlage aufmerksam betrachtet und die Zustände des öffentlichen wie Privatlebens vor seinem Geiste vorübergehen läßt, der erkennt gewiß, daß die eigentliche Ursache sowohl der Übel, die uns drücken, als auch jener, die wir noch befürchten, darin besteht, daß verderbliche Lehren über die göttlichen und menschlichen Dinge, welche schon vor längerer Zeit aus den Schulen der Philosophen hervorgegangen sind, unter allen Klassen der Gesellschaft sich verbreiten und allgemeine Zustimmung fanden." Solche Irrtümer des Verstandes wirken aber auch auf den menschlichen Willen, wie umgekehrt ein gesundes Denken heilvoll wirken muß. „Allerdings schreiben Wir der menschlichen Philosophie nicht einen so großen Einfluß und ein solches Ansehen zu, daß wir dafür hielten, sie sei hinreichend, alle Irrtümer zu überwinden und auszurotten. Denn wie bei der Gründung des Christentums durch das wunderbare Licht des Glaubens ... dem Erdkreis wieder seine frühere Würde zurückgegeben wurde, so hoffen wir auch besonders von der allmächtigen Kraft und Hilfe Gottes, daß die Gemüter der Sterblichen von der Finsternis der Irrtümer, die sie umfangen, befreit werden und zur Erkenntnis gelangen. Doch sollen wir die natürlichen Hilfsmittel nicht verschmähen noch hintansetzen, welche durch die Güte der göttlichen Weisheit ... dem menschlichen Geschlechte zu Gebote stehen; unter diesen aber ist der richtige Gebrauch der Philosophie das vorzüglichste. Denn nicht umsonst hat Gott das Licht der Vernunft dem menschlichen Geiste eingepflanzt; und weit entfernt, daß das hinzugekommene Licht des Glaubens die Kraft der Vernunft vernichte oder mindere, vervollkommnet es diese vielmehr und macht sie stärker und zu Höherem fähig. Es fordert sonach der Plan der göttlichen Vorsehung selbst, daß wir auch die menschliche Wissenschaft zu Hilfe rufen ..."

Die Philosophie, richtig betrieben, ebnet den Weg zum Glauben, zur Aufnahme der Offenbarung.

„In der Tat hat der barmherzige Gott bezüglich dessen, was die göttlichen Dinge betrifft, nicht bloß jene Wahrheiten durch das Licht des Glaubens geoffenbart, welche der menschliche Verstand aus sich nicht zu erkennen vermag, sondern er hat auch solche kundgegeben, welche für die Vernunft nicht vollständig unbegreiflich sind, so daß sie nach Hinzutritt der göttlichen Autorität alsbald und ohne irgendwelche Beimischung von Irrtum von allen erkannt werden. So ist es gekommen, daß einige Wahrheiten ... selbst die Weisen unter den Heiden, bloß vom Lichte der natürlichen Vernunft erleuchtet, erkannten, durch treffliche Beweisgründe dartaten und verteidigten ... Diese Wahrheiten aber ... zum Vorteil und Nutzen der geoffenbarten Lehre anzuwenden ist äußerst zweckmäßig, um so durch die Tatsache zu zeigen, daß die menschliche Weisheit gleichfalls und das Bekenntnis selbst der Gegner für den christlichen Glauben Zeugnis ablegt." Dieses Verfahren ist uralt. „Wenn nun aber die natürliche Vernunft diese reiche Ernte von Wahrheiten schon vorher hervorgebracht hat, ehe sie durch Christi Kraft befruchtet ward, so wird sie gewiß eine noch viel reichere hervorbringen, nachdem die Gnade des Erlösers das angeborene Vermögen des menschlichen Geistes erneuert und gekräftigt hat. Wer sollte aber nicht einsehen, daß durch eine solche Weise zu philosophieren ein ebener und leichter Weg zum Glauben sich darbietet?"

Aus dem Gebrauche der menschlichen Vernunft ergibt sich z. B. der Beweis für das Dasein Gottes. „Aus der Größe der Schönheit der Geschöpfe kann man schlußweise deren Schöpfer erkennen. Sodann beweist sie, daß Gott ... die Wahrheit selbst ist ... Hieraus folgt augenscheinlich, daß die menschliche Vernunft dem Worte Gottes die höchste Glaubwürdigkeit und Autorität zuerkennt" und anderes.

Die Philosophie verhilft ferner der Theologie zum Charakter und Geist einer wahren Wissenschaft. Sie hat die Aufgabe, die von Gott geoffenbarten Wahrheiten sorgfältig zu verteidigen und denen, die sie bekämpfen, entgegenzutreten. „Es ist zwar, wie Clemens von Alexandrien bemerkt, die Lehre des Erlösers vollkommen in sich und bedarf nichts weiter, da sie Gottes Kraft und Weisheit ist. Daher macht der Hinzutritt der griechischen Philosophie die Wahrheit nicht stärker; da sie aber die Gegenbeweise der Sophisten entkräftet und die hinterlistigen Anschläge gegen die Wahrheit abweist, wurde sie ein passender Zaun und eine Mauer des Weinbergs genannt." „Die Kirche selbst rät nicht bloß, sondern befiehlt sogar, daß die christlichen Lehrer die Philosophie zur Verteidigung des Glaubens zu Hilfe rufen sollen. Denn nachdem die fünfte Kirchenversammlung vom Lateran erklärt hatte, daß jede dem erleuchteten Glauben widersprechende Aufstellung durchaus falsch sei, weil das Wahre dem Wahren keineswegs widerspreche, gebietet sie den Lehrern der Philosophie, sich mit Eifer mit der Lösung von täuschenden Einwänden zu beschäftigen, da, wie Augustinus bezeugt, jeder Grund, welcher gegen die Autorität der heiligen Schriften vorgebracht wird, wenn er auch noch so spitzfindig sein sollte, durch Wahrscheinlichkeit täuscht; denn wahr kann er nicht sein."

„Damit aber die Philosophie imstande sei, diese kostbaren Früchte ... hervorzubringen, ist durchaus notwendig, daß sie niemals von der Bahn abweicht, welche das ehrwürdige Altertum gegangen ist ... Denn da es keinem

Zweifel unterliegt, daß die übernatürliche Ordnung sehr viele Wahrheiten enthält, welche weit hinausragen über die Fassungskraft jedweder Intelligenz, so darf die menschliche Vernunft im Bewußtsein ihrer Schwäche es nicht wagen, sich über ihre Schranken zu erheben, noch diese Wahrheiten zu leugnen, noch sie mit ihrem eigenen Maße zu messen, noch nach Willkür zu erklären; vielmehr soll sie dieselben mit vollem und demütigem Glauben annehmen und es sich zur höchsten Ehre rechnen, daß sie gleich einer Dienerin den himmlischen Lehren nachfolgen, ihnen ihre Dienste leisten und von ihnen durch Gottes Gnade einigermaßen ein Verständnis gewinnen darf. Bezüglich jener Lehrpunkte dagegen, welche die menschliche Intelligenz auf natürlichem Wege erkennen kann, hat, wie ganz billig, die Philosophie sich ihrer Methode, ihrer Prinzipien und Beweise zu bedienen, doch nicht derart, daß es den Anschein gewinnt, als wolle sie keck der göttlichen Autorität sich entziehen. Da es vielmehr feststeht, daß das, was die Offenbarung lehrt, höchst gewiß, und was ihr entgegengesetzt ist, auch der gesunden Vernunft widerstreitet, so soll der katholische Philosoph der Überzeugung sein, daß er die Rechte des Glaubens und der Vernunft zugleich verletzt, wenn er einen Satz annimmt, von dem er weiß, daß er der Offenbarung widerspricht."

„Wir wissen wohl, daß manche die Fähigkeiten der menschlichen Natur über Gebühr erheben und behaupten, durch die Unterwerfung unter die göttliche Autorität verliere sie ihre ursprüngliche Würde und werde gewissermaßen unter das Joch der Knechtschaft gebeugt ... Doch das ist alles Irrtum und Täuschung und zielt nur dahin, daß die Menschen ... die höheren Wahrheiten verwerfen und die göttliche Wohltat des Glaubens freiwillig von sich weisen, aus dem doch alle Güter, auch für die bürgerliche Gesellschaft, hervorgegangen sind. Denn da der menschliche Geist in gewisse und dazu recht enge Grenzen eingeschränkt ist, ist er verschiedenen Irrtümern ausgesetzt und in Bezug auf viele Dinge unwissend. Der christliche Glaube dagegen ist der zuverlässigste Lehrer der Wahrheit, da er auf der Autorität Gottes ruht; wer ihm daher folgt, wird weder von Irrtümern umstrickt, noch von den Wogen ungewisser Meinungen hin- und hergeworfen."

Die Geschichte der Philosophie bestätigt all das Gesagte. (Dies wird durch sehr ausführliche historische Darlegungen aus der Geschichte des Christentums erläutert, besonders an dem Beispiel der Kirchenväter.)

„Hierauf haben die Lehrer des Mittelalters, welche *Scholastiker* genannt werden, ein großes Unternehmen begonnen, nämlich die reiche und fruchtbare wissenschaftliche Ernte, welche in den ausgedehnten Werken der heiligen Väter sich zerstreut findet, sorgfältig zusammenzustellen und zum Nutzen und Gebrauch der Nachwelt gleichsam an einem Ort niederzulegen." (Es folgt nun eine Charakteristik der Scholastik durch ein längeres Zitat des Papstes Sixtus V.) Alle die herrlichen Eigenschaften der scholastischen Theologie aber gehen einzig aus dem richtigen Gebrauch jener Philosophie hervor, deren sich die scholastischen Lehrer zu bedienen pflegten. Sie schlossen den innigsten Bund zwischen menschlicher und göttlicher Wissenschaft.

Erst hier nun, zu Beginne des vierten Fünftels der Enzyklika, wird die Gestalt des großen scholastischen Lehrers, Thomas von Aquino, eingeführt:

„Unter den Lehrern der Scholastik ragt nun aber weit hervor der Fürst und Meister aller, *Thomas von Aquin,* der, wie Cajetanus bemerkt, weil er die alten heiligen Lehrer aufs höchste verehrte, darum gewissermaßen den Geist aller besaß. Ihre Lehren sammelte und faßte Thomas, wie die zerstreuten Glieder eines Körpers, in eins zusammen, teilte sie nach einer wunderbaren Ordnung ein und vervollkommnete sie vielfach derart, daß er mit vollem Recht als ein ganz besonderer Hort und Schmuck der katholischen Kirche gilt. Ausgerüstet mit einem gelehrigen und scharfsinnigen Geiste, einem leicht fassenden und treuen Gedächtnisse, von höchst reinen Sitten, einzig die Wahrheit liebend, an göttlicher und menschlicher Wissenschaft überreich, *hat er der Sonne gleich den Erdkreis durch die Glut seiner Tugenden erwärmt und mit dem Glanz seiner Lehre erfüllt* *). Es gibt kein Gebiet der Philosophie, das er nicht scharfsinnig und zugleich gediegen behandelt hätte; seine Untersuchungen über die Gesetze des Denkens, über Gott und die unkörperlichen Substanzen, über den Menschen und die übrigen sinnlichen Dinge, über die menschlichen Handlungen und ihre Prinzipien sind derart, daß in ihnen sowohl eine Fülle von Stoff als passende Anordnung der Teile, die zweckmäßigste Methode, Sicherheit der Grundsätze und Kraft der Beweise, Klarheit und Genauigkeit im Ausdruck wie nicht minder eine Leichtigkeit sich findet, auch das Dunkelste aufzuhellen."

---

*) Von mir hervorgehoben. Man ermißt die ganze Tragweite, Tiefe und Treffsicherheit solcher Charakteristiken des Wesens des angelischen Lehrers erst, wenn man sie in die großen geisteswissenschaftlichen Zusammenhänge hineinstellt, wie sie z. B. in dem vorangegangenen Kapitel über Thomas von Aquino angedeutet sind.

„Hierzu kommt, daß der englische Lehrer die philosophischen Schlußfolgerungen aus den Ideen und Prinzipien der Dinge ableitete, welche von der weittragendsten Bedeutung sind und eine Saat fast unendlich vieler Wahrheiten gewissermaßen in ihrem Schoße bergen, welche die nachkommenden Lehrer zur gelegenen Zeit und in fruchtbringendster Weise entfalten sollten. Da er diese Methode zu philosophieren auch bei Widerlegung der Irrtümer anwandte, so ist es ihm gelungen, daß er allein alle Irrtümer der Vorzeit überwand und zur Widerlegung jener, welche in beständigem Wechsel in Zukunft auftreten, unbesiegbare Waffen dargeboten hat. Indem er außerdem genau, wie es sich gebührt, zwischen Vernunft und Glauben unterschied, beide aber in einem Freundesbunde einte, hat er sowohl die Rechte beider gewahrt, als für beider Würde Sorge getragen, so zwar, *daß die Vernunft, auf den Flügeln des hl. Thomas zu ihrer höchsten menschlichen Vollendung emporgetragen, nun kaum mehr höher zu steigen vermag,* noch der Glaube von der Vernunft kaum weitere oder triftigere Beweise fordern kann, als er schon durch Thomas erlangt hat."

Sodann spricht die Enzyklika von der Lehrautorität, die der heilige Thomas in der Kirche seither genossen, bei den religiösen Orden, in berühmten Akademien und Schulen; vor allem die Päpste haben seine Weisheit durch ausgezeichnete Lobsprüche und glänzende Zeugnisse geehrt und ihn als Vorbild und Meister bezeichnet. So schrieb z. B. Innocenz VI. von ihm: „Diese (des heiligen Thomas Lehre) zeichnet sich aus vor allen anderen, jene der kanonischen Bücher ausgenommen, durch Richtigkeit des Ausdrucks, Maßhaltung in der Darstellung, Wahrheit der Lehrsätze, so daß, die ihnen folgten, niemals auf einem Irrwege betroffen wurden, und wer sie angriff, immer im Verdacht des Irrtums stand."

Die allgemeinen Kirchenversammlungen haben den heiligen Thomas stets in besonderen Ehren gehalten. „Aber ein höchstes und ihm ganz eigentümliches Lob, das kein anderer katholischer Theologe mit ihm teilt, ist ihm dadurch geworden, daß die Väter auf der Kirchenversammlung zu Trient mitten im Versammlungssaale selbst zugleich mit den Büchern der Heiligen Schrift und den Bestimmungen der Päpste die *Summa* des heiligen Thomas auf dem Altare aufzulegen geboten, um aus ihr Rat, Beweisgründe und Aufschlüsse zu schöpfen."

„Im Hinblick auf diese Verhältnisse und Gründe, Ehrwürdige Brüder, so oft Wir die Treffsicherheit, Kraft und den vorzüglichen Nutzen jener philosophischen Wissenschaft erwägen, welche unsere Altvordern liebten, halten Wir es für ein unbesonnenes Verfahren, daß ihr die gebührende Ehre nicht immer noch überall gewahrt blieb ... An die Stelle der alten Schule trat hie und da eine neue Methode zu philosophieren, die jedoch nicht die erwünschten und heilsamen Früchte trug, welche die Kirche und selbst die bürgerliche Gesellschaft gern gesehen hätten. Infolge der Bestrebungen der Neuerer des sechzehnten Jahrhunderts liebte man es zu philosophieren ohne jede Rücksicht auf den Glauben, indem man sich die Freiheit wechselseitig herausnahm und gewährte, alles Beliebige nach Willkür und Gutdünken vorzubringen. Als nächste Folge hiervon ergab sich eine ungesunde Vervielfältigung der philosophischen Systeme mit verschiedenen und sich widersprechenden Anschauungen auch bezüglich der Gegenstände, welche für die menschliche Erkenntnis die wichtigsten sind. Diese Menge von Ansichten führte sehr häufig zu Ungewißheit und zu Zweifeln; wie leicht aber der menschliche Geist vom Zweifel in den Irrtum sinkt, sieht jedermann ein." „Was wir hier sprechen, soll jenen gelehrten und eifrigen Männern nicht zum Tadel gereichen, die ihren Forscherfleiß und ihre Gelehrsamkeit und die Errungenschaften, welche die neuen Erfindungen bieten, zum Ausbau der Philosophie verwenden; denn dies gehört, wie Wir wohl wissen, zum Fortschritt der Wissenschaft. Aber wohl möge man sich hüten, daß auf jenen Fleiß und jene Gelehrsamkeit nicht die ganze oder auch nur die wichtigste Geistesarbeit sich beschränkt ..."

„Es war daher ein sehr guter Gedanke, daß nicht wenige unter denen, welche die philosophischen Wissenschaften pflegen und in jüngster Zeit auf eine zweckmäßige Erneuerung der Philosophie bedacht waren, dahin strebten und streben, die herrliche Lehre des heiligen Thomas von Aquin wieder in Aufnahme zu bringen und ihr den früheren Ruhm wieder zu verschaffen." – Dieses ist aus manchen Ursachen zu wünschen: zur Vertretung des christlichen Glaubens, zur Widerlegung der Gegner usw.

„Auch die häusliche und selbst die bürgerliche Gesellschaft, welche, wie wir Alle wohl einsehen, durch das Gift verderblicher Meinungen in höchster Gefahr schwebt, würde ohne Zweifel viel mehr Ruhe und Sicherheit gewinnen, wenn auf den Akademien und in den Schulen eine gesündere und dem kirchlichen Glauben mehr entsprechende Lehre vorgetragen würde, wie sie die Werke des heiligen Thomas von Aquin enthalten. Denn was der heilige Thomas über die wahre Natur der Freiheit ..., über die Gesetze und ihre Kraft ..., über den Gehorsam ..., über die gegenseitige Liebe lehrt, hat eine äußerst starke und unbesiegbare Beweiskraft, zur Widerlegung aller jener Grundsätze des neuen Rechts, welche der Ruhe des Gemeinwesens und dem öffentlichen Wohle als schädlich sich erweisen. Alle menschlichen Wissenschaften endlich müssen im Voraus auf Fortschritt hoffen und haben sich eine ganz bedeutende Förderung von dieser Erneuerung der philosophischen Disziplinen zu versprechen, die Wir Uns als Aufgabe gesetzt haben. Denn von der Philosophie als von einer weisen Führerin pflegen die schönen Wissenschaften ihre wahre Bedeutung und das richtige Maß zu empfangen, und aus ihr, wie aus einer gemeinsamen Lebensquelle, den beseelenden Hauch zu schöpfen." Auch die Naturwissenschaften werden durch die Wiederherstellung der Philosophie der Alten viel gewinnen. Thomas und Albertus haben selbst sich der Naturforschung gewidmet.

„Indem Wir daher erklären, daß Wir gern und dankbar aufnehmen, was immer Weises gesagt, was immer Nützliches von irgend Jemand gefunden oder erdacht worden ist, ermahnen Wir dringend Euch alle, Ehrwürdige Brüder, zum Schutz und Schmuck der katholischen Lehre, zum Besten der Gesellschaft, zum Wachstum aller Wissenschaften die goldene Weisheit des heiligen Thomas wieder einzuführen und soweit als möglich zu verbreiten ... Mögen die Lehrer, die Ihr mit Umsicht auswählet, sich bestreben, die Lehre des heiligen Thomas dem Geiste ihrer Schüler einzupflanzen ... Die Akademien, die Ihr errichtet habt oder noch errichten werdet, sollen sie erläutern und verteidigen und zur Widerlegung der um sich greifenden Irrtümer von ihr Gebrauch machen."

Unsere Bestrebungen sind eitel ohne Gottes Beistand. „Folgen wir darum auch hierin dem Beispiele des englischen Lehrers, der niemals dem Lesen oder Schreiben sich hingab, ohne vorher Gott um seine Gnade angefleht zu haben, und der offen eingestand, was er wisse, das habe er nicht so fast durch seine Mühe und Arbeit sich errungen, als vielmehr von Gott empfangen; darum laßt Uns in demütigem und einstimmigem Gebete Alle zumal Gott anflehen, daß er aussende über die Söhne der Kirche den Geist der Weisheit und des Verstandes, und ihnen den Sinn öffne, die Weisheit zu verstehen." Rufet die allerseligste Jungfrau Maria, den Sitz der Weisheit, um ihren Beistand an, den heiligen Joseph und die großen Apostel Petrus und Paulus, welche den Erdkreis mit dem Licht ihrer himmlischen Weisheit erfüllt haben. –

Sodann schließt die Enzyklika mit dem apostolischen Segen.

*

Die Welt, gegen die sich die Enzyklika wendet, ist die moderne Welt, die durch die Naturwissenschaften materialistischer Färbung umgestaltete Welt, in der die Bewußtseinsseele lebt. Diese Welt wird von der Strömung beherrscht, in der wir den verwandelt durch die Zeiten fortwirkenden und aus den Untergründen des Daseins heraufwirkenden *Arabismus* erkennen können.

Dieser Welt gegenüber spricht die Enzyklika die Sprache des vierten nachatlantischen Zeitraums, des römisch-aristotelischen Christentums. Sie erkennt und charakterisiert völlig zutreffend viele der schweren Kulturübel, die aus jener anderen Strömung heraus über die moderne Menschheit gekommen sind. Was sie ihnen aber zur Überwindung entgegensetzen will, das ist *alte* Geistigkeit, eine Geistigkeit, die im Mittelalter schon in die äußerste, damals unvermeidbare begriffliche Abstraktion gekommen war. Aber aus *dieser* Geistigkeit wird der Ungeist nicht überwunden werden. *Rom kann den Arabismus nicht besiegen.*

Das kann nur die *neue* Spiritualität, die von dem nur abstrakt-gedanklichen Bewußtsein sich wiederum erhebt zum Erleben des Geistes und die eben dadurch zugleich zur wahren Erfüllerin jener notwendig abstrakt gewordenen, verklingenden Geistigkeit des dreizehnten Jahrhunderts wird und die die wahre „Antwort" auf die „Frage" des dreizehnten Jahrhunderts gibt.

Den Materialismus besiegt man durch die Rückkehr zur Scholastik nicht. Aber etwas anderes könnte man mit ihr erreichen: zu hindern, daß viele Menschen sich der spirituellen Strömung der *Gegenwart* zuwenden, indem man sie ablenkt auf ein Größtes im Geistesleben der *Vergangenheit*, damit sie nicht erkennen, daß dieses in der Gegenwart seine Erfüllung zu finden begonnen hat.

Das wäre dann freilich im tieferen Sinne nicht mehr Kampf gegen den Materialismus und den in ihm fortwirkenden Arabismus. Das wäre in Wahrheit Bundesgenossenschaft im gemeinsamen Kampfe gegen das Dritte, das zwischen den beiden charakterisierten, die Gegenwart beherrschenden, für die Zukunft ihre überlebte Herrschaft zu erhalten strebenden Strömungen heraufziehen will und das zum Heile der Menschheitsentwicklung heraufziehen muß im Zeichen der Sonne des neuen Zeitalters, das im Jahre 1879 begonnen hat und das den Kampf aufzunehmen hat gegen die Schatten zweifacher Vergangenheit.

9. Der Deutschritterorden und die Ursprünge des späteren Preußen*)

I.

Für alle Zusammenhänge, die in Vergangenheit, Gegenwart und Zukunft zwischen Mittel- und Osteuropa spielen, kann ein Wort aufklärend und richtunggebend sein, das *Rudolf Steiner* während des ersten Weltkrieges[40]) gesprochen hat und mit dem er auf eine wichtigste Notwendigkeit für die zukünftige Entwicklung der Menschheit hindeutete: auf die Notwendigkeit einer *spirituellen Ehe zwischen Mittel- und Osteuropa.* Dieses Wort weist auf einen Gesichtspunkt hin, von dem aus die vergangenen Schicksale zwischen Mittel- und Osteuropa zu verstehen sind, der uns die Gegenwart erhellt, und der aufgabenstellend in die Zukunft leuchtet.

Wir können wohl sagen: was Mittel- und Osteuropa in der Vergangenheit in Gegensätze hineintrieb, rührt zum nicht geringen Teil davon her, daß Bestrebungen, die jener

---

*) Dieser Aufsatz geht zurück auf einen Vortrag „*Der Deutschritterorden: Was er wollte und was er wirkte*", den ich in Danzig am 4. Juli 1927 auf einer anthroposophischen Tagung vor einer Hörerschaft halten konnte, die sich aus Deutschen und Polen (sowie einigen Esten) zusammensetzte. Die positive Aufnahme des Vortrags, der einen für eine solche Hörerschaft so heiklen Gegenstand behandelte, zeigte in tief befriedigender Weise, was auf dem Boden übernationalen geistigen Erkenntnisstrebens die Völkergegensätze überbrückend erreicht werden kann.

zukünftigen „spirituellen Ehe“ vorbereitend *dienen* wollten oder hätten dienen sollen, in gewissem Sinne abgebogen wurden, fehlschlugen und daher dann im entgegengesetzten Sinne jenes Wortes wirkten.

In solchen Fehlschlägen waltet geschichtliche *Tragik*. Tragik wird uns ja überhaupt durch eine tiefere Betrachtung immer mehr in der Geschichte erkennbar. Geschichte wird uns – besonders in nachchristlicher Zeit – vielfach die Geschichte dessen, was gewollt worden ist und was hätte geschehen sollen und was doch kaum anders *konnte* als fehlschlagen. Lernen wir die ganze Bedeutung solcher notwendig nicht realisierten Intentionen verstehen, dann werden wir immer mehr das oberflächlich-juristische Reden von „Schuld“, das Erheben von „Vorwürfen“ und dergleichen verlernen, wo es sich um das Schicksalswalten in den großen historischen Strömungen handelt.

Freilich müssen wir uns hier wie auch sonst klar darüber sein, daß wir nur nach und nach die ganze historische Wahrheit zu ergründen vermögen. Manches werden wir nur tastend berühren können. Vielfach werden wir nur *Fragen* stellen können. Vielleicht werden andere, die nach uns kommen, sie besser beantworten. Aber vielleicht werden sie dies deshalb können, weil wir sie heute stellen.

Was wollte der Deutschritterorden?

Wenn wir diese Frage erheben, so dürfen wir uns dabei nicht nur an die eigenen Aussagen des Ordens über das, was er wollte, halten, oder an die Anschauungen der Zeitgenossen, sondern wir müssen lernen, die gesamte Sprache der geschichtlichen *Tatsachen* selber zu verstehen, die sich um den Orden abgespielt haben, die Sprache der Symptome, auch der Symbole des Geschehens.

Die Ursprungsatmosphäre des Deutschritterordens finden wir – wie die der anderen geistlichen Ritterorden, besonders der Templer und Johanniter – in den Kreuzzugsimpulsen. Es waren jene menschheitlichen Impulse, welche die abendländische Menschheit im Osten den *Geist* suchen lassen wollten, den die westliche Welt, die Welt des römischen Christentums, verloren hatte. Ihnen wollten die geistlichen Ritterorden im heiligen Lande dienen.

Ein hohes Menschheitsideal schwebte diesem Orden vor: das Ritterlich-Kriegerische in den Dienst des christlich-spirituellen Menschheitsstrebens zu stellen und dadurch zugleich jenes durch dieses umzuwandeln. Im Grunde sind ja alle äußeren Kämpfe des geistlichen Ritters nur ein Abbild jener noch schwereren, inneren, die ihm oblagen. Besonders beim Templerorden haben wir es mit tiefen esoterischen Hintergründe zu tun[41]).

Mehr äußerlich kann man sagen: die Templer führten vorzugsweise den Kampf gegen die Ungläubigen, die Johanniter (oder Hospitaliter) widmeten sich in erster Linie der Krankenpflege.

Die Deutschritter stellen in ihrer Zielsetzung eine Art Synthese der beiden älteren Orden dar. Daher übernahmen sie auch die Ordensregel der Templer (die auf die Regel des hl. Benedikt zurückgeht) für die Waffenführung, für den Kampf gegen die Ungläubigen und für die Krankenpflege aber die Regel der Johanniter (wodurch auch die Regel Augustins für den Orden Bedeutung gewann). Also: Kampf und Heilen sollte ihnen obliegen, ein Dienst an Mars und Merkur.

Der Deutschritterorden wurde zu Ehren der Jungfrau Maria gestiftet. Man nannte ihn daher auch die „Ritter unserer lieben Frauen“ oder „Deutsche Brüder der Kirche der hl. Maria zu Jerusalem“. Sie trugen das weiße Ritterkleid mit dem schwarzen Kreuz und führten ebenso als Wappen das schwarze Kreuz auf weißem Schilde.

Freilich gewinnt man nach allen Nachrichten den Eindruck, als ob schon früh andere Einflüsse in den Orden hineinspielten, die ihn dem unbedingten und absoluten Festhalten an seiner ureigentlichen Zielsetzung entfremdeten. Schon früh verzichtete er auf die vollkommene Loslösung seiner Mitglieder von der Weltlichkeit. Sie behielten z. B. seit 1254 ihr Erbrecht, wodurch der Orden bald eine Versorgungsanstalt der jüngeren Söhne deutscher Fürsten- und Adelsgeschlechter zu werden begann.

Wesentlich in diesem Sinne scheinen dann besonders die innigen Beziehungen des Ordens zu *Rom* zu sein. Clemens III., der den Orden 1191 anerkannte, nahm ihn unter den Schutz des *hl. Petrus.* Später entfalteten die Päpste eine äußerst intensive Tätigkeit zugunsten des Ordens, besonders als dieser seine Tätigkeit in Preußen aufgenommen hatte.

So scheint schon früh ein stark petrinisches Element in den Orden eingedrungen zu sein. Er hatte, um im Bilde zu sprechen, sein Haus nicht so nahe am Tempel Salomonis wie die Templer, die ja nach diesem ihren Namen führten.

Enge Beziehungen bestanden aber vor allem zwischen den Deutschrittern und den *Hohenstaufen.* Ein Bruder Heinrichs VI., Herzog Friedrich von Schwaben, hatte den Orden gestiftet. Eng verbunden sehen wir den Orden mit den mittelalterlich-christlichen Universalimpulsen, die – neben anderem – in den Hohenstaufen und deren politischen Bestrebungen lebten. Ein Geschichtsschreiber nennt den Orden geradezu die „Lieblinge Friedrichs II.“, und dieser Kaiser war es, der dem Hochmeister des Ordens, Hermann von Salza, das Recht verlieh, auf seiner Hochmeisterordensfahne und auf seinem Schilde den Reichsadler zu führen, den schwarzen Adler des alten Deutschen Reiches auf goldenem Grunde.

Höchst bedeutsam sind dann wieder die Beziehungen des Ordens, besonders durch seinen größten Hochmeister, eben Hermann von Salza, zu *Thüringen;* da ragt die Atmosphäre der hl. Elisabeth in den Orden herein, die von ihm hoch verehrt wurde und z. B. die Gründerin des deutschen Hauses zu Marburg war[42]). Hermann von Salzas Nachfolger als Hochmeister wurde ein thüringischer Fürst, Konrad von Thüringen, der Schwager der hl. Elisabeth und Sohn des Landgrafen Hermann von Thüringen, unter welch letzterem der bekannte Sängerkrieg auf der Wartburg stattgefunden hatte, auf dem Wolfram von Eschenbach gegen den Zauberer Klingsohr aus Ungarland stritt ...

Besondere Fäden verknüpfen den Orden im 13. Jahrhundert endlich mit der damaligen deutschen Literatur, den Minnesängern, und auch der mystischen Strömung. „Es sind dieselben Familien“, schreibt ein Forscher, „aus denen Dichter und hohe Ordensmitglieder hervorgehen." Später genoß der Orden beträchtliches Ansehen im Kreise der Gottesfreunde. Und wohl noch gegen Ende des 14. Jahrhunderts verfaßte ein Priester und Kustos im Deutschherrenhause zu Frankfurt am Main die bekannte „Deutsche Theologie", die diesen ihren Namen und ihre große Verbreitung freilich erst Luther verdankt.

II.

Kreuz und Schwert

Durch eine besondere Verkettung von Umständen fügte es sich, daß um das Jahr 1226 – also in jenem bedeutsamen 13. Jahrhundert – der Deutschritterorden nach Nordosten gerufen wurde, und zwar durch einen polnischen Teilfürsten, Konrad von Masowien, zur Hilfe gegen das heidnische Volk der Preußen.

Man kann diesen Vorgang als höchst bedeutungsvoll empfinden. Gleichviel, wie trüb der Charakter, wie rein politisch-egoistisch auch immer die Motive Konrads von Masowien gewesen, wer seine Berater waren usw.: wichtig ist es, daß Polen es waren, die zuerst den Orden nach Preußen zur Christianisierung des Landes gerufen haben.

Daß der Orden durch seinen Hochmeister Hermann von Salza dieser Aufforderung folgte, daran hatte Kaiser Friedrich II. einen ausschlaggebenden Anteil. Und hier spielen eben jene christlichen Universalimpulse des hohenstaufischen Kaisertums hinein. „Dazu hat der Herr unsere Kaisergewalt hoch über die Könige des Erdkreises emporgehoben und die Grenzen unserer Herrschaft durch die verschiedenen Zonen der Welt erweitert, auf daß wir Sorge tragen sollen, daß sein Name in Ewigkeit verherrlicht und der Glaube an das Evangelium auch unter den Heiden weit verbreitet werde", heißt es in der Verleihungsurkunde, die Friedrich II. dem Orden ausstellte. So gab der Kaiser dem Orden Vollmacht, in das Land Preußen mit der ganzen Macht des Ordens einzudringen und das Land in seinen Besitz zu nehmen [43]). Daß dies aus den tragenden Impulsen des alten Deutschen Reiches geschah, dafür war ein Symbol auch jene bereits erwähnte Verleihung des Reichsadlers, des schwarzen Adlers auf goldenem Grunde, an den Hochmeister. Mit dem Orden erhob sich der Adler des alten Deutschen Reiches zum Fluge gen Osten.

Die Aufgabe in Preußen wurde von den Rittern selbst, von den Päpsten und der ganzen Zeit als eine Fortsetzung des Glaubenskrieges in Palästina aufgefaßt, als ein neuer Kreuzzug. Bis in die Namengebung kommt diese Analogie in oft naiver Weise zum Ausdruck: so, wenn die Ritter die heidnischen Preußen als Türken oder Sarazenen bezeichnen oder Ortschaften mit Namen benennen, die ihnen aus Palästina vertraut waren, so daß es im Ordenslande nochmals ein Jerusalem, ein Golgatha, ein Tal Josaphat u. a. gab. Auch die Art der Kriegführung wurde von Palästina nach Preußen übertragen [44]).

So setzte denn, nachdem bis dahin ein Zisterziensermönch Christian, der erste Bischof von Preußen, eine zunächst friedliche, jedoch auf die Dauer weniger erfolgreiche Missionstätigkeit entfaltet hatte, die gewaltsame Eroberung und „Christianisierung" des Landes durch den Deutschritterorden ein.

Wir müssen uns, wenn wir nach einem Verständnis dieser Vorgänge streben, davor hüten, unser heutiges Fühlen, das jedes gewaltsame Eintreten für das Christentum mit Recht radikal verwirft, ohne weiteres in die Vergangenheit zurückzuprojizieren. Zwar hatte ja im frühen Mittelalter die iroschottische Kirche des Nordens mit rein geistigen Mitteln, mit spirituellem Verständnis für das, was als Geistiges in den heidnischen Religionen der zu christianisierenden Völker lebte, dieses Heidentum in das Christentum hinüberzuführen begonnen. Aber es wurde ihr Schicksal, zugrunde zu gehen, verdrängt zu werden von dem robusteren römischen Christentum, das ohne tieferes esoterisches Verständnis für die heidnischen Religionen auftrat, das mit mehr politisch-militärischen Methoden – gemäß dem Charakter des vierten nachatlantischen Zeitalters – sich zur Herrschaft brachte.

Rudolf Steiner hat davon gesprochen, wie der Christusimpuls historisch wie *von außen* in die Menschen eingezogen ist; wie er zunächst von der Hüllennatur des Menschen aufgenommen wurde und erst zuletzt von den höheren Seelenfähigkeiten erfaßt wird, obwohl er sich ja an das innerste Ich des Menschen ureigentlich wendet.

Sollte das Christentum ganzen Völkern gebracht werden, die noch stark in ihren alten Blutsbanden lebten, in der Naturhaftigkeit des vorchristlichen Bewußtseins, dann gab es, *nachdem einmal* die römische Methode aus tragischer Notwendigkeit herrschend geworden war, häufig wohl nur das *Schwert,* das sich mit dem Kreuz verbinden mußte, Opfer des Blutes forderte und brachte und mit solchen Blutsopfern diese Art von Christianisierung gleichsam besiegelte.

Und hatte nicht das Schwert selbst Kreuzesform in jenen Zeiten? Noch konnte es dem Kreuz dienen. Noch war es nicht ganz dem ahrimanischen Wesen ausgeliefert. Ein anderes ist das Schwert aus Eisen, das noch von menschlicher Tapferkeit, von persönlichem Starkmut geschwungen ward, ein anderes das Eisen des technischen Zeitalters, das Eisen der Maschinen, der modernen Zerstörungswerkzeuge. Vor dem Zeitalter der modernen Maschinenkultur konnte das Schwert aus Eisen durchaus noch in weitem Umfange und in gutem Bewußtsein im Zeichen Michaels, des ritterlichen Erzengels, geführt werden. Seit das Eisen in dem technischen Zeitalter immer mehr Ahriman verfiel, wird freilich die Menschheit immer mehr den Weg von Mars zu Merkur zu suchen haben.

Die Deutschritter hatten in ihren ersten Zeiten, trotz aller Rauheit und Gewaltsamkeit ihres Vorgehens in Preußen, dennoch das ganz starke Bewußtsein, im Dienste ihrer Schutzherrin, der hl. Jungfrau Maria, und der christlichen Ziele zu wirken. Wie lebendig zeigt das z. B. die schöne, charakteristische Schilderung, die Gustav Freytag in seinen „Bildern aus der deutschen Vergangenheit" bringt, wo er aus der Zeit des 13. Jahrhunderts schreibt: „Diese Jahre der Not und der folgenden Siege sind die Heldenzeit des Ordens. Gemütlos war der Glaube und weltlich der Sinn vieler Brüder gewesen, in der Gefahr flammte der Enthusiasmus des Christentums und der ritterlichen Hingabe oft zu hellen Gluten auf. In belagerter Burg, ohne Hoffnung auf Entsatz, lagen die Brüder an der Mauer, flehten zum Christengott und zu der Jungfrau, schlugen mit der Rute ihren Rücken blutig und sprangen dann fröhlich auf, dem Feind zum Todeskampf entgegenzuziehen. Mehr als einmal sah ein betender Bruder, daß sein Erlöser am Kruzifix die Arme liebevoll nach ihm ausstreckte. Bruder Hermann der Sarazene aus Schwaben, ein tüchtiger Kämpfer, stand in einem persönlichen Dienstverhältnis zur Jungfrau Maria; wer ihn in ihrem Namen bat, wurde erhört, als Ordensbruder warf er für sie in einer Tjost einen Frauenritter vom Roß und gewann Roß und Waffen des Herausforderers seiner Herrin; dafür erschien sie ihm vor der verzweifelten Schlacht am Durbin und sprach: ‚Hermann, ich lade dich in die Kompanei meines Sohnes', er aber sagte ausreitend den Brüdern: ‚Lebt wohl, wir sehen uns nicht wieder, die Gottesmutter lud mich ein zur ewigen Freude.' Und als darauf ein ehrlicher preußischer Landmann ein Gesicht von der Schlacht hatte, schaute er das Kampfgewühl, wie die Preußen des Ordens flohen und die Brüder und ihre Knappen auf einem Wall von Leichen starben. ‚Da sah ich heilige Frauen und Engel die Seelen der Brüder hinauftragen in den Himmel, und mächtiger als die anderen strahlte die Seele des Sarazenen, den die Jungfrau trug.'"

Leuchtet es nicht aus solchen Zügen heraus, wie bei aller Rauheit und menschlichen Unvollkommenheit doch diese Brüder der christlichen Menschheitsseele dienen wollten? Und wie sie gleichsam die Seele jener Völker suchen wollten, zu denen sie gesandt waren, besonders der Preußen und Litauer, um sich aus den mitteleuropäischen Ich-Impulsen mit ihnen zu verbinden? Ihnen das Christentum zu bringen, zogen die „Marienritter" gen Osten. Noch heute künden Namen von Städten, wie Marienburg, Marienwerder, Frauenburg, Namen von Kirchen wie der bekannten Marienkirche in Danzig von diesen Impulsen. Symptomatisch weist das große Standbild der Jungfrau Maria an der Außenseite des Chors der Kirche in der Marienburg nach Osten. Wie ein großes geschichtliches Symbol dessen, was der Orden eigentlich gewollt hatte und was er geschichtlich gesollt hätte ...

Aus manchen Schilderungen ist zu entnehmen, wie in der Tat ein heiliger Wille in den Anfängen des preußischen Unternehmens in dem Orden wirkte. Auch von Menschlichkeit, Milde und Schonung hören wir, die die Ritter zuallererst den Preußen hätten widerfahren lassen. Doch bald schon sehen wir sie zu harten und bedenklichen Mitteln greifen. Frühzeitig mischten sich auch recht weltliche Motive ein, und als gar die Preußen sich in wiederholten Aufständen gegen ihre Unterdrücker erhoben, wurden diese Aufstände mit furchtbarer Erbarmungslosigkeit niedergeschlagen. Und der Papst, der den Rittern fortwährend Kreuzheere zur Hilfe sandte, glaubte sich immer wieder gegen die Unterdrückungen der Neubekehrten wenden zu müssen, die dem preußischen Volke die Annahme des Christentums als gleichbedeutend mit dem Verluste all seiner alten Freiheiten erscheinen ließen.

So erfüllte sich das Karma dieser Methoden der Bekehrung, deren Weg durch Ströme von Blut, durch Greueltaten und Vernichtung bezeichnet werden.

Wie da oft manch guter Wille, aber in ungeläuterter Leidenschaft, ritterlicher Kampfes- und Opfermut im Verein mit recht egoistischen Motiven sich auslebten, dafür ist eine Szene charakteristisch, die uns der Geschichtsschreiber Johannes Voigt von den Heldentaten eines deutschen Kreuzfahrerritters, Stenzel von Bentheim, bei einem der Preußenaufstände erzählt, der in der Predigt eines Bischofs gehört hatte, daß die Seelen der in Preußen von den Ungläubigen Erschlagenen unmittelbar, ohne Läuterung durch das Fegfeuer in den Himmel entflöhen. „Und auch in diesem Kampfe von jenem Gedanken erglüht, stürzt er sich plötzlich, wie einst Winkelried im Schweizerlande, mit gefällter Lanze auf seinem Streitrosse in den Feind, durchbricht die feindlichen Reihen und wirft rechts und links alles nieder, was ihm Widerstand leistet. So im fürchterlichen Streite bis in den Rücken des Feindes gelangt, sprengt er zum zweitenmal in die feindlichen Haufen zurück, um den Seinen die Bahn zu eröffnen ... Doch als er bis in die Mitte des Heeres vorgedrungen den Boden um sich her mit Leichen angefüllt, erliegt der Held von Feinden rings umstürmt der Ermattung und den Wunden, und sterbend sinkt er nieder. Das ist die Macht des Glaubens und die Gewalt der Idee, wenn sie den Menschen begeistert. Da durchglühte des edlen Ritters Beispiel das ganze christliche Heer. Doppelt furchtbar tobte nun die Schlacht ..."

So lebten sich die christlichen Impulse ein, in zunächst primitiver Weise von starken Gemütern aufgenommen, in einer geistig immer dunkler werdenden Zeit.

III.

Die heidnischen Preußen

Als ein Volk, das anscheinend erstaunlich lange auf jener älteren Bewußtseinsstufe verharrt hatte, die die Griechen und Römer Jahrhunderte vor dem Mysterium von Golgatha, die Germanen Jahrhunderte nach ihm verlassen hatten, treten uns die alten heidnischen Preußen entgegen. Es ist jene Bewußtseinsstufe, die der gedanklich-verstandesmäßigen vorausgeht, auf der die Menschheit noch im bildhaften Hellsehen lebt, stark verbunden insbesondere mit der in der Natur waltenden Geistigkeit. Läßt man die Berichte über das Wesen und die Schicksale des alten (den Litauern und Letten nahestehenden) Preußenvolkes auf sich wirken, so gewinnt man den Eindruck: dieses Volk ließ sich lieber vernichten, als daß es diese Bewußtseinsstufe, für deren Ablösung es noch nicht reif war, verlassen hätte. Es ist aus der Geschichte verschwunden, ehe es noch in sie eingetreten war.

Ein wildes, unwegsames Land war die Heimat dieser alten Preußen. Weithin dehnten sich Urwälder und Sümpfe, bevölkert von Elch und Ur, Bär und Wolf, Luchs und Marder, Hirsch und wildem Pferd. In diesem Lande lebten die Preußen, ein naturverbundenes, wildes und rauhes Volk.

Mögen nicht alle Züge in der Schilderung des Geschichtsschreibers von Preußen, Johannes Voigt, stimmen, wie spätere Kritik behauptet: wir gewinnen doch aus der Schilderung dieses sympathischen, von goetheanistischem Geiste erfüllten Forschers ein recht lebendiges, lebenswahres Bild dieses Volkes. Vor allem von seiner innigen Naturverbundenheit. Was in Wald und Wind, in Wasser und Woge, in Baum und Tier lebt, darin lebte und webte dieses Volk; dem weihte es den Kult. Wir hören von heiligen Wäldern, in denen kein Baum gefällt, kein Holz weggetragen, kein Tier getötet werden durfte, von heiligen Bäumen, mächtigen Eichen und Linden, heiligen Bergen, heiligen Feldern, heiligen Quellen und Seen, von Verehrung von Schlangen, Verehrung des Feuers. Von dem Göttersitz Romowe im Samland, anscheinend der Zentralkultstätte aller preußischen Landschaften, wo das heilige Feuer brannte, wo die Götterbilder standen. Von heiligen Prophetinnen, die durch ihr Ansehen und ihr wahrsagendes Wirken fast alles in ihrer Landschaft lenkten und leiteten, von einer wahrsagenden Richterin Pogesana im heiligen Eichwalde in Pogesanien, die sich dem Götterdienste weihte. Jedem Fremden war der Zugang zu den Götter- und Priesterwohnungen, zu den heiligen Wäldern bei Todesstrafe verboten. Der Oberpriester („Griwe“) erscheint zugleich auch als Gesetzgeber und Verwalter. Durch seinen Mund verkündet er die Gesetze der Götter. Sein Wille galt als der Götter Wille. Äußerst selten zeigte er sich dem Volke. Ihn einmal im Leben gesehen zu haben, galt als besonderes Glück. (Wie ein Nachklang erinnern diese Schilderungen an das, was die Geisteswissenschaft zu sagen hat über die alten europäischen Brahminen, ihre Zurückgezogenheit, ihr verborgenes Walten und Bewahren der heiligen Geheimnisse der Mysterien.)

So umschwebt etwas Dunkles und Geheimnisvolles den Kult und das Leben dieses Preußenvolkes, von dem wir nur durch die verständnislosen Berichte seiner christlichen Gegner wissen; dunkel und geheimnisvoll wie seine Wälder und Moräste.

Von drei Hauptgottheiten der Preußen wird berichtet: Perkunos, Potrimpos und Pikullos. Perkunos, der Gott des erwärmenden und gedeihlichen Feuers, dem zu Romowe ein ewiges Feuer aus geheiligtem Eichenholz unterhalten wurde, Potrimpos, die Gottheit des fruchtbaren Wassers, und Pikullos (oder Potollos), der Oberherr des Todes und der Vernichtung. Was Potrimpos schuf, ward durch ihn vernichtet. Sein Bild sei das eines Greises mit totenbleicher Gesichtsfarbe gewesen, Totenköpfe von Mensch, Pferd und

Kuh sein Sinnbild. Daneben wurden Wald- und Baumgottheiten verehrt, Wasser- und Erdgeister, Elfen und Zwerge. All diese Wesen müssen dem alten Preußenvolk noch lebendigste Gegenwart im täglichen Umgang gewesen sein.

Darin lebte es, eng umschlossen von den Blutsbanden. Eine Achtung des einzelnen Menschen kannte es nicht. Zu viele Töchter z. B. wurden getötet, wie berichtet wird. Auch Kriegsgefangene wurden im Flammentod als Opfer den Göttern dargebracht, ein Schicksal, das so mancher Ritter des deutschen Ordens teilte.

In früheren Zeiten sollen die Preußen friedliebend, gutmütig, treu und menschenfreundlich gewesen sein, erst später, so heißt es, in Not und Gefahr kriegerisch-wild, grausam, rachsüchtig und blutdürstig, wie sie namentlich von den polnischen Chronisten, ihren Feinden, geschildert werden.

Diesem Volke sollte nun von außen her das „Christentum" aufgezwungen werden. Was konnte dieses für es auf *seiner Entwicklungsstufe* anderes bedeuten als eine fremde, verständnislose, feindliche Macht? Die ihm sein altes Leben nahm, ohne doch *ihm* ein neues geben zu können. Die ihm Knechtschaft und Unterdrückung brachte. Daher die Aufstände von 1242 an, die in furchtbarsten Kämpfen niedergeschlagen wurden.

In diesen Kämpfen ging das preußische Volk fast völlig zugrunde, so daß vielfach fremde Ansiedler in das verödete Land gerufen werden mußten. Im 17. Jahrhundert erlosch auch die preußische Sprache, die später nur noch in der besonderen Färbung des ostpreußischen Dialekts fortlebte.

Nimmt man dies alles zusammen, so gewinnt man den Eindruck, daß man es hier mit einer Volksseele zu tun hat, die sich aufs äußerste der Christianisierung (oder wenigstens dieser römischen) widersetzte, die weiter im Vorchristlich-Rauhen und Wilden, im Blutsmäßigen leben wollte, in der alten Naturverbundenheit, und die lieber zugrunde ging oder ihr Volk zugrunde gehen sah, als sich diesem Christentum zu erschließen *). Und die dann, als sie nun rein äußerlich überwältigt wurde, um den Preis der Vernichtung des preußischen Volkes, gleichsam verwandelt übersinnlich weiterlebte, von den Siegern selbst Besitz ergriff und als ein unverchristlichtes, wildes Element in ihnen selber weiterwirkte **).

*

Die heidnischen Preußen sind, wie mir scheint, dem Deutschritterorden so recht eigentlich zum Schicksal und zum Verhängnis geworden. Er konnte sie geistig nicht überwinden oder umwandeln. (Charakteristisch ist es gerade in diesem Zusammenhang, daß immer wieder gegen den Orden Klage geführt wurde, daß er sich gar so wenig des geistlichen Wohles seiner preußischen Untertanen annehme.)

---

*) Charakteristisch für das zähe Festhalten der Preußen am Heidentum ist auch z. B., daß noch nach Einführung der Reformation die Einwohner in Preußen im stillen den alten heidnisch-religiösen Überlieferungen huldigten und eine Reihe von Göttern verehrten.

**) Etwas Ähnliches hat Friedrich Percyval Reck-Malleczewen empfunden, wenn er in „Das Ende der Termiten", Lorch-Stuttgart 1946, S. 82 schreibt: „Man kann bei der Eroberung eines Landes, wie das in Altpreußen der Orden getan, die Urbevölkerung ausmorden. Aber man kann die alten Götter nicht vertreiben. Sie werden dem Eroberer als unabänderliches Schicksal erscheinen, wie auch immer er sie zu verleugnen sucht."

Er konnte sie nur vernichten. Und sie „rächten" sich gleichsam, indem sie nun als Einschlag in ihm selber weiterwirkend ihn immer mehr abdrängten von seinen ureigentlichsten geistig-spirituellen Zielen. Ist es so, dann wären wieder einmal die Besiegten in gewissem Sinne Sieger geworden.

Immer mehr kam vom späteren 13. Jahrhundert an der Orden in die Richtung der Veräußerlichung. Er selbst wurde immer mehr kriegerisch-erobernd, rauh, ja grausam in seinen Methoden.

Allzusehr verleugnete er das Kreuz, um dessentwillen er das Schwert ergriffen. Schließlich blieb das Schwert allein zurück, und das Kreuz war nur noch Vorwand zur Vergrößerung der Herrschaft. Immer mehr wurde der Orden eine weltlich-politische erobernde Macht, die das Schwert rein egoistisch führte.

Aber in all seinen Taten fühlt man das Fortwirken derjenigen starken Kraft, die uns immer bei großen historischen Strömungen entgegentritt, die ursprünglich aus *spirituellen* Hintergründen mit geistiger Zielsetzung erflossen sind.

Man könnte wohl auch sagen: an dem Orden erfüllte sich die Tragik seines allzu römischen Einschlages. Sein Protektor, der hl. Petrus, war wenig geeignet, ihn im rechten Sinne von Mittel- gerade nach Osteuropa herüberwirken zu lassen.

So lebten zwei Seelen in der Brust auch des Deutschritterordens. Und in dieser Zwiespältigkeit hat er schließlich seinen eigenen Geist, sein eigenes höheres Wesen verleugnet.

Daher ist die Geschichte des Ordens im 14. Jahrhundert die Geschichte seiner immer zunehmenden Veräußerlichung. Im späteren 14. Jahrhundert setzte dann auch ein innerer

Verfall ein, indem Üppigkeit und Wohlleben einzogen, während er nach außen durch seinen Hochmut sich Gegner schuf.

Ein steinernes Symbol der strengen und harten Ordensherrschaft im preußischen Lande sind die Ordensburgen: trotzige, machtvolle Zwingburgen in einem nur äußerlich unterworfenen Lande. Dies gilt allerdings nicht eigentlich von der Marienburg, die durch ihre Größe, ihre Festigkeit und ihre Ausstattung vor allen Burgen der damaligen Zeit hervorragte und die zur Stätte eines im ganzen 14. Jahrhundert berühmten glanzvollen weltlichen Rittertums wurde. Ursprünglich waren weltliche Ritter als Kreuzfahrer mit den Kreuzheeren nach Preußen dem Orden in seinen schweren Kämpfen zu Hilfe geeilt. Später wurde es immer mehr eine weltlich-modische Angelegenheit, nach Preußen und Litauen zu ziehen. „In Preußen da wird er zum Ritter", sagte man wohl auch. So glanzvoll dieses Rittertum war, so absurd und frivol wurden diese Züge, gemessen an jenen Gesichtspunkten, die sie eigentlich rechtfertigen sollten. Schon 1343 wurde gegen den Orden Klage geführt, er verweigere dem König und dem Volk von Litauen die Taufe, nur um noch länger jene kriegerischen „Reisen" mit seinen ritterlichen Gästen gegen die Heiden in Litauen rechtfertigen zu können! Mit der Christianisierung Litauens verlor dann der Orden seinen vornehmsten ursprünglichen Daseinszweck.

Diese Entwicklung, die der Orden im 14. Jahrhundert nahm, fand einen eigenartigen Reflex in dem Seelenleben einer Frau, die im 14. Jahrhundert eine bekannte und einflußreiche Persönlichkeit gewesen ist: in der *heiligen Birgitte* von Schweden. Diese Frau, die von 1302 bis 1373 lebte und insbesondere durch die ihr zuteil gewordenen zahlreichen übersinnlichen Offenbarungen berühmt wurde, wirkte für eine Erneuerung des christlich-kirchlichen Lebens; sie geißelte die Mißbräuche innerhalb der Kirche ihrer Zeit und trat z. B. für die Rückkehr des Papstes aus Avignon nach Rom ein. In ihren Offenbarungen findet sich auch eine Stelle, in der sie von den Kreuzrittern spricht, und man möchte wohl ihre Worte als ein „neutrales Urteil" gelten lassen, das aus dem einzig möglichen historischen Urteilsgesichtspunkt erfließt: dem des eigentlichen Strebenszieles des Deutschritterordens selber.

Folgendes steht im 19. Kapitel des 2. Buches der Offenbarungen der hl. Birgitte, das überschrieben ist: „Worte Christi zur Braut (der hl. Birgitte) . . . Wie Christus durch einen Bienenvater, die Kirche durch einen Bienenkorb und die Christen durch Bienen bedeutet werden, und wie es gestattet ist, daß die bösen Christen unter den guten leben":

„Darauf redete der Sohn mit mir und sprach: Ich habe dir vorhin an den Bienen gezeigt, wie dieselben von ihrem Herrn ein dreifaches Gute haben. Jetzt sage ich dir, daß solche Bienen die Kreuzträger sein müßten, welche ich an jene Grenzen der Christenheit gesetzt habe. Nunmehr aber streiten dieselben wider mich; denn sie kümmern sich nicht um die Seelen und haben kein Mitleiden mit den Leibern derer, welche sich zum katholischen Glauben und zu mir vom Irrtum bekehrt haben. Sie erdrücken dieselben mit Arbeiten, berauben sie ihrer Freiheit, unterweisen sie nicht im Glauben, entziehen ihnen die Sakramente und schicken dieselben mit größerem Schmerze zur Hölle, als wenn sie in ihrem gewohnten Heidentum verblieben wären. Sie kämpfen auch nur, um ihre Hoffahrt zu erweitern und ihre Begehrlichkeit zu erhöhen. Deshalb wird die Zeit für sie kommen, wo man ihnen die Zähne zerbrechen, die rechte Hand verstümmeln und den rechten Fuß lähmen wird, damit sie leben und sich selber erkennen mögen."

IV.
Der Deutsche Orden und Polen. Der deutsche Ordensstaat

Über der Entwicklung des Deutschritterordens, seiner Verweltlichung und Veräußerlichung waltet Zeitentragik.

Gerade das 14. Jahrhundert bezeichnet ja überhaupt die Zeit des Abflutens jener geistigen Impulse, deren wunderbare späte Blüte das 13. Jahrhundert erlebt hatte. Alles geht im 14. Jahrhundert mehr ins Äußerliche. Es siegt z. B. der Nominalismus. Die Persönlichkeit erstarkt. Es verfallen die mittelalterlichen Ideale. Das Bewußtseinsseelenzeitalter naht heran.

Man kann den Eindruck gewinnen, daß gerade im 14. Jahrhundert die Marsimpulse des damaligen Samaelzeitalters*) zu besonders eindringlicher Kraft und Bedeutung gelangt waren. Mars aber führt den Menschen in das materielle Leben hinein.

Das 14. Jahrhundert erlebte in seinem Anfang die weltgeschichtliche Tragödie des Templerordens. Es ist, wie wenn mit dem Sieg der Finsternismächte und ihres Werkzeugs,

---

*) Samael ist der Name derjenigen geistigen Wesenheit, die als führende mit dem Mars verbunden ist, so wie Gabriel mit dem Monde und Michael mit der Sonne. Vgl. über das Samaelzeitalter meine „Beiträge zur Weltgeschichte", Band II: „Mittelalter", Breslau 1939, S. 146, 147.

Philipps des Schönen, über die Templer dem geistlichen Rittertum überhaupt etwas wie ein esoterisches Zentrum genommen worden wäre. Die Templer wurden von diesen Finsternismächten von außen her vernichtet. Die Deutschritter wurden gleichsam von innen her überwunden, sie wurden von ihrer Bahn abgelenkt und verfielen der Veräußerlichung*).

*

Man kann nun empfinden, wie gerade das polnische Volk hieran etwas wie eine große weltgeschichtliche „Enttäuschung" erlebt hat. Was, von ihm selbst gerufen, von Mitteleuropa kam, was kraftvolle, aber aus dem Geistigen ausstrahlende Ich-Impulse dem Osten hätte bringen sollen, das war veräußerlicht, das trat egoistisch, erobernd, machtgierig auf; das verleugnete sein eigenes Wesen, war in einen höchst unwahren Widerspruch zu seiner eigensten Mission und ihren Symbolen gekommen.

Aus dieser „Enttäuschung" wurde, als dann noch äußere Interessenkonflikte hinzukamen, *Haß*.

Hier liegt, wie ich glaube, der eigentliche, tiefere Grund des polnischen Hasses gegen den deutschen Orden. Er ist aus Enttäuschung geboren.

Diesen Haß-Aspekt schildert z. B. *Sienkiewicz* in seinem Roman „Die Kreuzritter", wo er die Deutschritter der Verfallsperiode als hochmütig, gewalttätig, brutal, verschlagen und treulos darstellt. So geben sie ihm den geeigneten Hin-

---

*) Auch Hans Prutz, „Die geistlichen Ritterorden", Berlin 1908, S. 519, weist auf solche Zusammenhänge hin, indem er schreibt, daß nach dem Untergang des Templerordens das geistliche Rittertum nirgends seine frühere Bedeutung bewahrt oder wiedererlangt habe.

tergrund, von dem sich dann um so vorteilhafter das polnische Volk abhebt, das eben damals zu bewußtem nationalem Fühlen erwachte. (Ein deutsches Gegenstück an Einseitigkeit zu Sienkiewicz ist z. B. der Roman von Wilhelm Kotzde, „Die Burg im Osten". Gibt Sienkiewicz den Haß-Aspekt, so schildert Kotzde, wenn auch mit viel historischem Einzeltatsachenwissen, aus einem ebenso blinden Glorifizierungsbedürfnis heraus. Die wirkliche Tragik des Ordens erfassen beide Schriftsteller nicht. Doch sind solche einseitigen Darstellungen gleichwohl nicht völlig nutzlos. Hält man sie nämlich *zusammen*, so können einem gerade aus den Widersprüchen Fingerzeige auf die Punkte erwachsen, wo die Wahrheit zu suchen ist, eine Methode, die überhaupt bei geschichtlicher Arbeit empfohlen werden kann.)

Denn zu allem anderen brachte ja das 14. Jahrhundert auch dieses: das Erstarken des nationalen Fühlens. Der christliche Universalismus des Mittelalters schwand dahin. Im 14. Jahrhundert erwacht auch das slawische Selbstgefühl und Nationalbewußtsein. Das schildert Sienkiewicz in seinem Roman recht anschaulich und in Übereinstimmung mit den Historikern.

Merkwürdige Verkettung der Dinge! Noch im 13. Jahrhundert war von einer nationalen Rivalität zwischen Polen und Deutschen nicht die Rede gewesen. Bis gegen 1242 leisteten die Polen dem deutschen Orden aktive Hilfe. Später standen sie ihm wohl mit Bedenken und Besorgnissen wegen seines großen Machtzuwachses gegenüber. Aber ein nationaler Gegensatz bestand lange Zeit nicht. Als dann die Ritter des deutschen Ordens immer mehr nur noch egoistisch-ungeistige Machtziele verfolgten, konnten sie nicht mehr den Anspruch erheben, als Vertreter einer menschheitlichen

Aufgabe betrachtet zu werden. Und so entzündete sich *gerade an ihnen* das polnische Nationalbewußtsein, ähnlich wie etwa später an Napoleon das nationale Fühlen der von ihm besiegten Völker erwachte. (Auch Napoleons Auftreten kann ja übrigens als eine martische, daher materialistische Vorwegnahme einer „eigentlich" merkurial gemeinten, menschheitlich-einen-sollenden Mission betrachtet werden.)

Dazu kamen, wie gesagt, die äußeren Interessenkollisionen, das erfolgreiche Streben des Ordens im Beginne des 14. Jahrhunderts, eine Landverbindung zwischen Preußen und dem Reich durch die Herrschaft über Pommerellen zu gewinnen, das auch Polen begehrte, um einen Zugang zum Meere zu haben.

Polen, in sich uneinig und in Verwirrung, hatte den Anfängen der Ordensmacht nicht widerstehen können, die nun sein Dasein bedrohte, und so entstand eine unabsehbare Kette von Zwistigkeiten und kriegerischen Handlungen zwischen Polen und dem Orden im 14. Jahrhundert.

Über die in diesen Kämpfen angewandten Methoden wird wohl *Jacob Caro* das Richtige treffen, wenn er in seiner feinsinnigen Geschichte Polens[45]) schreibt: „Den bestialischen Gewohnheiten, welche beide kriegführende Teile aus dem Kampfe mit den Heiden zur höchsten Zufriedenheit des hl. Vaters und der gesamten Christenheit sich angeeignet hatten, mit unmenschlicher Grausamkeit im Blute ... zu waten und mit Schandtaten die Erde, mit lodernden Flammen die Lüfte zu erfüllen, wurden sie auch im gegenwärtigen Kampfe, dem doch das Stichwort ‚zur Verbreitung des Glaubens' fehlte, nicht untreu. Keiner trieb es besser wie der andere, die Polen wie die Ritter, und die Ritter wie die Polen, und als einmal der edle und ritterliche Johann von Böhmen vor den Augen der Ritter 3000 Menschen nicht niedermetzeln ließ und ihnen das Leben schenkte, sahen diese erstaunt und verwundert darein."

*

Nun aber sehen wir in der Geschichte, wie durch Verweltlichung oder Verfall dessen, was ursprünglich an seinem Ausgangspunkt spirituell gemeint war, ganz andere Dinge entstehen, Bewegungen ausgehen, die dann die Welt gerade im äußeren Sinne mächtig umgestalten [46]).

Besonders ist dies im heraufziehenden Zeitalter der Bewußtseinsseele der Fall.

Die Portugiesen des 15. Jahrhunderts suchten den Priesterkönig Johannes. Sie fanden den Seeweg nach Indien. Christoph Columbus zog aus um religiöser Ziele willen und entdeckte Amerika.

Die Ritter des deutschen Ordens errichteten, zunächst durchaus nur als Mittel zur Befestigung ihrer Herrschaft, die geistig-christlichen Zielen dienen sollte, ein Staatsgefüge, mit den Mitteln ihrer mönchisch-hierarchischen Ordnung, aus dem dann, nachdem der geistige Gehalt immer mehr entwichen bzw. Phrase oder Vorwand geworden war, der preußische Ordensstaat hervorging, der von den Zeitgenossen als ein Wunder der Staatskunst angestaunt wurde, und den man mit gutem Recht als eine jener *„ersten" modernen Staatsbildungen* bezeichnen kann, und in dem man *einen* (wenn auch keineswegs den einzigen) historischen Keim des späteren preußischen Staates erblicken kann.

H. Prutz schreibt über diesen wohlgefügten Staat des Deutschritterordens [47]), in Preußen habe der Orden die Möglichkeit gehabt, „die in seiner Organisation enthaltenen Ansätze zu einem höheren staatlichen Dasein auch wirklich zu entwickeln und so der Schöpfer eines politischen Gebildes zu werden, dem im Mittelalter nichts an die Seite gesetzt werden kann, und das uns dabei, obgleich seine Wurzeln tief in der Kultur und dem Geistesleben der Kreuzzugszeit eingebettet liegen . . ., überraschend modern anmutet. Denn noch bevor bei den westeuropäischen Völkern ein Königtum entstand, das . . . die wichtigsten Zweige des öffentlichen Lebens nach staatlichen Gesichtspunkten organisierte, hat eben dies der deutsche Orden in Preußen in einem unübertroffenen und in mancher Hinsicht geradezu vorbildlichen Maße geleistet. Die Möglichkeit zu straffer Zentralisation auch in Bezug auf die Verwaltung, und zwar insbesondere auf die der Finanzen, welche die Übertragung der Ordensverfassung auf das neugewonnene . . . Land an Weichsel, Pregel und Memel darbot, ist von ihm meisterhaft benützt worden zur Errichtung eines für jene Zeit einzigen Beamtenstaates, für den allerdings in den den Ordenszwecken ganz hingegebenen Brüdern dank ihrer strengen hierarchischen Gliederung ein unvergleichliches Personal gegeben war."

Dies ist ein sehr wichtiger Vorgang von großer Bedeutung für die weitere geschichtliche Entwicklung. Gerade *durch* die Veräußerlichung des Ordens blühte der Ordens*staat* als ein seinem Wesen nach durchaus weltlicher Staat im 14. Jahrhundert auf. Indem die spirituelle Zielsetzung schwand, blieb ein gut verwalteter, ja musterhafter *„moderner"* Staat übrig (dessen verhängnisvolle Schwäche allerdings die Landfremdheit des Landesherrn, der mönchischen Ritter, gewesen ist).

Dieser Vorgang läßt sich in anderer Art ja auch im Westen beobachten. Auch hier entsteht der weltliche Staat dadurch, daß das kirchliche Leben in das profane übergeht. Überall geht das Politisch-Rechtliche aus dem Theokratisch-Kirchlichen hervor.

Man kann die Entstehung des modernen Staates geradezu in eine historisch-„mathematische" Formel prägen: Hierarchie minus geistig-religiösem Inhalt gleich Staat.

*

Für den Deutschritterorden ist es dann noch besonders bedeutsam zu hören, wie er von Anfang an im engsten freundschaftlichen Verhältnis zu den Städten und zu der *Hansa* stand, damit aber zu demjenigen modernen Element, das im späteren Mittelalter zum Vorbereiter der Bewußtseinsseelenkultur des fünften nachatlantischen Zeitalters werden sollte, indem es früh die spezifisch *wirtschaftlichen* Impulse zur Auswirkung brachte[48]).

In einem Aufsatz über „Die Politik des deutschen Ordens"[49]) lesen wir hierüber: „Die Erschließung des Seeweges ermöglichte erst die erfolgreiche Fortsetzung der deutschen Kolonisationsarbeit in Livland und die Aufnahme des Kampfes um Preußen. Hierdurch wurde der deutsche Kaufmann alsbald vor bedeutende und langwierige Aufgaben gestellt ... So erscheinen Ordensstaat und Hansa schon in ihren Anfängen auf das engste verbunden durch die geniale Intuition des großen Hochmeisters (Hermann von Salza), die 1226 ihren Niederschlag fand in den beiden fast gleichzeitig ergangenen kaiserlichen Goldenen Bullen, dem Privilegium des Ordens über Preußen, dem Lübecks über die

Reichsfreiheit der Stadt. Das Bewußtsein dieser Verbundenheit ist im Orden immer lebendig geblieben und drückte sich aus in der einen großen Richtlinie seiner Politik: gemeinsam mit der Hansa die Ostsee als deutsches Meer zu behaupten."

So förderte der Orden planmäßig die schnell aufblühenden Handelsstädte seines Gebietes. Preußen kannte im Jahrhundert der Städtebünde keinen Gegensatz zwischen Landesherrn (d. h. dem Orden) und den Städten. Ja, der Orden ging im 14. Jahrhundert immer mehr selbst dazu über, ein Kaufmann großen Stils zu werden[50]). In der Ordensgeschichte des 14. Jahrhunderts spielen diese wirtschaftlichen Betätigungen des Ordens, seine weisen ökonomischen Maßregeln, die in Preußen durchgeführte Musterwirtschaft und dergleichen eine große Rolle.

Und so ergeben sich zwanglos folgende Etappen der Ordensentwicklung in Preußen: zuerst die Zeit, in der die religiös-geistigen Impulse alles bestimmten, wo der Orden das Kreuz mit heiligem Ernst nach Preußen trug. Sodann die Zeit, da das Schwert im Vordergrund stand und politische Herrschaft und staatliche Ausgestaltung dieser Herrschaft. Endlich die Zeit der immer stärker betonten wirtschaftlichen Unternehmungen und Interessen.

So erscheint die Ordensgeschichte als ein Spiegelbild der Menschheitsentwicklung vom Mittelalter in die neuere Zeit herüber.

Wir hören aus der Zeit der Ordensherrschaft in Preußen viel von harten, heroischen Kämpfen, viel von politischer Klugheit und staatsmännischer Tüchtigkeit, aber außerordentlich wenig von einer Pflege geistigen Lebens. Der politisch-militärische Zug ist allbeherrschend. Später kommen die wirtschaftlichen Leistungen stark hinzu, die materielle Blüte. Erscheint nicht auch dies alles der Gesinnung, der ganzen Lebensrichtung nach wie ein Vor-Bild des späteren Preußen?

V.

Der Untergang des Ordens

Gegen Ende des 14. Jahrhunderts trifft der geschichtlich rückschauende Blick in Polen auf das Bild zweier Gestalten, die in bedeutsamer Art vieles einschließen. Es ist das polnisch-litauische Königspaar: Jagiello von Litauen, mit seinem Volke eben erst zum Christentum übergetreten, hatte sich mit der Königin Hedwig von Polen vermählt.

In der Gestalt der frommen Königin Hedwig erscheint uns wie verkörpert alles, was in der edlen wahren Volksseele des Polentums lebte. Ein besonderer Zauber umweht diese liebenswerte Gestalt, und so lebt sie in der Liebe des polnischen Volkes fort. Kann uns dies, kann uns die Liebe der Völker nicht einen Fingerzeig geben, wo sich die Volksseele besonders manifestiert, sei es in großen gestaltenden Taten der Männer, sei es aber auch in dem seelenvollen Wirken einer Frau?

Neben Hedwig steht Jagiello. Er erscheint als der Träger all jener mehr naturhaften, blutgebundenen Impulse, die eben damals in den europäischen Nationen, wie ein vorchristliches Element, emporzusteigen und die Ära des Nationalismus im weitesten Sinne des Wortes heraufzuführen begannen. In Jagiello, der noch ganz in dem Heidentum aufgewachsen war, wirken sie besonders deutlich und stark unter der dünnen christlichen Oberschicht. *Caro* schreibt von ihm: „Einen schärferen Typus der slawischen Nationalität aber und einen großartigeren Vorkämpfer derselben als Jagiello gab es nicht. Unzweifelhaft war Jagiello ein guter Christ und ein eifriger Katholik geworden, aber diese Rasse und Nationalität auflösende Macht der Kirche, diese ihre geschichtliche Entwicklung, zu welcher sie auch Generationen brauchte, hat er nimmer erfahren. Darin blieb er allezeit noch Heide, und die höchsten Ziele seines Lebens waren die Hebung und die Blüte des nationalen Slawentums."

Und so sehen wir das merkwürdige Nebeneinander dieser beiden Menschen: den Nationalimpulsen, die in einem Jagiello wirkten, sollte die Zukunft der nächsten Jahrhunderte (in ganz Europa!) gehören. Und alles drängte zur kriegerischen Auseinandersetzung mit dem deutschen Orden, gegen dessen erfolgreichen Machtstaat sich die Rivalität der Polen wenden mußte. Jagiello erscheint als das prädestinierte Werkzeug, diesen Kampf zu führen.

Aber neben ihm steht die Königin Hedwig, wie nachlebend das, was Vergangenheit war. So verstehen wir die eigenartige Erscheinung, daß sie, wiewohl Polin, an dem Deutschritterorden festhielt. Sie sah in ihm noch immer die kirchliche, religiöse Anstalt, gegen die sie nicht Krieg führen wollte. In ihrer Seele lebte noch das Empfinden für die eigentliche Mission des Ordens, der von Polen selbst gerufen, dereinst im Zeichen der heiligen Jungfrau Maria ins Land gekommen, um die Seele der östlichen Völker zu suchen. Und wie eine Verkörperung dieses östlichen Volksseelentums erscheint die Gestalt der polnischen Königin Hedwig selber. So hielt sie – trotz allem – die schützende Hand über den Deutschrittern „und mit jener gotterfüllten

Naturen zuweilen eigentümlichen Ahnungskraft verkündet sie dem Orden: ‚Dieweilen wir leben, darf sich der Orden nicht besorgen, sonder, wenn wir todt sind, habt ihr gewißlichen Krieg mit den Polen.'"

„Sie hatte nur zu Recht", fährt Caro fort, dessen schöner Schilderung wir hier folgen, „noch Jahre über ihren Tod hinaus, solange der Genius dieser herrlichen Frau in den Gemütern der sie umgebenden Menschen wirksam war, wurde der Friede erhalten; dann aber brach die lange angesammelte und lange verhaltene Wut der slawischen Völker wie ein Schlagwetter über den Orden und vernichtete mit einem einzigen Stoße das hehre und stolze – freilich auch schon im Grundwerk angefressene – Gebäude" [51]) der Deutschritterordensherrschaft.

Das geschah am 15. Juli 1410, in der Schlacht von Tannenberg, drei Jahre vor jenem Jahre 1413, das den Beginn des fünften nachatlantischen Zeitalters bezeichnet. Da wurde Jagiello Sieger über den Deutschritterorden. Dieser erlitt eine furchtbare Niederlage. Die Blüte der Deutschritter blieb auf dem Schlachtfeld, darunter der Hochmeister Ulrich von Jungingen. „Wie sein Leben voll Ritterlichkeit, so starb er einen schönen Reitertod", sagt Caro von ihm. Aber man könnte so auch von dem ganzen Orden sprechen. In Tannenberg nahm der Orden sein heldisches Ende, in Größe, wie sie seinen Ursprungsimpulsen angemessen war. Zwar geht die Geschichte des Ordens in Preußen nach Tannenberg noch über ein Jahrhundert fort. Es folgt namentlich unmittelbar nach Tannenberg noch die heldenhafte Episode Heinrichs von Plauen. Dennoch bedeutet Tannenberg sein wahres Ende und die Zeit danach nur unaufhaltsamen Niedergang.

Da lagen weit zurück in der Vergangenheit jene Zeiten von der Mitte des 14. Jahrhunderts, die Zeiten des Hochmeisters Winrich von Kniprode, die immer als die Blütezeit des Ordens, wenigstens im äußeren Sinne, verherrlicht worden sind, die Zeiten, in denen nach einer älteren Chronik, „der Orden zu Preußen geziert war mit vielen edlen und weisen Brüdern, so daß er in Blüte stand an Weisheit, an Rat, an Zucht, an Mannheit, an Ehren, an Reichtum und an wohlgestalteten Brüdern . . . Solange die alten Herren des Ordens lebten, da hielten sie Gottes Gebot fest und waren heiß in seiner Liebe, darum wurden sie sieghaft gegen alle ihre Feinde. Danach aber begannen sie abzunehmen in der Liebe zu ihm, wurden kalt und von Tag zu Tag – leider seis Gott und seiner Mutter geklagt – kälter am rechten Leben. Sie erkannten nicht, daß ihre Vorfahren mildiglich ihr Blut vergossen und in den Tod gingen gegen die Heiden um des Glaubens und der Gerechtigkeit willen, daß Gott ihnen gegeben hätte das Preußenland und auch Livland, um sie zu besitzen bis auf diesen Tag . . . Deshalb verhängt Gott viele Plagen über diese armen Lande, reizt wider sie viele Feinde . . ., damit die Brüder erkennen sollten, woran sie sich nicht halten dürften, damit nicht ein jeglicher suche, was ihm nütze, sondern den Nutzen Gottes und des Herrn Jesu Christi zu ihrer Seelen Seligkeit . . .[52])“

*

Das 15. Jahrhundert brachte etappenweise die Verkleinerung des Ordensstaates und seine Abhängigkeit von Polen. Als ein politisch wichtiger Faktor kann er in dieser Zeit nicht gelten. Auch im Innern geriet er in Stagnation und Verfall. Einen unmittelbaren äußeren Einfluß auf die staatliche Ausgestaltung des späteren, nach ihm benannten Königreichs Preußen dürfte er nicht ausgeübt haben.

Dennoch erblicken wir in ihm, der bis zur Schlacht von Tannenberg als der bestregierte und glücklichste Staat galt, etwas wie ein geistiges Samenkorn, das in dem späteren Preußen, dem modernen, wohlorganisierten Beamtenstaat, aufgegangen ist.

In *Schlossers* bekannter Weltgeschichte[83]) wird eine historische Parallele gezogen, indem der Deutschordensstaat mit *Venedig* und *Neapel* an innerer Ordnung, äußerer Macht und an Kapitalkraft verglichen wird. Eine bedeutsame Parallele! Venedig war ja das merkwürdige aristokratisch-kommerzielle Staatsgebilde, das Jacob Burckhardt mit einem Uhrwerk vergleicht und das zu den Inauguratoren jener nachmals berühmten, rein weltlichen („machiavellistischen“) Politik mit ihrer moralischen Skrupellosigkeit gehört; berühmt in diesem Sinne war der Giftschrank der Republik Venedig, und Venedig ist auch die Wiege der modernen Diplomatie geworden ... Es war kein guter Boden. Daher ist es zum mindesten auch eigenartig, daß der Deutschritterorden, nachdem er aus Palästina mit dem Falle von Akkon hatte weichen müssen, sich mit seinem Hauptsitz für kurze Zeit gerade in Venedig niederließ, von wo dann 1309 die hochmeisterliche Residenz nach der Marienburg verlegt wurde! So führt also sogar auch ein äußerer unmittelbarer Weg von Venedig nach dem Ordenslande Preußen.

Und Neapel! Es ruft bedeutsame Erinnerungen wach. Die Erinnerung an jenen sarazenisch-normannischen Staat, den Friedrich II. von Hohenstaufen ausgebaut hatte im Sinne eines modernen zentralistisch-mechanistischen Zwangsstaates. Es ist jener berühmte „erste moderne Staat" Friedrichs II., an dem der Arabismus einen wichtigen Anteil hatte. Entstanden in jenen süditalienischen Gegenden, wo die gralsgegnerischen Klingsor-Impulse gerade damals besonders stark wirkten, wurde er anerkanntermaßen eine Art Prototyp des modernen Staates überhaupt[54]). Ist es nun in unserem Zusammenhange nicht höchst merkwürdig, daß dieser Staat ein Werk desselben Friedrichs II. war, der so maßgeblich beteiligt war an der Übernahme jener preußischen Mission durch den Deutschritterorden, der dann seinerseits gleichfalls zum Schöpfer eines jener „ersten modernen Staaten" geworden ist, eben des preußischen Ordensstaates? Ich habe schon öfter darauf aufmerksam gemacht, wie die seltsame Doppelnatur Friedrichs II. sich auf der einen Seite in all dem auswirkt, was aus den alten christlich-universalen mittelalterlichen Impulsen bei ihm hervorgeht, auf der anderen Seite aber in jenen „modernen", d. h. arabistischen Einflüssen, die u. a. seinen neapolitanisch-sizilianischen Staat gestalteten. Der Deutschritterorden *beginnt* im Zeichen der christlichen Universalimpulse; aber auch er *endet* im Zeichen jener anderen Strömungen. Ahnungen steigen da auf: wie, wenn im Sängerkrieg auf der Wartburg, in jener thüringischen Heimatatmosphäre des Deutschordenshochmeisters Hermann von Salza, Wolfram von Eschenbach obgesiegt hätte über „Klingsor von Ungarland"? Wäre dann vielleicht auch das Schicksal des Deutschritterordens ein anderes geworden? ... Aber Wolfram hat nicht zu siegen vermocht, und so wirkten die Klingsorkräfte verhängnisvoll hinein in alle neuere Geschichtsentwicklung auf jedwedem Gebiete. Auch auf dem des staatlichen Lebens.

VI.

Die Hohenzollern in Preußen

Als die Hohenstaufen zugrunde gingen, kamen in Preußen ihre Schützlinge, die Deutschritter, auf.

Als der Deutschritterorden zugrunde ging, kamen die Hohenzollern, die später die Nachfolger des Ordens in Preußen werden sollten, nach Brandenburg. 1410 bereitete die Niederlage von Tannenberg dem Orden sein eigentliches Ende, 1411 wurde der Hohenzoller Friedrich VI., Burggraf von Nürnberg, Verweser der Mark, 1415 Kurfürst von Brandenburg.

Dies alles geschah also genau um jene Zeit, da das Zeitalter der Bewußtseinsseele, das fünfte nachatlantische Zeitalter, mit entscheidenden Impulsen heraufzog.

Man muß aus einer Betrachtung der Geschichte den Eindruck gewinnen, daß die Hohenzollern in einer ganz bestimmten Weise Träger dieser Bewußtseinsseelenimpulse gewesen sind (sehr im Gegensatz besonders zu den Habsburgern, in denen der vierte nachatlantische Zeitraum nachwirkte). Wo sich ihr echtes Wesen offenbart, wirken sie „modern", unmystisch, rationalistisch, voll Realismus, der sich beschränkt auf die Interessen und Gesichtspunkte der rein physisch-sinnlichen Welt, klar, scharf und nüchtern. „Schwarz-Weiß", die Hohenzollernschen Hausfarben, drücken dieses Wesen recht sinnvoll aus. Es sind „Farben", so recht angemessen den ersten Jahrhunderten des Bewußtseinsseelenzeitalters. In diesem Zusammenhang erscheint es auch als höchst charakteristisch, daß der weitaus erfolgreichste Zweig dieser Familie, eben der kurfürstlich-brandenburgische und später königlich-preußische, seit dem

12. Jahrhundert die Burggrafenwürde von *Nürnberg* innehatte, also in Beziehungen stand zu einer der bedeutendsten der freien Reichsstädte, die ja im Mittelalter die Vorbereiter des Bewußtseinsseelenzeitalters und Träger einer Wirtschaftskultur gewesen sind. Von Nürnberg kam Burggraf Friedrich VI. nach Brandenburg („des hl. römischen Reiches Streusandbüchse", wie man ja dieses Land bezeichnend genannt hat), allwo er sich, spöttisch begrüßt als der „Tand von Nürnberg", mit dem einheimischen Raubritteradel herumzuschlagen und diesen botmäßig zu machen hatte. Die Zustände in der völlig verwilderten, durch Räuber und Strauchdiebe aller Art höchst unsicheren Mark Brandenburg erinnern lebhaft an die Ursprünge Roms, wo auch die staatliche Ordnung mit eiserner Energie zur Bändigung der verbrecherischen Instinkte der dort zugelaufenen Elemente, denen Romulus das Asyl gewährt hatte, durchgeführt werden mußte[55]), – eine Parallele, mit der mehr als ein äußerlicher Vergleich gemeint ist und die um so bedeutungsvoller erscheinen kann, als ja Brandenburg-Preußen in seiner ganzen weiteren historischen Entwicklung durchaus als eine Art römischer Strömung innerhalb Deutschlands empfunden werden kann.

Im Jahre 1511 wurde ein Hohenzoller, Albrecht von Brandenburg-Ansbach, vom Deutschritterorden in Preußen zum Hochmeister erwählt. Und er war es, der dann, Protestant geworden, im Jahre 1525, auf Luthers Rat, das Ordensland Preußen in ein weltliches Herzogtum umwandelte und den evangelischen Glauben im Lande einführte, in erstmaliger Anwendung, wie es heißt, des später so formulierten bekannten Staatsgrundsatzes: „cuius regio, eius religio" *). So vollzog sich die Säkularisation Preußens, das Albrecht nun von König Sigismund von Polen zu Lehen nehmen mußte, wodurch es dem deutschen Reich verloren ging.

Das Wappen dieses neuen Herzogtums war ein schwarzer Adler (mit dem Buchstaben S [Sigismund] auf der Brust) auf weißem bzw. silbernem Grunde. So hatte sich, können wir sagen, zum ersten Male das Schwarz-Weiß der Hohenzollern zu dem Schwarz-Weiß des Deutschritterordens gefunden wie durch eine innere Wahlverwandtschaft; und so erscheint nun auch in der Geschichte zuerst der eigentliche *preußische* Adler: ein veränderter Nachfolger jenes alten Adlers des hl. römischen Reiches deutscher Nation, den einst Friedrich II. dem Ordenshochmeister Hermann von Salza verliehen: ein schwarzer Adler, aber nicht mehr auf goldenem Grunde, sondern auf dem Grunde aus Silber, dem Mondenmetall: wie ein symbolischer Hinweis auf die hier wirkenden rationalistischen Kräfte, die weiteren Schicksale und die Bedeutung des Landes, auf das, wie Schlosser schreibt, schon Joachim II. von Brandenburg (gest. 1571) sein Auge gerichtet hatte, als er lutherisch wurde.

So wird auch in den Einzelheiten deutlich der Übergang vom alten Ordensstaat, der aus einem menschheitlich gemeinten Streben einst gegründet worden war, wie wir es in den vorangehenden Kapiteln zu zeigen versuchten, zum weltlichen Territorialstaat.

Das Herzogtum Preußen, in dem, wie der Hochmeister zum Herzog, so z. B. die früheren Ordenskomture sich zu

---

*) „Wessen das Land, dessen die Religion", d. h. der Landesherr hatte die Religion bzw. Konfession seiner Untertanen zu bestimmen.

„Amtshauptleuten“ gewandelt hatten, war allerdings zunächst ein Gebilde, dessen Staatlichkeit nichts weniger als imponierend genannt werden kann. Es befand sich in weitgehender Abhängigkeit von Polen, und dieser Einfluß machte sich auch in der Weise bemerkbar, daß das ehedem unter dem Orden so wohl organisierte Land im Anfang des 17. Jahrhunderts sich in völliger Desorganisation befand; es war im Begriffe, sich in eine Reihe von freien Städten und einzelnen Patrimonialherrschaften aufzulösen. Ein innerer Sieg des Polentums und seiner Antistaatlichkeit über den Geist des deutschen Ordens!

1618 fiel dann das Herzogtum Preußen an Brandenburg, wie durch eine innere Anziehungskraft des tief Wesensverwandten innerlich angezogen. Ein folgenreicher Vorgang, denn von nun an konnte man von einem *Brandenburg-Preußen* sprechen, das seit Friedrich Wilhelm, dem Großen Kurfürsten, immer entschiedener eine Rolle zu spielen begann, durch die es in der neueren Geschichte bekannt ist. Friedrich Wilhelm war es auch, der nun mit eiserner Energie jenen „polnischen“ Zuständen in Preußen ein Ende machte, indem er die Stände niederbeugte und die fürstliche Macht auch in Preußen durchsetzte.

VII.

Das Königreich Preußen

Am 18. Januar 1701 fand in Königsberg im alten Deutschritterschloß die preußische Königskrönung statt. Fortan gab es statt des Herzogs einen König in Preußen.

An dieser Rangerhöhung nahm, was immerhin beachtenswert erscheinen kann, *Leibniz* lebhaften Anteil. Leibniz, der ja auch der geistige Vater der 1700 gestifteten Berliner Akademie ist, schreibt in seinen „Schriften über die preußische Königskrone", es sei bekannt, daß Namen oft zu etwas Wesentlichem werden; „bei der hohen Würde eines Königs hat es einigermaßen auch diese Bewandtnis, daß der Titel der Sache ihr complementum essentiae mitgibt, und keiner ein König ist, der nicht König heißt... Es ist also der Name selbst mit zur Sache geworden ... Ein König ist, der also heißt, und dem die dem Namen, der Gewohnheit nach, anhängenden Ehrenrechte zukommen", und Leibniz spricht geradezu aus: „Die Aufrichtung des neuen preußischen Königreichs ist eine der größten Begebenheiten dieser Zeit, so nicht, wie andere, auf wenige Jahre ihre Wirkung erstreckt, sondern etwas nicht weniger Beständiges, als Vortreffliches hervorgebracht."

Das Königtum des bisherigen Kurfürsten Friedrich III. von Brandenburg wurde, wie bekannt, deshalb auf *Preußen* begründet, weil dieses Land – durch die Säkularisation im Jahre 1525 – aus dem Verbande des deutschen Reiches ausgeschieden war, während andererseits die Souveränität des Königs von Polen (im Frieden von Oliva 1660) in Wegfall gekommen war.

Wie es bei dieser Krönung zuging, ist von hohem symptomatischem Interesse. Friedrich I. setzte sich nämlich selber die Krone auf, ein Vorgang, der sich übrigens in dem von Herzog Albrecht, dem letzten Hochmeister des Deutschritterordens in Preußen, erbauten Teile des Königsberger Schlosses abspielte, – wie um die geistige Kontinuität noch deutlicher zu machen. Noch interessanter aber wird diese

Selbstkrönung im Zeichen der Bewußtseinsseele, wenn wir hören, daß vorher in der ganzen Geschichte, abgesehen von dem gleichen Vorgang bei Karl XII. von Schweden, nur noch einmal eine solche Krönung stattgefunden hat. Das war die Krönung Kaiser Friedrichs II. auf seinem Kreuzzuge am 18. März 1229 als König von Jerusalem! Auch er hatte sich (da die Kirche dem Gebannten die Mitwirkung versagte) selbst die Krone aufgesetzt, im Beisein des Deutschritterhochmeisters Hermann von Salza, der bei diesem Vorgang eine Denkschrift zu verlesen hatte. Ist es nicht seltsam, wie so wiederum die Gestalt Friedrichs II. (und die des großen Ordenshochmeisters) nach fünf Jahrhunderten über den preußischen Ereignissen auftaucht?

Bei dieser preußischen Königskrönung ging auch die Salbung nicht wie sonst der Krönung voran, sondern folgte ihr; und sie wurde durch zwei evangelische Geistliche vollzogen, die der Kurfürst eigens zu diesem Zweck zu Bischöfen erhoben hatte. „Ich will immer Herr sein in meinem Lande und werde hier keinen anderen Bischof dulden als mich selbst", lautet ein charakteristischer Ausspruch des Kurfürsten[56]).

Begreiflich, daß der Papst alsbald einer Reihe von katholischen Fürsten einen Protest gegen diese Krönung sandte: „Es ist uns zu Ohren gekommen, daß der Markgraf Friedrich von Brandenburg den Namen und die Insignien eines Königs von Preußen sich öffentlich beigelegt habe, in einer bis heute bei Christen vielleicht unerhörten Weise, und mit schwerer Verletzung des Rechtes, welches von alters her dem ritterlichen Deutschorden auf jenes Land gebührt. Es wird ferner berichtet, daß dies geschehen sei zur großen Verachtung der kirchlichen Autorität in einer starken Versammlung von Menschen, mit einer solchen Feierlichkeit, welche, obwohl sie nichts Heiliges in sich hielt, dennoch durch die simulierte Ausübung von Zeremonien, durch die nicht zu billigende Auswahl von Dienern zu diesem Zwecke, dennoch dem kirchlichen Ritus bei Krönungen nahe zu kommen schien" usw.[57]) Die Fürsten werden daher ermahnt, dem Markgrafen von Brandenburg, wie der Papst den neuen König nennt, keinerlei königliche Ehrenbezeugungen zu erweisen.

Seit dieser Krönung gab es nun auch das *königlich*-preußische Adlerwappen, mit dem F. R. (Fridericus Rex) auf der Brust des gekrönten Adlers. Und als höchster preußischer Orden wurde noch am Krönungstage der vom schwarzen Adler gestiftet, mit dem preußischen Wahlspruch „Suum cuique".

So nahmen die preußischen „Säkularisations"tendenzen im umfassendsten Sinne des Wortes ihren Fortgang, die Ablösung der Hierarchie durch den rein weltlichen neueren Staat und seine Einrichtungen.

Elf Jahre nach der preußischen Königskrönung wurde Friedrich II., der nachmals größte aller Könige von Preußen, geboren, der wie kaum ein zweiter Fürst im Sinne der Bewußtseinsseelenimpulse wirkte gegen Kirche, Hierarchie und die alten Mächte.

Von dem ehemaligen Ordensland Preußen (bzw. seinem nicht polnisch gewordenen Rest) und dem späteren Herzogtum ist dann der Name auf den ganzen Länderbesitz der Kurfürsten von Brandenburg übertragen worden. Aus dem König *in* Preußen", wie er zuerst nur hieß, wurde später (nach der Erwerbung von Westpreußen durch Friedrich

d. Gr., d. h. dem Besitz von nunmehr ganz Preußen) der „König *von* Preußen“.

„Mit dem Namen Preußen aber durchdrang sich“, wie Ranke schreibt, „der Begriff von Kriegsmacht, von deren durch herrliche Taten wachsenden Ruhm wir schon eine Andeutung gaben.“

*

Ist es nicht seltsam, und kann es nicht zu tieferem Nachdenken anregen, zu sehen, wie auf diese Weise das besiegte, ausgerottete heidnische Volk der alten Preußen dem ganzen, großen, mächtigen Staat, der später so tief in die deutschen und europäischen Geschicke eingreifen sollte, *den Namen gegeben hat?*

Sind Namen bedeutungslos? Gilt nicht vielleicht auch hier etwas von dem, was Leibniz über das *Wesentliche* eines Namens schrieb?

Drückt sich im Namen nicht in der Tat oft das Wesen aus? oder soll man sich mit der „Erklärung“ des „Zufalls“ bei so großen historischen Erscheinungen abspeisen lassen?

Ist es nicht vielmehr, wie wenn das alte heidnische Volk der Preußen, von dem wir anzudeuten versuchten, wie es auf geistige Art gleichsam in dem deutschen Orden fortgelebt zu haben scheine, wie wenn diese rauhe, kriegerische, starkmütige, in den vorchristlichen Impulsen verharrende Volksseele noch einmal gleichsam ihr Wesen ausgedehnt und damit dem großen Staat, der nach ihr benannt wurde, einen charakteristischen und schicksalsbestimmenden Einschlag gegeben habe?

Sollte es nicht auch in der Geschichte, im Völkerleben eine „Wirksamkeit kleinster Entitäten" geben, die gerade nach der physischen Vernichtung in „höchster Potenz" beigemischt ätherisch um so stärker fortwirken?

Dann wären noch einmal die Besiegten, aber Unverwandelten Sieger geworden*), als sie dazu beitrugen, daß innerhalb des deutschen Wesens sich eine besondere Spielart, ein besonderer Typus entwickelte, der seine starken schicksalhaften Wirkungen in der Geschichte ausgeübt hat . . .

VIII.
Der Zug nach Osten

Über wenige Völkernamen, meint Johannes Voigt, der Geschichtsschreiber Preußens, ist wohl mehr geforscht, gemutmaßt, ersonnen, etymologisiert worden als über den Namen der alten heidnischen *Preußen.* Einer der Erklärungsversuche will diesen Namen deuten als „Po-Russen" (oder „Bo-Russen"), das wären dann diejenigen, die *„bei den Russen"* wohnen, also die Nachbarn der Russen.

Sollte diese Erklärung zutreffen, so würde sie sich recht

---

*) Auf einen bei aller Verschiedenheit ähnlichen Vorgang wie den uns hier vorschwebenden wies *Rudolf Steiner* in einem Vortrag vom 13. Februar 1921 in Stuttgart hin, als er über das Verhältnis der *Amerikaner* europäischer Herkunft zu den *Indianern* sagte: „Wenn man dieses amerikanische Leben wirklich seinem Wesen nach erkennen will, so muß man sich sagen: eigentlich hat da nicht der Europäer über den Indianer innerlich gesiegt – äußerlich, ja; aber innerlich hat eigentlich sich der Europäer durchtränkt mit dem Indianerleben. Die Instinkte sind Herr geworden."

sinnvoll in die ganzen Zusammenhänge einfügen, die uns hier beschäftigen. Schon der Name würde auf die Ostrichtung hindeuten, in die wir die preußische Mission so deutlich hineingestellt sehen. „Preußen“ wäre etwas wie eine Brücke zu den Reußen, zu dem östlichen slawischen Volkstum überhaupt.

Nach Osten weist auch die Tatsache, daß der Patron der Ermländischen Kirche der *hl. Andreas* war, der ja als der Apostel von Rußland und der Begründer der griechisch-orthodoxen Kirche gilt. Auch in dem späteren preußischen Staat hat immer das Schwergewicht im Osten gelegen; die östlichen Provinzen und die dort ansässige Herrenschicht waren tonangebend und gelangten durch Preußen auch im neuen Deutschen Reich jahrzehntelang zu großem, oft geradezu beherrschendem Einfluß. Von den östlichen Provinzen Preußens ging 1813 die große Freiheitsbewegung aus, und enge Beziehungen, wenngleich in einer anderen Art als der eigentlich notwendigen, verknüpften durch lange Zeiten Preußen mit Rußland.

Der preußische Adler fliegt gen Osten. Wohl bezog er Kulturimpulse vom Westen, besonders aus Frankreich, wohl breitete er seine Herrschaft auch im Westen Deutschlands aus: aber zu Hause ist er im Osten, und seine Flugrichtung geht nach Osten. Es ist die alte Richtung des Deutschritterordens. Und in dem Flügelrauschen so mancher heraldischer Adler auf den Wappen von Fürsten und Ländern und Städten des Mittelalters fühlt man etwas wie ein geheimes, hinter allen äußeren Machtzielen verborgenes Streben nach jenen weiten Gebieten des Ostens, in denen dereinst das Zukunftschristentum des Adlers Johannes’ erstehen soll . . .

In der Tat können wir bemerken, daß wohl fast alle seit alter Zeit adlerführenden Länder eine solche Ostmission haben. Vor allem gilt dies von dem alten Deutschen Reich selber, dessen Adler dann auch manche der Freien Reichsstädte führten, wie freilich auch Aachen und Frankfurt am Main, vor allem aber das ostwärts gerichtete Lübeck (nicht z. B. Hamburg und Bremen). Dann von Brandenburg, der nordöstlichen Mark, von Böhmen, Schlesien, von Österreich, dessen Name schon die Richtung nach Osten ausspricht, dann auch von Polen, dem Land des weißen Adlers, und Rußland selber, das 1472 den Doppeladler vom *byzantischen* Kaisertum entlehnte, das ihn seit der Teilung des römischen Reiches führte[58]).

Einen Doppelaspekt wie der doppelköpfige russische und der frühere österreichische Adler hat auch der Skorpion-Adler im Tierkreis. „Schwarz-Weiß“ könnte man ihn auf der anderen Seite in einem innerlichen Sinne auch nennen. So gesehen, wird das Schwarz-Weiß des Landes mit dem Adlerwappen zu einer *Ziel*setzung, zur Menschheitsaufgabe der Umwandlung der im Skorpion wirkenden, in den Adler zu metamorphosierenden Marskräfte... Ist aber dies nicht wiederum die Aufgabe und das Problem – und seine Nichterfüllung die Tragik – des Deutschritterordens? Und seines preußischen Erben?

Noch weitere Fragen erheben sich da: Könnte nicht das preußische Staatsprinzip selber mit seiner abstrakten äußeren Organisation und Ordnung, seinem äußeren Zusammenhalt als eine veräußerlichte Vorwegnahme dessen verstanden werden, was im sechsten nachatlantischen Zeitraum im Osten als eine soziale Kultur der Bruderliebe, der Philadelphia, aufsteigen soll? Ist vielleicht auch jene preußische

Devise „Suum cuique“ (Jedem das Seine), die bei der Gründung des Schwarzen Adler-Ordens anläßlich der Königskrönung im Jahre 1701 auftaucht und sich, wie Ranke schreibt[59]), auf die Definition einer guten Regierung bezieht, eine etwas römisch-juristisch gefärbte, abstrakte Vorwegnahme des Impulses der Philadelphia (bezeichnend, streng genommen, ein soziales Ideal insonderheit für das *Wirtschafts*leben)?

Als einen geistigen Einschlag (*nicht* im Sinne einer äußeren historischen Kontinuität), kann man in alledem den Deutschritterorden fortwirkend empfinden. Nicht nur in der Schwertgesinnung, im Soldatisch-Militärischen, in den Eroberungs- und Machttendenzen, in der guten, wohlgeordneten Landesverwaltung, – auch z. B. in einem gewissen Staatskirchentum des Ordens, der den Episcopat von sich abhängig, die Kirche dem Staat untertan gemacht hatte[60]), was dann nur eine konsequente Fortführung in jener Säkularisation des Hohenzollernhochmeisters von 1525 fand. Bis in manche Imponderabilien hinein, wo freilich jedwedes „Beweisen“ wollen oder Widerlegen und dergleichen aufhört, kann man diese Wesensverwandtschaft fühlend empfinden: wenn z. B. Sienkiewicz in seinem Kreuzritterroman die Ordensritter schildert (aus Haßgesinnung, wie wir oben ausführten), dann kann man den bestimmten Eindruck haben: er schildert eigentlich etwas von dem ostdeutschen Menschenschlag noch des 19./20. Jahrhunderts, und zwar dessen Herrenschicht, solche Menschen z. B., die man als „preußische Junker“ zu bezeichnen pflegt, und hängt ihnen nur den weißen Ordensmantel mit dem schwarzen Kreuz um. Oder wenn bei ihm die Kreuzritter von dem „Orden“ und seinen weltlichen Interessen wie von einem höheren Zweck, ja einem höheren Wesen sprechen, so kann es einem in den Gesinnungsnuancen verwandt der Art klingen, wie etwa in den neueren Staaten Beamte wie mit einer Art religiöser Ehrfurcht vom „Fiskus“ sprachen. Man muß solches fühlen können ... Schatten des Römertums ...

*

Als die Ritter dereinst ins Preußenland kamen, war ihre Haltung noch vergleichbar derjenigen, die der „eherne König“ in Goethes Märchen „von der grünen Schlange und der Schönen Lilie“ [61]) mit den Worten bezeichnet: „Das Schwert an der Linken, die Rechte frei!“; das Schwert an der Linken sollte nur die Taten schützen, die die Rechte vollbringen sollte in Erfüllung von Menschheitszielen. Doch bald nahmen sie, um im Bilde zu bleiben, das Schwert in die Rechte. Da hatten die retardierenden Mächte sie von innen her überwunden. Daß dies wohl unvermeidbar war, ist die Tragik des Ordens. Wenn aber die Macht Selbstzweck wird, verfällt sie Ahriman.

Das spätere Preußen hat innerhalb des deutschen Wesens eine Entwicklung durchgemacht, an der die verhärtenden Mächte einen starken Anteil hatten. Ein gewisses, oft verhärtetes Ichgefühl wurde da ausgebildet, das sich zwar erdentüchtig erweist, die äußere Welt energievoll ergreift, das sich aber schwerer zum Geistigen zu erheben vermag und dem römischen Wesen verwandt ist.

Als ein solches konnte es jene Brücke zum Slawentum, zu der es von der Geschichte vorbestimmt scheint, nicht werden. Es konnte jene „spirituelle Ehe“ von Mittel- und

Osteuropa, von der wir im ersten dieser Deutschritter-Aufsätze schrieben, nicht eingehen. Es zeigte dem Osten ein Antlitz, in dem dieser Osten zuweilen nur wenig von den Zügen des – bewußt oder unbewußt – gesuchten Bildes des höheren mitteleuropäischen Menschheits-Ichs zu finden vermochte, ja, das ihn nicht selten irre werden ließ, ob es dieses wie heimlich geliebte, gesuchte Bild überhaupt noch gebe ... Auch hier ward aus Enttäuschung vielfach Haß.

Das ist ein Stück geschichtlicher Tragik, die erkannt werden müßte.

Während das deutsche Wesen sich in den neueren Jahrhunderten vielfach ins Ahrimanische verhärtete, entwickelte sich das polnische stark ins Luziferische. So standen nebeneinander ein Polen, in dem die gesellschaftlichen Kräfte des vierten nachatlantischen Zeitalters, des Griechentums, der Aristokratie, mächtig nachwirkten, dazu ein übersteigerter, luziferisierter Individualismus, auflösend und staatliche Ordnung hindernd, aber daher auch ein Boden für starke individuelle Entwicklung des Einzel-Ichs, – und ein Preußen, das zukünftiges soziales Zusammenleben der Menschen veräußerlicht antezipierte; hier ein energievoller, wohldisziplinierter, aber einseitiger Machtstaat, dort Chaos und Auflösung. Bis dann Preußen bei den Teilungen Polens – sonst hätte namentlich Rußland *alles* genommen – als der Stärkere (wie einst der deutsche Orden gegenüber dem zerklüfteten Polen) ein Stück Polens an sich nahm, wodurch diesen zu Preußen gekommenen Polen bezeichnenderweise eine Erziehung zur *Wirtschaftlichkeit* (zur Überwindung der „polnischen Wirtschaft“) zuteil wurde. Und mochte diese an sich in gewissem eingeschränktem Sinne heilsam sein, so war doch dies alles, aufs Ganze gesehen, gewiß alles andere als ein inneres Sich-Finden. In diesen Zeiten und unter solchen Umständen konnten sich Mittel- und Osteuropa überhaupt nicht finden. Die Hindernisse waren zu groß geworden ...

Sie werden sich nur finden können aus der Kraft jener Wesenheit heraus, die in der Mitte steht zwischen Luzifer und Ahriman.

*

Aber dieses Preußen hat stark beigetragen zum *Wachwerden* des modernen Menschen. Bewußtseinsklärend wirken die neueren mechanistischen Staaten auf einer gewissen Stufe. Sie entreißen die Menschheit dem mittelalterlichen Traum.

Heute *ist* ein großer Teil der Menschheit soweit wach geworden, daß er sich nun in Wachheit dem *Geiste* wieder zuwenden kann.

Alte geistige Impulse erstarben seit dem 13. Jahrhundert ins Äußerliche hinein, auf daß durch Todeskräfte ein neues Bewußtsein erwache.

Heute wollen neue geistige Impulse aus geistigen Welten zur Erde niederströmen, zur Befruchtung auch allen äußeren Erdgeschehens.

Ein neues Rittertum tut da der Menschheit not. Das neue geistige Rittertum, das nicht mehr nur das äußere Schwert aus Eisen schwingt, sondern sich erkraftet durch jenes innere Eisen, das zum Kampfe für den Geist stählt.

Diese spirituelle Strömung müßte, wenn anders irgendwann irgend wirkliches Heil erstehen soll, von Mitteleuropa besonders gerade nach Osten vordringen. Sie wird insofern den Spuren der Deutschritter folgen müssen, aber in einem radikal neuen Sinne. In einer neuen Weltenzeit würde sie zu erfüllen haben, was die Deutschritter einst vorbereiten wollten, was sie aber aus Tragik und Schuld nicht zu verwirklichen vermochten. Menschen aus vielen Weltgegenden wird sie umfassen, daferne diese Menschen nur der innerste Ich-Impuls aus der eigenen Wesensmitte erfüllt.

Nur aus solchen Impulsen heraus würde allmählich überwunden werden können, was als Hemmendes und Trennendes unter den Völkern als belastende Erbschaft der Vergangenheit übrig geblieben ist. Dann nur auch wird nach und nach verwirklicht werden können jene spirituelle Ehe zwischen Mittel- und Osteuropa, die zum Heile der weiteren Entwicklung der Menschheit kommen will und die trotz allem gewollt werden und doch irgendwann einmal kommen muß.

10. Die Staatsidee des Nikolaus Cusanus

Immer wieder muß auf die große, tief einschneidende Bedeutung hingewiesen werden, die das 15. nachchristliche Jahrhundert insbesondere für die abendländische Menschheitsentwicklung hat. Es ist das Jahrhundert, um dessen Mitte bzw. in dessen erstem Drittel die Seelenkonfiguration der Menschen sich gegenüber dem vorangehenden Zeitalter dadurch grundlegend veränderte, daß sich in weit stärkerem Maße als zuvor das einzelmenschliche Ich herausarbeitete, wodurch erst so recht eigentlich das gegenwärtige Kulturzeitalter heraufgezogen ist, in welchem dieses Ich durch die Bewußtseinsseele auf der einen Seite sich selbst im Inneren in seiner individuellen Einzigartigkeit erfaßt und auf der anderen Seite in bewußter Willensentfaltung sich nach außen wendet, um die ganze äußere Welt zu erobern und dem bewußten menschlichen Wollen untertan zu machen. Es kann hier nicht näher ausgeführt werden, wie das Heraufkommen dieses neueren Ich-Impulses zusammenhängt mit den teils es tragenden, teils durch es bewirkten bedeutsamen Umwälzungen der äußeren Kultur, wie sie sich insbesondere ergeben durch die großen Erfindungen des 15. Jahrhunderts wie insbesondere der Buchdruckerkunst und durch die Entdeckungen dieses gleichen Jahrhunderts, die ja zu einer völligen Sprengung des mittelalterlichen Weltbildes schon im rein geographischen Sinne führten. Es kann ferner ebenfalls nur gerade hingewiesen werden auf den Zusammenhang zwischen diesem Ich-Impuls und jener für das Heraufkommen der neueren Kulturentwicklung so hochbedeutsamen Vorgänge, die man als die Renaissance zu bezeichnen pflegt und die ja durchaus nur zu verstehen sind aus diesem elementaren Hervorbrechen des Ichhaften, für das die „wiedergeborenen" antiken Kulturelemente nur gleichsam Hülle und Kleid abgaben. Man kann nun bei einer eingehenderen Betrachtung der Dinge finden, wie diese Ich-Entwicklung des heraufkommenden neuen Zeitalters sich sehr bald in zwei Strömungen differenziert, deren eine das Ich mehr innerlich erfaßt, so daß der Mensch sich dieses Ichs bewußt wird als eines geistig Wesenhaften, von dem er fühlt, daß es wurzelt in einem Real-Geistigen – von dieser Strömung gehen all diejenigen Bewegungen aus, die besonders Mitteleuropa auf religiösgeistigem Gebiet im 15. und 16. Jahrhundert erlebt hat –, während die andere Strömung diesen Ich-Impuls gleichsam mehr hinausträgt in die Welt der äußeren, physisch-materiellen Wirklichkeit, sich in dieser durch bewußten aus dem Einzel-Ich geborenen *Willen* auswirkt und so allmählich die ganze äußere Welt erobert durch die Entfaltung der neuzeitlichen technisch-wirtschaftlich-kommerziellen Kultur, wie wir dies als die besondere Aufgabe des *Westens* erkennen können. In einem gewissen Sinne kann man nun sagen, daß diese beiden Strömungen sich im 15. Jahrhundert auseinandersetzen, durch eine Art Krisis hindurchgehen, in deren Verlauf immer mehr die zweite, mehr auf das Äußere hin orientierte Strömung die Oberhand gewinnt.

Dieses läßt sich auf den verschiedensten Gebieten des Lebens beobachten. In den nachfolgenden Betrachtungen soll gezeigt werden, wie die genannten Zeitimpulse sich in mehr geistig-politischer Beziehung im europäischen Leben auszuwirken versuchten. Es soll dies gezeigt werden an einer Persönlichkeit, die wie eine Art Knotenpunkt für eine ganze Reihe bedeutsamer Strömungen der neueren Menschheitsentwicklung vor uns steht, einer Persönlichkeit, von der wichtige Anregungen und Anstöße nach den verschiedensten Richtungen hin ausgehen und die daher als im höchsten Maße symptomatisch gerade für die weltgeschichtlichen Impulse des 15. Jahrhunderts gelten kann: an *Nicolaus Cusanus* (Nicolaus Chrypffs aus Kues an der Mosel), der von 1401 bis 1464 lebte und der wie an der Grenzscheide der Zeitalter dasteht, auf der einen Seite noch ganz und gar wurzelnd in den alten Kulturzusammenhängen des in einer besonderen Weise in ihm fortklingenden und ausklingenden Mittelalters, und doch auf der anderen Seite hineinweisend in die Zukunft durch das, was in ihm lebt als neue Impulse, die, wie zu zeigen sein wird, in wesentlichsten Beziehungen auch in der Gegenwart noch durchaus erst im Beginne ihrer Verwirklichung stehen. Wir sehen ihn auf der einen Seite erfüllt von einer viele Jahrhunderte alten spirituellen Weltauffassung, die aus großen geistig-kosmischen Zusammenhängen heraus das Naturgeschehen wie auch das menschlich-soziale Leben verstehen will, und wir finden auf der anderen Seite in ihm wirksam eben jenen eminent „neuzeitlichen“ Ich-Impuls, der sich hier gleichsam loszulösen beginnt aus diesen geistig-spirituellen Weltzusammenhängen. Aus diesen erklärt sich auch die außerordentlich große Vielseitigkeit des Nicolaus Cusanus, der nicht nur auf theologischem und philosophischem, auf kirchenpolitischem und geschichtlichem Gebiet Hervorragendes leistete, sondern der ebenso auch auf mathematischem Felde zu Hause war und in der Astronomie als Verkünder der Lehre, wonach die Erde ein bewegter Himmelskörper ist wie andere, als ein Vorläufer des Kopernikus bezeichnet wird. Und auch darin, daß er Geistlicher war, als der er es bis zu der Würde eines römischen Kardinals brachte, kann man es gleichsam symptomatisch ausgedrückt finden, wie diese Persönlichkeit in den alten religiösen Zusammenhängen wurzelt, von ihnen ausgeht, um sie nun freilich fortzubilden und weiterzuentwickeln im Sinne eben jenes in ihm wirkenden neuzeitlichen Ich-Impulses.

Nur aus allen solchen Zusammenhängen heraus kann man zu einem Verständnis auch der „Staatsidee" des Nicolaus Cusanus gelangen. Es handelt sich bei dieser „Staatsidee" nicht so sehr um diese oder jene einzelnen Vorschläge, so beachtenswert auch diese sind, sondern vielmehr um den Umkreis alles dessen, was in Cusanus aus seiner Gesamtwesenheit heraus an Triebkräften, an Ideen und Impulsen für das soziale und staatliche Leben wirkte. Die Dinge, auf die es hierbei ankommt, sind großenteils nicht klipp und klar in seinen zahlreichen Schriften ausgesprochen, sondern sie stehen vielfach zwischen den Zeilen geschrieben, ausgedrückt als ein neuer Sinn in einer Sprache, die noch ganz diejenige des Mittelalters ist. Diesen *Sinn*, in dem hier ein Werdendes, Wachsendes, ein Sich-auswirken-Wollendes lebt, gilt es daher durch diese Sprache hindurch zu erfassen, ihn gleichsam herauszukristallisieren aus den Schriften und auch aus dem Leben von Nicolaus von Cusa.

Im Mittelpunkt des Cusanischen Denkens und Strebens stehen zwei höchst bedeutungsvolle Begriffe: der der *„docta ignorantia"* und der der *„concordantia"*; sie werden entwickelt in den zwei Hauptschriften des Cusanus, „de docta ignorantia" und „de concordantia catholica". Beide stehen untereinander in engem Zusammenhang.

Über die Bedeutung der *„docta ignorantia"* findet man Grundlegendes in Rudolf *Steiners* Buch *„Die Mystik* im Aufgange des neuzeitlichen Geisteslebens und ihr Verhältnis zu modernen Weltanschauungen" (Berlin 1901). Dort wird gezeigt, wie es sich bei dieser docta ignorantia um eine Art Überwissen handelt, um ein lebendiges Erfassen des Geistigen im Ich so, daß der Mensch dabei mit dem Objekt im Erleben zusammenfließt, ihm nicht mehr wie im bloßen „Wissen" als einem Äußeren gegenübersteht. Cusanus strebt hiermit über das hinaus, was in den einzelnen Wissenschaften als Wissen aufgenommen werden kann, er strebt danach, sich in diejenige Sphäre zu erheben, in der in ursprünglicher Weise erkennend *erlebt* werden kann, was sonst nur von außen als Offenbarung aufgenommen wird. Damit aber lebt in Cusanus eine Kraft, die, insoweit sie genügend ausgebildet und angewandt wurde, zu einer Überwindung der mittelalterlichen Scholastik führen mußte. Diese Scholastik war ja gerade diejenige Geistesart, die zwar mit feinstem, ausgebildetstem Denken sich den großen Fragen der Erkenntnis nahte, die aber den *Inhalt* ihres Denkens aus den vorhandenen Offenbarungen als einem äußerlich Gegebenen übernahm. Diesen Inhalt selbst neu zu gebären, und zwar dadurch, daß das Ich des einzelnen den Weg der docta ignorantia geht, auf die Gefahr hin, dabei auch zu ganz anderen Erlebnisinhalten zu kommen als den in den historisch überlieferten Offenbarungen enthaltenen: darauf zielte letzten Endes das Streben eines Nicolaus Cusanus ab. Es liegt auf der Hand, daß ein wirkliches Verfolgen dieses Weges den Menschen, der ihn verfolgt, in einem gewissen Sinne zugleich aus der Kirche selbst hätte herausführen müssen, d. h. es hätte ihn sich loslösen lassen von dem Gebundensein an die autoritativ-dogmatisch festgelegten Glaubensinhalte, es hätte ihn zum Erkennenden gemacht, wo die Kirche und die Scholastik nur einen Glauben zulassen wollten. Rudolf Steiner weist nun in seiner „Mystik“ darauf hin, daß Cusanus diesen in seiner ganzen Natur veranlagten Weg nicht wirklich beschritten bzw. ihn nicht weit genug verfolgt hat, daß er vielmehr gleichsam auf halbem Wege stehen geblieben ist und daher doch wieder von außen die Offenbarungsinhalte der überlieferten Religion aufgenommen hat, während er glaubte, sie neu zu erleben. Er wurde nach einem bedeutungsvollen Ausspruch des Giordano Bruno „durch das Priestergewand gehemmt“, nämlich an der Verfolgung eines Weges, der ihn eben über das alte Kirchentum hätte hinausführen müssen. Es lebt also in Cusanus ein weltgeschichtlich hoch bedeutungsvoller Impuls, der sich aber in ihm selbst nicht voll auswirkt: Diese Tatsache ist von größter Wichtigkeit für das Verständnis seiner Persönlichkeit und zugleich auch der Zeit, in der er wirkte. Aus des Cusanus eigenen Worten wissen wir, welch tiefe und umfassende Bedeutung er diesem Streben nach der docta ignorantia beilegte, und an einer wichtigen Stelle (am Ende seiner Schrift „de docta ignorantia“) erzählt er von einem hierauf bezüglichen inneren Erlebnis, das er als entscheidend für seinen ganzen geistigen Werdegang empfand. Rudolf Steiner gibt[62]) eine

Erzählung des Cusanus von diesem selben Erlebnis mit folgenden Worten wieder: „Ich machte viele Versuche, die Gedanken über Gott und Welt, Christus und Kirche in einer Grundidee zu vereinigen, aber keiner von allen befriedigte mich, bis sich endlich bei der Rückkehr aus Griechenland zur See wie durch eine Erleuchtung von oben der Blick meines Geistes zu der Anschauung erhob, in welcher mir Gott als die höchste Einheit aller Gegensätze erschien."

Cusanus will sich also zu der höchsten Einheit erheben, in der die Gegensätze zusammenfallen („... ut ad illam se elevet simplicitatem, ubi contradictoria coincidunt", de docta ignorantia, Schlußabschnitt), in der sie ihre höhere Auflösung finden. Dies führt zu dem zweiten im Denken und Streben des Nicolaus Cusanus so überaus wichtigen Begriff, dem der *„concordantia"*. Wer aus derjenigen Gesinnung heraus, die von der Sphäre der docta ignorantia, des „Nichtwissens", d. h. des lebendigen Erlebens der geistigen Einheit der Dinge, ausstrahlt, an diese Dinge herangeht, die sich in der äußeren Welt in Gegensätzen ausleben, der wird von dem starken Impuls erfüllt sein, auf eine Harmonisierung dieser Gegensätze hinzuwirken. Er wird auf einen Zustand hinarbeiten, in dem diese Gegensätze zwar nicht aufgehoben werden – was im Physischen nicht möglich ist – wo sie aber gerade aus ihrer Verschiedenheit heraus zum harmonischen Zusammenwirken gebracht werden, zur Konkordanz, zur Übereinstimmung. Deren Urbild erblickt Cusanus in der göttlichen Trinität, und nach diesem Urbild will er all die Gegensätze harmonisieren, die in der äußeren Welt vorhanden sind und eben zusammenwirken müssen, wie z. B. Kirche und Staat, Papst und Bischöfe, Klerus und Laien, Kaiser und Fürsten. Eine con-cordantia,

d. h. also ein Zusammengehen der *Herzen*, eine Einmütigkeit des *Fühlens* soll also erreicht werden: man begreift bereits hieran, wie es ein eminent *politischer* Impuls ist, der in diesem Begriffe der concordantia lebt. Wesentlich aber ist es, daß nicht etwa durch Verwischung oder gar Negation der Gegensätze diese Einmütigkeit hergestellt werden soll, sondern gerade durch ihre Auswirkung und Betätigung. Und das wird nun zum allumfassenden Grundmotiv des Cusanischen politischen Denkens für alles kirchliche und staatliche Leben. Auch die Individualitäten der einzelnen Menschen und gerade sie sollen im Sinne dieses Grundmotivs harmonisiert werden: wenn sich die einzelne Individualität erhebt zum Geiste, sei es auch nur in ihrem Streben, ihrer Gesinnung, dann erhebt sie sich zu derjenigen Sphäre, aus der in sie alles das einfließt, was eben Harmonie, Eintracht unter den Menschen hervorzurufen vermag, und zwar so, daß das Ich des einzelnen dabei nicht etwa geopfert wird, sondern daß es gerade als individuelles Ich jenes Element aufnimmt, das als geistig verbindendes die „Iche" der Menschen harmonisiert. So kommt Cusanus z. B. auch zu der Anschauung, daß, wenn auf einem Konzil volle Redefreiheit herrscht, so daß jeder aussprechen kann, was in ihm lebt, und wenn dann gleichwohl eine Übereinstimmung der Meinungen zutage tritt, dies nichts nur „Menschliches" sei, sondern daß hier der *Heilige Geist* gewaltet habe, der eben dann die Seelen der Menschen erfüllt, wenn diese sich in der rechten Gesinnung dem Geiste zuwenden, so daß in sie durch das Ich jedes einzelnen der objektive Geist, der der Geist der Wahrheit ist, einfließen kann. – Es ist ein im ureigentlichsten Sinne *„demokratischer Impuls"*, der in diesen Ideen beschlossen ist, ein Impuls, der eben auf das Einzel-Ich jedes Menschen hinweist, von dem er weiß, daß es teilnimmt an einer objektiven göttlich-geistigen Welt. Wer von diesem spirituell-demokratischen Impuls erfüllt ist, der wird zu einem Vorkämpfer der Befreiung der Menschheit werden müssen von alten Banden, von äußeren Institutionen und Autoritäten aller Art. Er weiß, daß, wenn einmal dieser Punkt der Menschheitsentwicklung erreicht ist, aller wahre Fortschritt nur aus diesem Innersten des sich zum Geiste erhebenden einzelmenschlichen Ich errungen werden kann.

Dieser Impuls dringt eben im 15. Jahrhundert aus den Untergründen der Entwicklung herauf, er lebt im 15. Jahrhundert unter der Oberfläche eines großen Teiles dessen, was sich an bedeutsamen historischen Ereignissen abspielte. Er brachte es mit sich, daß damals ein weit verbreitetes Streben auf der einen Seite nach Befreiung des Menschen, auf der anderen nach einer gewissen Vergeistigung und Verinnerlichung des überkommenen katholisch-kirchlichen Lebens waltete. Man fühlte, daß es an der Zeit sei, das alte Autoritätsprinzip zu lockern, die Stellung des Papstes mit den neueren Zeitforderungen in Einklang zu bringen, der Verweltlichung der Kirche entgegenzuwirken, die ja gerade in den letztvergangenen Jahrhunderten zu immer größeren Auswüchsen geführt hatte. Hiergegen lehnte sich das Zeitbewußtsein in weitestem Umfange auf, besonders charakteristischerweise in Mitteleuropa, aber auch im Westen, und so treten all jene reformatorischen Erscheinungen hervor, die für das 15. Jahrhundert so bedeutungsvoll sind, es entstand die konziliare Bewegung, in der sich die „demokratischen“ Impulse der Zeit durchzusetzen versuchten.

Es gab nun gleichsam eine doppelte Möglichkeit: es konnte entweder versucht werden, aus einem starken innerlichen Erfassen dieses geistigen Ich-Impulses heraus im Sinne eines gewissermaßen geradlinigen historischen Fortschrittes den überkommenen Katholizismus von innen heraus umzuwandeln und in ein freieres, zeitgemäßes Element überzuführen, oder aber es konnte der Ich-Impuls sich mehr in äußerlicher Weise gegen die alten Autoritäten, gegen die überlieferten Formen und Institutionen des kirchlichen Lebens auflehnen – dann mußte er selbst sich mehr in der Richtung eines äußeren Machtprinzips entwickeln und von da aus in Gegensatz, Spaltung, Zwietracht und äußeren Kampf führen. Das erstere lag in der Richtung des Strebens gewisser christlicher Strömungen, die im Sinne einer verinnerlichten Katholizität zu wirken suchten, wie etwa die Brüder vom gemeinsamen Leben und andere Strömungen, denen man es anmerkt, wie in ihnen ein mehr esoterisch-christliches Element lebt. Es vermochte nun aber nicht *diese* Strömung sich durchzusetzen, sondern es war vielmehr für den äußeren Verlauf der Dinge durchaus jene andere Strömung, die den Sieg davontrug, die mehr von den materialistischen Impulsen der Zeit infiziert war. Sie war es im Grunde, die statt zu einer Überwindung des alten kirchlichen Wesens zu einer Kirchenspaltung führte, so daß man also im Gefolge der Reformation statt wie bisher *eine* nunmehr *zwei* Kirchen hatte, und zwar so, daß gerade der Protestantismus zu einer weltgeschichtlich überaus folgenreichen Stärkung und Konsolidierung der katholischen Kirche, zu einer neuen Kräftigung ihres Autoritätsprinzips führte. In diesem Sinne ist ja gerade der Jesuitismus als eine weltgeschichtliche Macht erster Ordnung tätig gewesen, der recht eigentlich von dem Protestantismus selber als dessen Gegenschlag heraufgefordert worden ist.

Nicolaus Cusanus wird man nun nur dann in der richtigen Weise verstehen können, wenn man sich klar wird, daß er seiner ganzen geistigen Erscheinung nach durchaus als ein wichtiger Vertreter jener *ersten* Strömung anzusehen ist. Bedeutungsvoll ist es schon, daß er in Deventer in Holland bei den Brüdern vom gemeinsamen Leben erzogen worden ist, aus deren Kreis auch *Thomas von Kempen* hervorgegangen ist, die, wie bereits angedeutet, ein innerlicheres Geistesleben pflegten, über den Scholastizismus hinausstrebten, indem sie sich besonders auch mit humanistischen Studien beschäftigten; sie waren auch erfolgreich bemüht, auf breitere Schichten des Volkes einzuwirken, und erfreuten sich aus allen diesen Gründen eines hohen Ansehens. So steht Nicolaus von Cusa schon durch seine Erziehung in jener spirituellen Strömung darinnen, aus der nun sein ganzes Wirken grundlegende Antriebe erhalten hat, wie sich im einzelnen verfolgen läßt. So gewinnt schon z. B. seine Stellungnahme auf dem Konzil von Basel von hier aus einen bedeutsamen Hintergrund. Er stellte sich in seiner 1433 beendeten „concordantia catholica" auf den Standpunkt derer, die die konziliare Idee gegenüber dem einseitig papalen Standpunkt stark betonten. Es lag dies in der Konsequenz seiner Grundanschauungen: daß die Eintracht und die Ordnung überall und so auch in der Kirche herzustellen ist nicht von oben her, sondern aus den Ichen der einzelnen Menschen heraus, in die der objektive Geist dann einfließen kann, wenn sie in der rechten Anordnung und in der rechten Gesinnung zusammenwirken. Wer so denkt, dem mußte das Konzil als die höchste Instanz der Kirche erscheinen.

Ihn mußte seine Anschauung und sein Erleben notwendig zu einer freiheitlichen Auffassung führen, zu dem Streben nach Überwindung der päpstlichen Autorität von innen heraus durch das Freiwerden der Menschen. In diesem Zusammenhang muß es als außerordentlich wichtig erscheinen, daß uns in Cusanus auch ein Anhänger der Lehre von der Trichotomie des Menschen entgegentritt, der Lehre von der Gliederung des Menschen in Leib, Seele *und Geist*. Wir finden z. B. in der concordantia catholica I 6 die folgende wichtige Stelle, in der das Wesen der Kirche durch einen Vergleich mit dem des Menschen verdeutlicht werden soll: „Und wie der Mensch besteht aus Geist (spiritus), Seele (anima) und Leib (corpus): so sind die Sakramente dieses Leibes der Kirche *eines* Geistes und die Priesterschaft die Seele: und die Gläubigen wie der Leib. Denn wie die Seele zum Teile dem Leibe und zum Teile dem Geiste anhängt und wie sie das Mittlere ist, durch das der Geist in den Leib einfließt: so verhält sich auch die Priesterschaft zu den Gläubigen, so daß also die ganze Priesterschaft wie die *eine* Seele in dem *einen* Körper der Gläubigen ist." Man beachte die Art, wie hier von der Seele als dem Mittleren, Verbindenden zwischen Geist und Leib gesprochen wird, und man wird auch von hier aus verstehen können, daß eine Persönlichkeit zu uns spricht, die ihrem Wesen nach in jene christlich-esoterische Strömung hineingehört, von der gesprochen worden ist.

Von hier aus kann man begreifen, daß in Cusanus ein Streben lebte, das der Sache nach auf nichts Geringeres hinauslief als auf eine Art Rückgängigmachung alles dessen, was durch das achte ökumenische Konzil von Konstantinopel im Jahre 869 für die Kulturentwicklung der Menschheit dadurch bewirkt worden war, daß man den Geist „abschaffte“ und das menschliche Wesen auf Leib und Seele, welch letzterer nur einige geistige Eigenschaften zugebilligt wurden, beschränkte. Demgegenüber geht das Streben einer solchen Persönlichkeit wie des Nicolaus Cusanus so recht eigentlich dahin, den Geist in den Menschen und damit in das Gefüge des sozialen Lebens wieder hineinzunehmen. Es ist dies ein weiterer Aspekt jenes spirituell-demokratischen Impulses des 15. Jahrhunderts: denn es ist eben dieser *Geist*, der in Wahrheit die Gleichheit der Menschen begründet und der die Seelen frei macht, wenn sie sich als individuelle Seelen ihm hingeben. Wer den Geist abschafft, verewigt das kirchlich-hierarchische Autoritätsprinzip, die Unfreiheit und die Ungleichheit der Menschen; wer ihm wieder zu seiner Geltung verhilft, stellt sich in den Dienst der auf Freiheit und wahre „Demokratie“ hinzielenden menschheitlichen Fortschrittskräfte.

Wer den Geist in das abendländische Geistesleben wieder einbeziehen will, der bahnt damit zugleich auch einen Weg zur Verständigung dieses Abendlandes mit dem Osten, speziell mit der griechischen Kirche. Im Osten lebt ja gerade, wenn auch in dekadent gewordener Form, der Sinn für den Geist, für den Menschen als Geistwesen fort. Gerade im 15. Jahrhundert fanden wichtige Verhandlungen zwischen den Vertretern der griechischen und der römischen Kirche wegen einer Einigung statt; man wird aber sagen dürfen, daß diese Verhandlungen Aussicht auf wirklichen Erfolg nur insoweit hätten haben können, als der Westen sich zu einem verständnisvollen Eingehen auf das hätte entschließen können, was als Geistanerkennung, wenn auch in alter Art, in den östlichen Menschen lebte. Und da erscheint es weltgeschichtlich symptomatisch, daß an diesen Verhandlungen Nicolaus Cusanus, der ihnen große Bedeutung beilegte, wesentlichen Anteil nahm, indem er zu diesem Zweck im Jahre 1438 mit einer päpstlichen Gesandtschaft nach Konstantinopel ging. Auf der Rückreise von Griechenland war es dann auch, daß Nicolaus zur See jenes innere Erlebnis hatte, von dem oben S. 182 die Rede war, durch das er sich in die Welt des Geistes erhoben fühlte, wo ihm in der docta ignorantia die höchste Einheit der Gegensätze aufging.

Die Verhandlungen mit den Griechen sind damals gescheitert. Eine Zusammenkunft in Ferrara und Florenz endigte 1439 nach endlosen Verhandlungen mit Kompromissen, die aber besonders das griechische Volk nicht anerkennen wollte. So scheiterten die Verhandlungen. Im Jahre 1453 eroberten die Türken Konstantinopel, gleichsam eine äußere Bestätigung des geistigen Versagens der beiden christlichen Kirchen. Denn nun hielt der Islam seinen Einzug in der bisherigen Hauptstadt des christlichen Ostens, damit aber diejenige Religion, die so recht eigentlich als die Negiererin des Geistes im Osten selber verstanden werden kann, die Religion, von der durch die Jahrhunderte ein materialistischer Impuls ausgegangen und in die mittelalterliche Entwicklung eingeströmt ist. Und insofern ist es wiederum charakteristisch, daß Cusanus, der die Verbindungen suchte mit dem *Geiste*, den der Islam negiert, in späteren Jahren sich kritisch-sichtend mit dem Koran auseinandersetzte, nämlich in seiner Schrift „de cribratione Alkorani", durch welche er – aus einer gewissen „positiven" Grundstimmung heraus – das Gute, das er im Koran fand und in dem er in Wahrheit christliche Elemente nachwies, von demjenigen abzusondern suchte, das er als gefährliche Irrtümer ansehen mußte.

Dies leitet uns bereits über zu einer anderen wichtigen Schrift des Nicolaus Cusanus, die man nun auch durchaus nur verstehen kann, wenn man weiß, daß man es bei ihm mit einem Vertreter jener christlich-esoterischen Strömung zu tun hat, die wir zu charakterisieren versuchten. In dieser Schrift *„de pace seu concordantia fidei"* entwickelt Cusanus die Idee von der Konkordanz der Religionen, in denen er nur verschiedene Strahlseiten ein und derselben geistigen Wahrheit erblickt. Er erzählt von einer in der Meditation erschauten großartigen Imagination: Dem König Himmels und der Erde überbringen die himmlischen Geister, die Führer der verschiedenen Völker – einer wird als Erzengel bezeichnet – Klagen über die Religionskriege, die so viele Völker entzweien. Es treten dann weise Männer als die Vertreter der einzelnen Völker auf und sprechen mit dem „verbum" (dem Wort, dem Logos) über die höchsten Fragen der christlichen Religion, wobei der Vertreter des *deutschen* Volkes charakteristischerweise als das Höchste preist, mit den Augen des Geistes die Wahrheit zu schauen (oculi mentis intueri veritatem), also das, was Cusanus selber als das Ziel menschlichen Erkenntnisstrebens vorschwebte. Schließlich wird im „Himmel der Vernunft" die Eintracht der Religionen beschlossen; die Weisen sollen zu ihren Völkern zurückkehren und unter der Leitung der himmlischen Geister den Kult der einen Religion einführen. – Nichts Geringeres also schwebt hier Nicolaus Cusanus vor als eine spirituelle Menschheitsreligion, die gefunden werden kann durch ein Zurückgehen auf den spirituellen Wahrheitsgehalt aller Religionen, ein hohes Menschheitsziel, dessen Verwirklichung ja gleichfalls nur auf dem Boden eines esoterischen Christentums möglich ist.

Wir sehen somit überall, wie in Cusanus ein Impuls lebt, der über die überkommene Form des Katholizismus hinausgehen und in eine freiere Geistigkeit, ein esoterischeres Christentum überleiten will. Es kann daher auch nicht überraschen, wenn wir eine solche Persönlichkeit in den Reihen derer finden, die das veräußerlichte, verweltlichte kirchliche Machtprinzip, insbesondere des Papalismus, überwinden wollten. Und es gehört ganz und gar in diese Linie, daß Cusanus in seiner concordantia catholica erstmalig den historischen Nachweis erbringt, daß die sogenannte Konstantinische Schenkung eine Fälschung ist, diese berühmte „Schenkung", die von der Kirche durch Jahrhunderte hindurch im Mittelalter als Rechtstitel für die weltlich-politischen Aspirationen des Papsttums verwendet worden ist und die sich – charakteristischerweise – für diese dem wahren Wesen des Christentums diametral widersprechenden äußeren Machtbestrebungen auf einen Akt jenes römischen Imperators berief, der durch die „Erhebung" des Christentums zur römischen Staatsreligion aus politischen Nützlichkeitsgründen diesem schon im vierten Jahrhundert den schlimmsten Dienst erwiesen und es eben auf die Bahn einer immer mehr politisch-juristischen Entwicklung gedrängt hatte. Gegenüber dieser ganzen zur zunehmenden Entchristlichung der Kirche führenden Entwicklung vertritt Cusanus in der „concordantia catholica" seiner Grundauffassung gemäß die Anschauung, wonach der Papst dem Kaiser gegenüber keine übergeordnete Stellung habe (vgl. auch unten), innerhalb der Kirche aber nur Erster unter Gleichen sei. Cusanus vertritt jedoch auch hierbei nicht irgendeine schroffe

Einseitigkeit wie etwa die eines einseitig „konziliaren" Standpunktes, sondern er steht auch hier gemäß seiner Gesamteinstellung auf dem Boden der *Konkordanz,* d.h. des harmonischen *Zusammenwirkens* zwischen Papst und Konzil.

Damit hängt nun der viel berufene „Stellungwechsel" des Nicolaus Cusanus zusammen, der ja gegen Ende des Baseler Konzils auf die Seite des Papstes Eugens IV., wie man zu sagen pflegt, „überging". Man wird aber Persönlichkeiten wie Cusanus nicht gerecht, wenn man solche Schritte leichthin durch irgendwelche rein äußerliche Motive oder „Umfälle" und dergleichen zu „erklären" versucht. Vielmehr wird man die Wahrheit in der Richtung zu suchen haben, wie dies von Biographen des Cusanus auch bereits geschehen ist, daß dieser gerade aus *seiner* Grundanschauung heraus sich der Einsicht nicht verschließen konnte, daß der einseitig antipäpstliche Radikalismus der Mehrheit der Baseler patres ganz gewiß *nicht* zu einer irgendwie heilsamen Entwicklung führen könne, die eben nur aus dem Geiste der Konkordanz, einer inneren Umgestaltung, nicht aber durch äußere Kampfmethoden, durch Demütigung des Papstes und dergleichen zu erreichen wäre. Cusanus konnte gerade aus seinen eigensten Impulsen heraus nicht gleichsam ein früherer Luther werden wollen und die unheilvolle Kirchenspaltung schon fast ein Jahrhundert früher eintreten lassen, und er handelte daher wohl durchaus im Sinne einer evolutionistischen Weiterentwicklung des Bestehenden, wenn er nach dem geistigen Bankrott der Baseler „Reformfreunde" seine Kraft in den Dienst derjenigen Macht stellte, in deren Dienst er nicht zu unfruchtbarer Opposition verurteilt war, sondern hoffen durfte, doch in irgendeiner Weise im Sinn *seiner* Intentionen wirken zu können.

*

Diese seine politische Grundidee der Konkordanz in dem Sinne, wie wir sie in den vorangehenden Ausführungen entwickelt haben, finden wir nun auch in all denjenigen Gedanken und Vorschlägen wirksam, die Cusanus für das im engeren Sinne staatlich-politische Gebiet ausspricht. Wir finden hier zunächst viele aristotelische Gedanken wie z. B. die Anschauung, daß die Weisen über die Unweisen herrschen müssen, aber ein Freiheitsimpuls lebt auch hier in der Art, wie Cusanus diese Gedanken nuanciert, z. B. wie er davon spricht, wie der Weise eigentlich nicht unter das Gesetz falle, sondern selbst das Gesetz sei und darlebe.

Ein politischer Grundgedanke, auf den Cusanus den größten Nachdruck legt, ist der, daß jedes Regiment, jede staatliche Ordnung auf der Zustimmung derer beruhen muß, die ihr unterworfen sein sollen. Daher sind zur Bestellung der Oberen Wahlen nötig, daher müssen Gesetze auf der allgemeinen Übereinstimmung beruhen, d. h. es soll auch das gesamte staatliche Wesen aus der Konkordanz hervorgehen, von unten her von dem Willen der einzelnen Menschen getragen sein, nicht irgendwie einseitig von oben her eingesetzt oder aufoktroyiert werden. Dann aber, wenn so von unten her aus der Konkordanz die Obrigkeiten gewählt, die Gesetze gegeben werden, *dann* kommt gleichsam auch das Element von oben her hinzu, dann spricht sich in der rechtmäßigen Einsetzung von unten her die göttliche Vorsehung aus. Wer so das Gemeinwesen einrichten will, der ist von dem Vertrauen erfüllt, daß in den Menschen die richtigen sozialen Impulse leben, die sich auswirken können, wie von unten her, wenn diese Menschen in der richtigen Art und Weise, in der richtigen Anordnung und Gesinnung zusammenwirken. In solchem Vertrauen zu dem, was in der Seele des einzelnen Menschen liegt, lebt eben wiederum jener geistig-„demokratische" Impuls, jener Freiheitsimpuls, der über das römische äußere Macht- und Gesetzesprinzip hinausführt, der dem spezifisch mitteleuropäischen Geiste entspringt, wie er sich eben gerade im 15. Jahrhundert machtvoll zu regen beginnt.

Es entspricht diesen Anschauungen des Cusanus, daß er die Fürsten *gewählt* sehen will und daher der Wahlmonarchie den Vorzug vor der Erbmonarchie gibt. So soll auch der Kaiser gewählt und nicht etwa durch den Papst eingesetzt werden (imperatorem facit consensus eligentium, non papa). Und die ihn wählenden Kurfürsten haben ihr Wahlrecht wiederum von dem Volke übertragen erhalten. Es kommt natürlich in unserem Zusammenhange nicht darauf an, inwieweit die von Cusanus für diese Auffassung vorgebrachten historischen Argumente als zutreffend anerkannt werden können, sondern auf diese Auffassungen selbst und die in ihnen sich aussprechende Staatsidee.

Charakteristisch für diese Idee und zugleich den großen Stil des Cusanischen Denkens ist die Art, wie Cusanus dem Kaiser und jedem Fürsten *Christus* als Vorbild hinstellt: Wie Christus zugleich Gott und Mensch gewesen, so sei auch in der Fürstenmacht auf der einen Seite ein menschliches Element enthalten durch die zu ihrer Begründung erforderliche Übereinstimmung der Wähler, die auch den Fürsten an die Gesetze bindet und ihm jede Willkürgewalt verbietet, auf der anderen Seite aber jenes bereits erwähnte göttliche Element, das eben von oben hinzukommt und so die Fürstenmacht eingliedert in den großen göttlichen Weltenzusammenhang.

Daher ist auch die weltliche Macht des Kaisers unabhängig von der päpstlichen, da sie von dieser ihrem Ursprung und ihrem Wesen nach verschieden ist. Der Kaiser steht *neben* dem Papst, wenn auch gleichsam eine Stufe tiefer. In diesem Sinne legt Cusanus auch die großen alten Bilder aus, durch die das Mittelalter und eben auch er noch das Wesen der beiden Gewalten zu verstehen suchte, z. B. das aus dem kosmischen Leben genommene Bild, das den Papst mit der Sonne, den Kaiser mit dem Mond vergleicht, der von der Sonne das Licht erhält. Oder er vergleicht in ähnlicher Weise das Kaisertum mit dem Leib, das Papsttum mit der Seele, kurz, er kommt immer wieder zu zwei, wenn auch auf verschiedener Stufe, so doch *neben*einanderstehenden Mächten, die im Sinne der Eintracht, der Konkordanz jede gemäß ihrer Wesensart mit der anderen zusammenwirken sollten.

In all dem findet man nun aber zugleich die schon seit dem 14. Jahrhundert heraufgekommene Tendenz zur Verselbständigung der weltlichen Herrschaft wirksam, wie sie bereits ein Marsilius von Padua, ein Wilhelm von Occam und andere vertraten. Es ist ja dies der Gang der Entwicklung: von dem Theokratischen hinüberzuführen in eine enttheokratisierte, rein weltliche Staatlichkeit. Charakteristisch hierfür ist es auch, daß Cusanus, der gerade in dieser Beziehung stark im Zeichen des *Überganges* eines Alten in ein Neues steht, seine *Begriffe* überall noch durchaus aus dem alten religiös-theokratischen Element entnimmt, wie auch seine Idee der Konkordanz aus den Bemühungen unmittelbar um eine Neugestaltung der Kirche gewonnen wird, und daß er erst von da aus diese Begriffe anwendet auf das eigentliche staatlich-politische Gebiet. Und so kommt es auch, daß er zwar gegen die Verweltlichung der Kirche auftritt, aber doch nicht etwa eine reinliche Scheidung zwischen ihr und dem Staate will, sondern dem Regenten z. B. noch die Sorge für die Religion überläßt. Das deutsche Reich ist ihm noch ein theokratisches Reich, der Kaiser von allen Fürsten Christus am nächsten stehend. So finden wir ihn hier überall im Übergange vom Alten zum Neuen.

Man sollte auf die ganze Art des Fühlens achten lernen, mit der solche Persönlichkeiten wie Cusanus an alle diese Fragen des Soziallebens herangehen und die sich z. B. darin ausdrückt, daß er etwa den König mit einem Zitherspieler vergleicht, der es verstehen muß, die verschiedenen großen und kleinen Saiten seiner Zither so anzuschlagen, daß eine wohllautende Harmonie dadurch aus dem Instrument hervorgelockt wird, oder mit einem Arzt, der die verschiedenen Glieder des menschlichen Leibesorganismus im rechten Zusammenwirken zu erhalten hat. All das ist nicht *römisch* gedacht, nicht in starren juristischen Formen, sondern menschlich empfunden im Sinn einer deutschen und christlichen, von Verständnis für das Lebendige getragenen Sozialauffassung. Solche Keime hätten in den folgenden Zeiten – unter fortschreitender Enttheokratisierung des Staatslebens – weiter entwickelt werden müssen, wenn die Staats- und Sozialentwicklung der Neuzeit im Sinne der Mission des mitteleuropäischen Wesens und des Zeitalters, das eben mit dem 15. Jahrhundert begann, hätte fortgeführt werden sollen.

Aus dem gleichen Geiste sind auch des Cusanus spezielleren Vorschläge für eine Reichsreform hervorgegangen. Er weist auf die Notwendigkeit einer Ordnung und Kräftigung des Reiches hin, die aber bei ihm föderalistisch, nicht etwa irgendwie zentralistisch gemeint war; auch hier spielt die Idee der Konkordanz hinein: die Teile des Reichs sollen sich zusammenschließen, statt durch ihre Eigensucht immer mehr auseinanderzufallen. In der gleichen Richtung liegt es, daß er besonders die Bedeutung des Reichstages hervorhebt, in dem auch z. B. Vertreter der Universitäten Sitz haben sollen und der eben so recht eigentlich das Organ einer solchen Konkordanz werden sollte. Solche Impulse weisen nicht in die absolutistische Entwicklung (nach westeuropäischem Muster) der Territorialfürstentümer bei gleichzeitigem Schattenhaftwerden der Reichsgewalt, sondern drängen auf eine föderalistisch-„demokratische" Gestaltung des Reiches hin. In diesem Sinne dringt auch Cusanus auf die Errichtung eines Reichsheeres, eines Reichsgerichts und auf die Einführung eines allgemeinen Landfriedens. Derartige Versuche sind ja späterhin in der Tat wiederholt gemacht worden, besonders unter Maximilian I. Sie sind aber an der starken Strömung des emporsteigenden Territorialfürstentums gescheitert, das sich die Welle des römisch-rechtlichen Elements nutzbar zu machen verstand und von ihr getragen wurde, wodurch die deutsche Staatsentwicklung eine ganz andere Richtung erlangte, als sich aus den Impulsen etwa eines Cusanus hätte ergeben können.

Denn das war ja nun der tatsächliche Verlauf der Dinge, daß nicht aus mitteleuropäisch-deutschem Wesen, nicht aus christlichen Kulturimpulsen die weitere Entwicklung des deutschen Staatslebens den Antrieb erhielt, sondern daß alles, was an Ansätzen hierzu vorhanden war, gleichsam überflutet wurde durch jene Welle, die vom Süden und Westen heraufdrang. In einem doppelten Sinne sogar kann man von einem Siege *Roms*, d.h. des römischen geistigen und politischen Impulses sprechen: auf kirchlich-religiösem und auf staatlich-rechtlich-politischem Gebiet siegte letzten Endes das äußere römische Machtprinzip. Auf dem *kirchlichen* Gebiet kommt die allgemein ersehnte Reform durch das ganze 15. Jahrhundert nicht zustande, und im 16. Jahrhundert findet an Stelle einer organischen Um- und Weiterbildung des Katholizismus jene „Reformation“ statt, die zu einer wirklichen inneren Überwindung des Kirchenprinzips nicht führt, sondern eben nur *zwei* Kirchen an die Stelle der einen Weltkirche stellt, durch die Gründung der neuen „Kirche“ der alten noch einmal ein neues Leben einflößte, indem sich die alte am Widerstand stärkte. Als der große Gegenspieler Luthers erstand, durch ihn gleichsam auf den welthistorischen Plan gerufen, Ignatius; und dem Protestantismus trat als sein Widerspiel entgegen der Jesuitismus. Noch viel deutlicher aber siegte im *Politischen* auf der ganzen Linie das römisch-rechtliche Denken; die Rezeption des römischen Rechts ward im 15. Jahrhundert beendet, aus römischen Impulsen wurden die abstrakten Staatsmechanismen besonders des Westens und von daher beeinflußt auch die Mitteleuropas geschaffen; statt der Concordantia siegte das römische Gewaltprinzip des bloßen politischen Egoismus. Fünf Jahre nach dem Tode des Cusanus erstand einer der für die politische Entwicklung Europas in den neueren Jahrhunderten einflußreichsten Geister: Niccolò Machiavelli (geboren im Jahre 1469).

So kann man in einem gewissen Sinne sagen, daß das einheitliche spirituelle, einerseits geistig-religiöse, andererseits staatlich-politische Streben eines Cusanus, indem es sich *nicht* erfüllt, sondern weltgeschichtlich scheitert, gleichsam sich spaltet, so daß auf der einen Seite eine religiös-konfessionelle Strömung heraufkommt, deren Bannerträger Luther und Ignatius sind, auf der anderen Seite aber eine politisch-imperialistische, die im Zeichen eines Machiavelli steht.

Sucht man den *Grund* hierfür auf – nicht diese oder jene äußeren Ursachen, sondern die tiefer wirkenden Gründe –, so wird man diese wohl darin finden können, daß jener spirituelle Ich-Impuls, den wir im 15. Jahrhundert aufblitzen sehen, sich noch als zu schwach erwies, daß er z. B. nicht stark genug war, um wirklich schon damals vorzustoßen zu jener docta ignorantia, aus der heraus erst in wirklich wirksamer Weise das äußere, auch politische Leben hätte ergriffen werden können. Man kann es als weltgeschichtlich-symptomatisch hierfür empfinden, daß gerade Cusanus diesen Weg der docta ignorantia *nicht* wirklich konsequent weiter verfolgte, den er aus seinen inneren Voraussetzungen heraus zu gehen im Begriffe war, daß er sich nach dem Worte des Giordano Bruno durch das „Priestergewand" hindern ließ, daß also in diesem Sinne das römische Prinzip über ihn selbst noch einen Sieg davontrug, einen Sieg, der vielleicht in gewisser Weise eine Art Urbild jenes anderen weltgeschichtlichen Sieges dieses römischen Prinzips geworden ist, der sich symptomatisch etwa durch die Namen Machiavelli und Ignatius bezeichnen läßt.

Daß aber dies alles so kam, dafür wird man den Grund wiederum in der Macht jenes eben damals heraufkommenden materialistischen Zeitalters erblicken müssen, das die nächsten vier bis fünf Jahrhunderte beherschte, und das erst in unserer Zeit langsam aus den Impulsen einer neuen Spiritualität heraus abgelöst zu werden beginnt. Diese materialistischen Impulse haben dem römischen Prinzip gleichsam noch einmal den Wind in die Segel geblasen und es fortwirken lassen als einen Anachronismus, aber einen solchen, der, wenn auch als entwicklungs*hemmender* Faktor, eine weltgeschichtliche Macht allerersten Ranges noch immer bedeutet. –

Aus einer solchen Betrachtung kann sich ergeben, daß in der Gegenwart gerade unserer Zeit nichts mehr not tut als eine Fortführung und Verstärkung derjenigen wahren Ich-Impulse, die wir im 15. Jahrhundert in einem Geist wie Nicolaus Cusanus in so großartiger Weise aufleuchten sehen, damit aus einer Erkraftung des einzelmenschlichen *Ich* dieses den individuellen Anschluß sich erringe an eine Geistigkeit, aus der heraus es die aufbauende Substanz gewinnen kann, die es dann hineinzutragen haben wird in das gesamte soziale Leben auf allen seinen Gebieten. Nur so wird auch jene Konkordanz zur Realität werden können, für das innere soziale Leben der Völker wie auch für deren Zusammenleben über die Erde hin, die Nicolaus Cusanus aus seinem tiefsten Wesen heraus anstrebte und deren gerade unsere dem Chaos zueilende Zeit so dringend als eines harmonisierenden Gegengewichts bedarf[63]).

11. Arabertum und Islam als weltgeschichtlicher Kulturimpuls

Eine Geistes- und Kulturströmung, von der man wohl sagen kann, daß sie aus dem heutigen wissenschaftlichen Denken heraus ganz besonders wenig in ihrer Wesensart verstanden wird, deren Verständnis jedoch für ein solches der gesamten Menschheitsentwicklung eine sehr wesentliche Bedeutung hat, ist die *arabisch-mohammedanische Kulturströmung,* die in so merkwürdiger Weise im siebenten nachchristlichen Jahrhundert mit impulsierender Kraft in die Menschheitsentwicklung eingetreten ist, und die dann während einer Reihe von Jahrhunderten bedeutsamste Wirkungen ausgeübt hat, die in ihrer Gesamtheit in entscheidender Weise dazu beigetragen haben, das gegenwärtige Zeitalter heraufzuführen, das vor etwa vier bis fünf Jahrunderten begonnen hat.

Den im „Arabismus" sich auslebenden historischen Impuls bezeichnete Rudolf Steiner[64]) als den letzten großen Impuls, der auf die Menschheit in der Richtung jenes Weges eingewirkt hat, den die Menschheit seit uralten Zeiten bis in das Griechen- und Römertum hinein genommen hat: des Weges, der aus einer uralten Geistigkeit in ein immer ausschließlicheres Erleben der physisch-materiellen Welt, aus altem hellseherisch-*schauenden* Bewußtsein zur Entwicklung des logisch-kombinierenden *Denkens* geführt hat. Stärker und ausschließlicher als die Kulturimpulse früherer Zeiten, als zum Beispiel noch die im Griechentum oder auch im Judentum wirkenden, führt der „Arabismus“ die Menschen zum rein logischen, von Begriff zu Begriff gehenden abstrakten Denken, zu einem Denken, das ganz und gar an das physische Werkzeug des Gehirns gebunden ist und daher auch nur die äußere physisch-sinnliche Welt zu ergreifen vermag. *Vor* dem Auftreten dieses letzten welthistorischen Impulses mußte die Kraft des Christus-Impulses in die Menschheitsentwicklung eingreifen, wenn anders es für einen Wiederaufstieg zu einem *neuen* Geisteserleben für die Menschheit nicht zu spät sein sollte. Einige Jahrhunderte *vor* dem arabisch-islamischen Einschlag setzte der Christus-Impuls ein, und es konnte nun der Arabismus in den abendländischen, schon von dem Christentum ergriffenen Völkern einen Keim legen zu wesentlichsten Kulturerrungenschaften der neueren Menschheitsentwicklung, insbesondere zu der Herausbildung der modernen *Wissenschaft.*

Mit diesen Hinweisen ist der Schlüssel zum Verständnis jenes ganzen großen arabisch-islamitischen Kulturimplexes gegeben. Von hier aus kann man den Versuch unternehmen, den „Arabismus“ als welthistorisches Phänomen bis in Einzelheiten hinein zu begreifen. Im folgenden soll in großen Zügen dieser Versuch gemacht werden. Es soll versucht werden, skizzenhaft etwas wie ein Wesensbild des islamisch-arabischen Kulturimpulses zu entwerfen.

*

Als ein hervorstechendes Merkmal des Islam als solchen – um zunächst von diesem zu sprechen – ist wohl dem historischen Betrachter von jeher jener ausgesprochene Zug ins Äußere und Äußerliche aufgefallen, der von ihren ersten Ursprüngen an dieser Religion anhaftet. Da ist zunächst eine – wenigstens für eine *nach*christliche Religion – stark in die Augen fallende Äußerlichkeit schon des Kultus und der religiösen Pflichten (täglich fünfmaliges Gebet, Fasten, Waschungen, Almosen, einmal im Leben Wallfahrt nach Mekka usw.), dann z. B. die ja oft hervorgehobene eigentümliche Vorstellung des Paradieses als einer Stätte rein sinnlicher Freuden, ferner das Gebot, das es dem Gläubigen zur Pflicht macht, gegen die Ungläubigen in den Krieg zu ziehen und den Islam mit dem Schwert auszubreiten. Demgemäß hat sich diese Religion ja auch von allem Anfang an in politisch-kriegerische Aktionen allergrößten Stils umgesetzt. Und so sehen wir denn schon binnen weniger Jahrzehnte nach dem ersten Auftreten Mohammeds durch diese von einem ungeheuren Elan und Enthusiasmus getragenen Eroberungszüge ein mohammedanisches Weltreich von ungeheurer Ausdehnung nach Ost und West hin entstehen. Wenn demgegenüber auf vielerlei Gewaltsamkeit in der Ausbreitung und der weiteren Geschichte auch des Christentums hingewiesen werden kann, so ist dem doch entgegenzuhalten, daß alles Derartige etwas dem Christentum Wesens*fremdes,* ja eine Verleugnung des wahren christlichen Impulses bedeutet, während beim Islam umgekehrt diese Methoden eben im Sinne seiner ursprünglichsten Impulse aus seinem eigentlichsten Wesen hervorgehen, wie wir ja auch Mohammed selbst schon von Anfang an in ein Netz diplomatisch-politisch-kriegerischer Unternehmungen verwickelt sehen, an denen er höchst aktiven Anteil hatte. Dieser Einstellung und Richtung entspricht die weitere kulturelle Wirksamkeit der von dem Islam ergriffenen Völker, insbesondere eben des aktivsten, der Araber. Einen ungeheuren Aufschwung nahm gerade die äußere Kultur in allen diesen Ländern, sowohl die materielle als auch die auf die Außenwelt gerichtete wissenschaftliche Kultur. Und gerade durch diese Art der Kulturbetätigung hat der Arabismus auf die abendländischen Völker *gewirkt*. Bedeutsam genug waren schon die rein materiellen Einwirkungen der Araber, welche die äußere Lebenshaltung der christlichen Völker des Mittelalters bereicherten und verfeinerten. Lebensmittel wie Reis, Mais, ferner Spezereien, Weihrauch, Gewürze, Früchte, Stoffe wie Kattun und Damast und vieles andere wurden durch die Araber im Abendland in großem Umfang eingeführt, die Lebenshaltung nahm einen üppigeren, weichlicheren Charakter an (Sofa, Diwan, Matratze!). Die Kriegstechnik und Nautik erfuhren unter arabischem Einfluß einen Aufschwung. Von der arabischen Handelstechnik wurde vor allem die der Italiener nachhaltig beeinflußt[65]). Übrigens ist auch der Kaffeegenuß von Arabien aus, wenn auch, wenigstens für die europäischen Völker, erst sehr viel später, verbreitet worden (der echte Kaffeebaum heißt botanisch Coffea arabica), eine Tatsache, die dem als ganz besonders charakteristisch erscheinen wird, der sich über die Wirkung des Kaffees als eines Mittels klar ist, das in einer besonderen Weise gerade die intellektuellen Fähigkeiten, insbesondere die Klarheit und Folgerichtigkeit des Denkens anregt.

*

Das eigentümliche Wesen des arabischen Volkes, das sich in dessen ganzer kultureller Betätigung auswirkt, offenbart sich, je mehr man sich mit ihm befaßt, um so deutlicher als ein merkwürdiges Zusammenwirken zweier scheinbar einander vollkommen entgegengesetzter Züge: auf der einen Seite ein auf die Spitze getriebenes abstrakt-logisches *Denken*, auf der anderen Seite eine zügellose, unerschöpfliche *Phantasie*. Auf diese Polarität werden wir weiter unten zurückkommen. Hier sei zunächst auf die eine, wichtigste Seite hingewiesen, die abstrakt-denkerische Veranlagung, die sich durch den Arabismus als Antrieb der Kulturentwicklung ausgewirkt hat.

Charakteristisch hierfür ist es schon, daß das semitische Volk der Araber als ein *Handelsvolk* in die Geschichte eintrat. Der Handel tendiert aus seiner innersten Natur selber zu einer gewissen abstrakten Begriffsbildung. (Es wurde bereits erwähnt, daß die arabische Handelstechnik diejenige der Italiener beeinflußte, aus der dann bekanntlich das abstrakte, heute die ganze Welt beherrschende Handels-, Geld- und Bankwesen der Gegenwart hervorgegangen ist.) Mohammed selber war ein Kaufmann. Die Märchen von Tausend und einer Nacht sind ihrem Inhalte nach zum sehr großen Teil Erzählungen der Schicksale von Kaufleuten und stellen auch die materiellen „Ideale" von Kaufleuten dar. Die arabische *Sprache* kennzeichnet schon in frühester Zeit „spitzfindige grammatische Schärfe", die Grammatik erfuhr bei den Arabern demgemäß schon früh eine besondere Pflege. Noch ehe die Beschäftigung der Araber mit Aristoteles begann, hatten sie eine entwickelte scholastische Theologie, in der sich ein eigenartiges „theologisch-philosophisches Grübeln" auslebte. Alles deutet auf ein Volk, bei dem der intellektuelle Verstand, die dialektischen Fähigkeiten von allem Anfang an stark veranlagt waren. Dieses Volk wurde der Boden, auf dem der abstrakt-monotheistische Gottesbegriff des Islam wurzeln konnte. Und dieser schroffe Monotheismus in seiner radikalen Abstraktheit – der Koran verwirft z. B. ausdrücklich die Trinität – war dasjenige, was dem Islam gerade einen großen Teil seiner werbenden Kraft verliehen hat. An Stelle des alten Schauens, des alten Bild-Erlebens tritt, wie schon bei den Juden, der bildlose Gottesbegriff, das bildlose abstrakte Denken. Und wie bei den Juden, so verdichtet sich auch im Islam dieser Zug zu einem Verbot der bildlichen Darstellung Gottes, ja auch des Menschen. Der Mensch wird ganz auf das bildlose, gehirngebundene Begriffsdenken beschränkt. Das wirkte in höchst bedeutungsvoller Weise auf die arabisch-mohammedanische Kunstentwicklung ein. Die Plastik wurde kaum, die Malerei wenig gepflegt. An ihre Stelle trat allbeherrschend ein rein dekoratives Element, abstrakt und phantastisch zugleich. „Fast überall beruht das Prinzip (der arabischen Ornamentbildung) auf einer einzelnen schematischen Regel, die kein Gesetz lebendiger Entwicklung in sich trägt und durch ihre stete Wiederholung zuletzt ermüdet." Es ist besonders die Kunst der Arabeske, formal schönheitsvoll, aber tote Form ohne Geist, ohne Leben. Und betrachtet man die Abbildungen der mohammedanischen Moscheen, so wird man bei aller ihrer dekorativen Pracht in der Tat finden, wie aus ihnen, um mit Rudolf Steiner zu sprechen, der Geist gleichsam „herausgesogen" ist.

Von tiefgehendster Bedeutung für das arabisch-mohammedanische Geistesleben war es, daß dieses vom 9. Jahrhundert ab sich aufs engste an die aristotelische Philosophie anschloß. Damals ließen die Kalifen die Schriften des Aristoteles ins Arabische übersetzen. Unzählige solcher Übersetzungen sind dann im Laufe der nächsten Jahrhunderte erfolgt. Aristoteles gewann bei den Arabern eine solch unbedingte Autorität, daß er gleichsam als ein zweiter Prophet angesehen wurde. So knüpften sie mit derjenigen Sicherheit, mit der sich immer die auf tiefen welthistorischen Notwendigkeiten beruhenden Vorgänge vollziehen, an das Werk derjenigen Individualität an, in welcher in der vorchristlichen Zeit das Gedankenleben und die logische Gedankenentwicklung der Menschheit im Griechentum kulminiert hatte, um dieses Werk in der Richtung ihrer eigenen scharfsinnig-spitzgeistigen dialektischen Methode weiterzubilden. So wurde vor allem die islamische Scholastik im Sinne dieses neuen Aristotelismus zu einem großen System weitergebildet. Allein für die scholastischen Vorstudien zur Theologie forderte ein arabischer Gelehrter zum Verständnis des Korans einen Unterricht über nicht weniger als fünfundzwanzig verschiedene Lehrgebiete. Theologische Schulen wurden begründet, die bald zum Vorbild ganz entsprechender Anstalten des christlichen Abendlandes wurden. Die arabische Philosophie, innerhalb deren wieder charakteristischerweise besonders die Logik gepflegt wurde, erreichte im 11. und 12. Jahrhundert Höhepunkte in Philosophen wie Avicenna und Averrhoes. Im Abendlande wurde sie im mohammedanischen Spanien, wo ja die islamisch-arabische Kultur überhaupt eine ihrer glanzvollsten Pflegestätten gefunden hat, zuerst von den dortigen *Juden* aufgenommen, die dort überhaupt an dem ganzen arabischen Geistesleben den innigsten aktiven Anteil nahmen (z. B. Maimonides). Durch ihre Vermittlung kam dann erst diese aristotelisch-arabische Philosophie (von Westen her!) zu den christlichen Völkern des Abendlandes. Um 1220 waren fast sämtliche Schriften des Aristoteles *aus dem Arabischen* ins Lateinische übersetzt. Erst später wurden Übersetzungen direkt aus dem griechischen Urtext angefertigt. So schlug der arabische Gedankenimpuls bei den christlichen Völkern ein. Es blühte unter seinem mächtigen Einfluß die Scholastik des Mittelalters auf, die zu der Zeit, als die Menschheit am meisten den unmittelbar schauenden Zusammenhang mit der geistigen Welt verloren hatte[66]), in scharfen, präzisen Begriffen, gleichsam „von unten her" den Inhalt der Offenbarungen früherer Zeiten gedanklich zu erarbeiten versuchte. Dadurch wurde aber die Scholastik zu der hohen Schule des begrifflichen Denkens des Abendlandes, ohne welche auch die ganze naturwissenschaftliche Entwicklung nicht denkbar wäre, die mit Beginn unseres gegenwärtigen Zeitalters einsetzt. Aber auch unmittelbar wurde diese naturwissenschaftliche Entwicklung der Neuzeit durch den Arabismus aufs intensivste beeinflußt. Mathemathik und Astronomie der Griechen wurden von den Arabern fortgeführt und sehr erweitert und wirkten in dieser Gestalt aufs nachhaltigste im Abendlande ein. Ein 1572 in Deutschland erschienenes Hauptlehrbuch der Optik ist im wesentlichen nichts anderes als eine Übersetzung einer arabischen Optik. Die Chemie ist sogar eine Zeitlang für eine arabische Erfindung gehalten worden. Von dem Stande der arabischen Botanik zeugten die botanischen Gärten zu Damaskus im 13. Jahrhundert. Überall suchte der Arabismus die Natur und ihre Kräfte zu begreifen. Dazu diente ihm auch das Experiment. Berühmt im ganzen Mittelalter war die arabische Medizin. Sie beruhte auf einer rein intellektuellen Weiterbildung der antiken Medizin zu großen umfassenden Systemen. Avicenna selbst war nicht nur Philosoph, sondern auch ein hochberühmter Arzt, dessen „Kanon“ bis ins sechzehnte Jahrhundert „als das umfassendste und beste Lehrgebäude der Medizin“ galt. Schon bald nach 900 reiste man aus europäischen Ländern nach Spanien, um dort bei den Arabern diese wissenschaftliche Kultur, insbesondere Medizin und Philosophie aufzunehmen. Das ganze höhere Geistesleben des Abendlandes hat, wie Steinhausen feststellt, zu einem wesentlichen Teil durch die Berührungen mit der arabischen Kultur erst seinen rechten Schwung erhalten. Die vom Islam ausgestreute Saat ging im 12., 13. Jahrhundert auf: es wuchs im abendländischen Geistesleben *„die Macht des Verstandes“* [67]*)*.

*

Noch in mancherlei Verästelungen hinein könnten die Auswirkungen des Kulturimpulses des Arabismus verfolgt werden. Hier sei nur noch darauf hingewiesen, wie der arabisch-mohammedanische Geist bereits im Mittelalter über das bloß Theoretisch-Naturwissenschaftliche hinaus ins Technisch-Mechanistische führt. Zwar kann von einer umfassenderen und durchgreifenderen Entwicklung der Technik bei den Arabern noch nicht die Rede sein, wohl aber ist es charakteristisch, daß sie mancherlei Mechanismen konstruierten, die allerdings vielfach mehr den Charakter von Spielereien hatten, wie zum Beispiel kleine Vögel, die sich bewegten oder gar singen konnten, und die ebenfalls dem Abendländer höchlichst imponierten. Bis in die Märchen von Tausend und einer Nacht spielt diese Liebe zum mechanisch Konstruierten hinein, wobei sie sich auch wieder in eigenartiger Weise mit dem Phantastisch-Zauberhaften vermischt und verbindet, so wenn dort von Zauberpferden die Rede ist, die keine wirklichen Pferde, sondern sinnreich konstruierte Maschinen sind, bei denen man nur eine Schraube zu drehen braucht oder dergleichen, und sie entfalten Flügel und tragen den Reiter in kürzester Zeit durch phantastische Entfernungen. Charakteristisch ist es auch, daß den Arabern die Erfindung der Räderuhren zugeschrieben wird. Statt wie bisher mit einfachen Mitteln (Wasseruhr und dergleichen) die Zeit zu messen oder statt sie wie durch die Sonnenuhr aus den kosmischen Vorgängen abzulesen, konstruiert jetzt der technische Verstand einen komplizierten Mechanismus, schließt ihn „in ein Gehäuse ein, und es funktioniert“ [68]).

In diesem Zusammenhang darf auch noch auf eine andere folgenreiche Erscheinung hingewiesen werden, an welcher der arabisch-islamische Geist nicht ohne tiefgreifenden Anteil gewesen ist: den unteritalienisch-sizilianischen Staat des deutschen Staufenkaisers Friedrichs II. Diesen Staat, der in der Staatswissenschaft und Staatsgeschichte als der „erste moderne Staat“ eine sehr wesentliche Rolle spielt, hatte Friedrich II. in Fortführung der Regierungskünste der unteritalischen Normannen, ebenso aber, wie von allen Seiten hervorgehoben wird, nach mohammedanischen Vorbildern und mit mohammedanischen Mitteln eingerichtet. *Jacob Burckhardt* beginnt bezeichnenderweise seine „Kultur der Renaissance in Italien“ mit einer Schilderung dieses Staates Friedrichs II., den er als den ersten modernen Menschen auf dem Thron bezeichnet. Es war ein Staat mit streng durchgeführter Zentralisation, beruhend auf dem Beamtentum, unter Ausschluß des Feudalismus. Ein besoldetes Heer mit vielen moslemitischen Elementen, unbeschränkte Königsgewalt, eine rigoros-quälerische Finanzverwaltung mit Monopolen und Zöllen usw. Keine Spur von einer sittlichen Idee, wie ein neuerer Historiker hervorhebt, sondern eine große Staats*maschine*. „Es war die energievollste Staatsschöpfung des Mittelalters [69])“, die später als ein Vorbild für die italienischen Staaten der Renaissance diente, von denen wiederum die moderne Staatsentwicklung ausgegangen ist. Es ist eigentümlich, wie ebenderselbe Friedrich II., mit dem der auf so ganz anderen Untergründen beruhende kaiserliche Universalismus des Mittelalters unterging, durch diese großzügige Staatsschöpfung zum Impulsbringer der neuzeitlich-mechanistischen Staatsentwicklung geworden ist. Eigentümlich, wie dieser hochbedeutende Friedrich II. überhaupt eng verbunden war mit der Kultur der Sarazenen in Sizilien, unter deren Einfluß er aufgewachsen ist, und die es auch allem Anscheine nach war, die seinem Geist jene Richtung ins Nüchtern-Rationalistische gegeben hat, wie sie auf der anderen Seite auch bei ihm diejenigen Anlagen gefördert hat, die zu einem Ausleben des Gegenpoles des Kopfes, nämlich der niederen Leidenschaftsnatur tendierten. Unteritalien-Sizilien spielt in der Geistes- und Kulturgeschichte der Menschheit eine höchst bedeutsame Rolle, teils im unmittelbar guten und großen, teils im verhängnisvollen, ja grausigen Sinne. Man denke für das Letzere zum Beispiel an die Sizilianische Vesper, die Greueltaten eines Ferrante von Neapel (gestorben 1494) und so vieles andere. In jene Gegenden verlegt die Sage, nicht ohne sehr reale Hintergründe, auch den Sitz des Gralsgegners Klingsor und seines Zauberschlosses. Von hier aus können sich dem ahnenden Geschichtsverständnis weite geistig-historische Perspektiven eröffnen. Gewiß hängt mit diesen verhängnisvollen

Kräften jenes schönen Landes irgendwie auch die sizilianisch-unteritalienische Sarazenenherrschaft im 9. bis 11. Jahrhundert zusammen. Es ist, als hätten sie verführerisch die Staufer in ihren Bann gezogen und sie so an der Erfüllung von Aufgaben gehindert, die ihnen eigentlich zum Heile der mitteleuropäischen Entwicklung im Sinne neuer christlicher Geistesimpulse vor dem Beginne eines neuen Zeitalters obgelegen hätten und um derentwillen in Deutschland das Volksgemüt aus tiefem Ahnen keinem Herrscherhaus so wie dem staufischen und insbesondere Friedrich II. mit den größten Sehnsuchten und Hoffnungen gegenüberstand. Und sicherlich ist es auch keine bloße Willkür, sondern drückt etwas von dem Walten der geistig-geschichtlichen Menschheitsströmungen aus, wenn man dem unteritalienisch-sarazenisch-mechanistischen Zwangsstaat Friedrichs II. als Gegenbild die Gemeinschaft gerade des Grals gegenüberstellt, deren Gegner Klingsor war, und in der gemeinschaftsbildend der „Heilige Geist“ wirkt als diejenige Kraft, die auf geistig-„demokratische“ Weise, indem sie sich in das Ich eines jeden herniedersenkt, der an ihr teilhaben will, die Iche der Menschen von innen heraus in Freiheit harmonisiert und zu einer sozialen Gemeinschaft im Zukunftssinne verbindet [70]).

*

Zu Gedanken, die tief in das Wesen des Islam hineinleuchten, kann man gelangen, wenn man den Blick auf jenes weithin sichtbare Symbol richtet, das so bedeutungsvoll der Islam als ein Sinnbild seines Wesens aufgerichtet hat: das Symbol des Halbmondes. Der Islam ist eine Mondreligion. Das beherrscht auch den mohammedanischen Kalender. Das mohammedanische Jahr ist das Mondjahr (wie schon Mohammed festgesetzt hat). Der Beginn der großen mohammedanischen Feste wird noch heute vom ersten Erblicken der Mondsichel an gerechnet*). Man halte diese Tatsachen mit dem zusammen, was sich aus der Geisteswissenschaft über die besondere geistige Wirksamkeit des Mondes ergibt. In dem, was als Geistiges dem äußerlich sichtbaren Monde zugrunde liegt, wirken einerseits Absterbekräfte, sie wirken in den Menschen auf der einen Seite vor allem hinein, insofern er Gehirnmensch ist. Dem Gehirndenken aber, das ins Abstrakte, zum Leblos-Mechanischen tendiert, gibt, wie wir sahen, gerade der Islam den stärksten Anstoß.

---

*) Mit alldem hat der Islam nur an die in Arabien alteinheimische Mondreligion angeknüpft, wie auch sonst viele charakteristische Züge des arabischen Islam nur als Fortführung und Steigerung dessen erscheinen, was vorher schon im Wesen des arabischen Volkes gelegen hatte. Zu dem lunaren Charakter der altarabischen Religion vgl. *Ditlef Nielsen*, „Die altarabische Mondreligion und die mosaische Überlieferung“, Straßburg 1904. Die Tatsache, daß in Arabien schon sehr früh der Mond, in Babylonien hingegen die Sonne in den Vordergrund des religiösen Bewußtseins drang, erklärt Nielsen (S. 19/20) folgendermaßen: „Die Ursachen davon liegen auf der Hand. Babylonien war ja ein Land der Ackerbauer, Arabien ein Land der Nomaden und Handelskarawanen, und der Mond spielt die gleiche Rolle für die reisenden Nomaden und Handelsleute wie die Sonne für den Ackerbauer, denn man reist in Arabien wegen der Hitze meistens nachts, und ohne Mond kann man nicht gut reisen. Deswegen war der Babylonier von der Sonne abhängig, der Araber vom Monde.“ Diese „auf der Hand liegende“ Erklärung ist wohl reichlich äußerlich, aber doch gewiß auch nicht ganz abwegig. Interessant ist es jedenfalls, wie hier auf einen Zusammenhang zwischen der Mondreligion und dem Charakter der Araber als *Handels*volk aufmerksam gemacht wird, besonders wenn man damit zusammenhält, was oben auch von uns über die Araber als handeltreibendes Volk erwähnt wurde.

Im Monde lebt aber noch anderes: außer den auf das Gehirn wirkenden Kräften auch diejenigen, die im Gegenpol des Kopfes im Menschen wirken: in der Fortpflanzung und Vererbung, dann aber auch wiederum vieles von dem, was sich an diese an sich reinen Kräfte als niedere Leidenschaftsnatur des Menschen knüpft. Auf solche Zusammenhänge weisen viele alte Mondkulte hin. In der vorchristlichen Zeit sehen wir die griechische Artemis häufig mit der Mondsichel auf dem Haupte abgebildet. Durch die Impulse des Christentums werden gewisse Kräfte überwunden und zu dienenden, und so zeigt die Madonna auf vielen älteren Bildern die Mondsichel zu ihren Füßen. Im Islam ist diese wieder aufgepflanzt und zum beherrschenden Symbol geworden. Es kann dies darauf hindeuten, wie ein älteres vorchristliches Element im Islam wieder auflebt und sich in die nachchristliche Entwicklung hineingestellt.

Nun ist aber auch die mosaisch-jüdische Religion eine solche, die ebenfalls einen bedeutsamen Zusammenhang mit dem Mondhaften hat. Die Geisteswissenschaft zeigt, wie die Jahwe-Gottheit vom Monde aus geistig auf die Erde wirkte*), und wie sie hierdurch in der vorchristlichen Zeit

*) Diese Angaben finden übrigens in dem oben erwähnten Buche *Nielsens* über die altarabische Mondreligion und die mosaische Überlieferung eine interessante Bestätigung. Es wird dort an einer großen Reihe von Stellen gezeigt, wie Jahwe in der mosaischen Überlieferung mit dem Monde in engem Zusammenhang steht. Wenn es in der Bibel z. B. heißt: „Und Jahwe ging unter über den Berg Sinai, über die Spitze des Berges" (Ex. 19. 20), so wird für „ging unter" ein Ausdruck gebraucht, der zugleich der astronomische Terminus für den Untergang des Mondes am westlichen Horizont ist (a. a. O. S. 162). Auch die Bildersprache der hebräischen Psalmisten (z. B. „Laß uns leuchten dein Antlitz", Ps. 21, 10) ist nach Nielsen (a. a. O. S. 179) lunaren Ursprunges. Zusammenfassend sagt Nielsen (S. 220): „Während auf der

vorbereitend dem jüdischen Volke in gleichsam reflektierter Form Christus-Sonnenwirksamkeit zustrahlte. Auch im jüdischen Volk finden wir nun ganz ähnliche mit dieser Mondenwirksamkeit zusammenhängende Züge wie später im Arabismus. Auch beim jüdischen Volk eine starke Ausbildung des gehirngebundenen logischen Denkens, auch bei ihm den abstrakten Monotheismus, alles das, was zur Bildlosigkeit tendiert, einen Zug zum Materiell-Erdenhaften. Man kann aber den Unterschied so bezeichnen, daß man sagt: während in der vorchristlichen Zeit, die erst der Vorbereitung auf den Christus-Impuls diente, diese Mondenwirksamkeit in einem sehr tiefen Sinne eine „zeitgemäße“ war, ist sie in der nachchristlichen Zeit in gewisser Weise etwas wie ein welthistorischer Anachronismus, und sie wird daher nun viel stärker dazu neigen, in den Wirkungsbereich derjenigen Weltenkräfte zu kommen, die als gegnerische dem Christus-Impuls sich entgegenstellen. Auch kann man sagen, daß im jüdischen Volke in vorchristlicher Zeit die geistige Mondenwirksamkeit eine reinere, gleichsam keuschere gewesen ist als später im Islam.

Pilgerfahrt die ganze Gottesverehrung wie in der altarabischen Religion an den Mond und seine Phasen gebunden ist, so findet sich von Sinai ab kein einziges Mal die geringste Andeutung, daß Gott im Firmament gesucht oder angebetet wird ... Bei den früheren Gottesdiensten schaut die hebräische Gemeinde mit Andacht auf den Mond, sei es der Vollmond, der sich abends am östlichen Horizont erhebt (Ex. 16, 10), oder der Neumond, der am westlichen Horizont untergeht (Ex. 19, 20), Gott geht vor der Gemeinde im Bilde des Mondes (Ex. 13, 21; 14, 19), und seine gewaltigen Taten in der astralen Kraft des Mondes, in der Flut und Ebbe, werden beim Gottesdienste feierlich gelobt (Ex. 15). Von Sinai ab verschwinden alle lunaren Beziehungen, und nur die dort empfangenen Kultusgesetze erinnern an den früheren Monddienst.“

Aber auch abgesehen von alledem sind der Berührungspunkte zwischen Judentum und islamischem Arabertum noch viele. Schon rein blutsmäßig führen beide ihren physischen Ursprung auf den Stammvater Abraham zurück. Die Juden durch Isaak und Jakob, die Araber durch seinen *Neben*sprossen (was auch bedeutungsvoll erscheint) Ismael, den „Sohn der Magd" (I. Mose 21, 13). Der Islam wollte nichts anderes als die reine Lehre Abrahams (die Juden und Christen verfälscht hätten) wiederherstellen. Das Blutsprinzip, das bei den Juden so überaus stark war, finden wir fast noch stärker, jedenfalls wilder und leidenschaftlicher bei den Arabern wieder, die ganz in Sippen und Stämmen lebten. Das ganze Gemeinschaftsleben der Araber war von den Banden der Blutsverwandtschaft getragen, eine große Rolle spielte hier insbesondere auch die Blut*rache*. Auch damit ist wiederum ein seinem inneren Wesen nach durchaus *vor*christliches Element gegeben. Mohammeds Auftreten und die Anfänge des Islam sind ganz durchtränkt von all den Impulsen, die aus solchen Verhältnissen hervorgehen. Die ersten Kalifen waren Verschwägerte und Blutsverwandte des Propheten. – So finden wir viele Züge, die uns beim jüdischen Volk entgegentreten, im Arabertum wieder, nur daß sie hier wie auf die Spitze getrieben und übersteigert und wie in ein hitzigeres Leidenschaftselement eingetaucht erscheinen. Kein Wunder daher auch, daß sich im mohammedanischen Spanien jene intime Teilnahme der Juden am arabischen Geistesleben herausbildete, von der wir oben gesprochen haben, und daß gerade durch *jüdische* Vermittlung der Arabismus zu den christlichen Völkern des Abendlandes getragen wurde.

*

Was dem Durchschnittseuropäer an einer solchen Gestalt wie Mohammed oft am schwersten begreiflich wird, ist die Vereinigung von zwei Wesensseiten, die auf den ersten Blick sich auszuschließen scheinen. Wie kann, so fragt ein Gelehrter in einer längeren Geschichte des Islam, Mohammed der „Schwärmer in Mekka" und Mohammed der „gewiegte Diplomat in Medina" ein und dieselbe Person sein? Er begnügt sich, zur Antwort darauf hinzuweisen, daß diese Vereinigung der beiden Eigenschaften „nun einmal typisch" für Mohammeds Zeit und Volk sei. In der Tat zeigt sich dieser Dualismus in dem ganzen Arabertum, worauf bereits oben hingewiesen wurde. Nur kann es nicht genügen, diesen Dualismus gerade bloß zu *konstatieren*. Er hängt mit dem innersten Wesen des geistigen Impulses zusammen, der im Islam und Arabismus sich auslebt. Es ist, als wäre die mehr gleichmäßige Harmonie der menschlichen geistig-seelisch-leiblichen Natur, wie sie von dem „mittleren" Menschen getragen wird, hier auseinandergerissen, und die Kräfte ebensosehr auf der einen Seite nach „oben" in den Kopf, in die Region der Nüchternheit, der Kühle des abstrakten, nach außen gerichteten Gehirndenkens abgedrängt worden, wie sie auf der anderen Seite gleichsam nach „unten" in die Leidenschaftssphäre des Menschen gedrängt erscheinen, in den Bereich glühender Sinnlichkeit, auch glutvoll-mystischen Innenerlebens. Und indem dann die Kräfte aus dieser unteren und inneren Region gleichsam unmittelbar nach oben hinaufschlagen, entsteht jene „Phantasie" und Phantastik, die im arabischen Wesen eine so ungeheure Rolle spielt, deren Hauptmerkmal eben auch gerade dieses ist, daß sie fast immer die Richtung aufs Äußere, Materielle nimmt, das Paradies sich als einen Ort sinnlicher

Freuden vorstellt, in den Märchen von Tausend und einer Nacht materielle Reichtümer und Genüsse vorgaukelt, oder gar, wie wir dies an dem Beispiel des Zauberpferdes gezeigt haben, mit dem Technisch-Mechanistischen Verbindungen eingeht*). Und wenn die phantasievolle Natur des arabischen Volkes sich jahrhundertelang in einer Blüte der lyrischen Poesie ausgelebt hat, so ist es auch hier wieder charakteristisch, daß ein besonders wichtiger Zweig der arabisch-islamischen Dichtkunst die *satirische* war! Feingeschliffene Spottgedichte spielten eine besonders große Rolle.

Letzten Endes leben sich in diesem Dualismus wieder jene polar entgegengesetzten Weltenkräfte aus, die überhaupt überall in das menschliche Leben hineinwirken, die luziferische und die ahrimanische. Hält man alles zusammen, was hier über das Wesen des Arabismus ausgeführt worden ist, so wird es einem nicht erstaunlich erscheinen können, daß diese beiden Wesenskräfte an einem solchen Kulturimpuls einen ganz besonders hervorragenden Anteil nehmen. Ahriman wirkt auf den Menschen so, daß er ihn im Irdischen verhärten, ihn zu einem kalten Verstandeswesen machen möchte, daß er ihn abschneiden möchte vom Kosmos. Von dem überspitzten „Kielbogen“, der im mohammedanischen Baustil (neben dem ebenso charakteristischen „Hufeisenbogen“) eine so große Rolle spielt, gebrauchte Rudolf Steiner einmal den Ausdruck, daß ihm das „Kainszeichen des Ahriman“ anhafte: scheinbar strebt er

*) Als eine merkwürdige Parallele hierzu kann einem in gewisser Weise die Verbindung von Technik und Phantasie bei einem Schriftsteller wie *Jules Verne* erscheinen.

nach oben, in Wirklichkeit weist er nicht über sich hinaus, sondern schließt er den Menschen von der geistigen Welt ab. Ein Entsprechendes dürfte auch von dem Hufeisenbogen gelten: auch er wirft den Menschen gerade durch die besondere Art seiner dem geschlossenen Kreis sich nähernden, auf die Säulen aufgesetzten Rundung in die physisch-sinnliche Welt zurück. Kielbogen wie Hufeisenbogen sind beide Schöpfungen der Araber. Ebenso unverkennbar aber wie dieser stark ahrimanische Einschlag ist auf der anderen Seite das Walten des luziferischen Impulses in dieser Kultur. Luzifer möchte umgekehrt wie Ahriman den Blick des Menschen auf eine illusionäre Innenwelt lenken, die ihn jedoch von der wirklichen geistigen Welt ebenso fern hält wie diejenige, in der Ahriman ihn festzuhalten sucht. In all jener Phantastik, in all dem, was arabische Leidenschaftlichkeit, was religiöser Enthusiasmus und Fanatismus sind, im kriegerischen Elan der für ihren abstrakten Monotheismus entflammten Gläubigen lebt der luziferische Gegenpol des ahrimanischen Wesens, und überall sehen wir eben hier das eine in das andere umschlagen, beide miteinander verquickt. In einer Kunstgeschichte lesen wir bezeichnenderweise von der Architektur der Araber, sie biete „eine ähnliche Verbindung scharfer Kontraste dar, wie sie ihrem geistigen Wesen anhaftet: *kahl trockene Außenseite* neben *phantastisch* überreich geschmücktem *Innern;* monotone *wüste Massen* und eine *zauberhaft verschlungene Ornamentik;* todähnliche *Starrheit* und unerschöpflich reiches *Leben*“ [71]). Das heißt: außen Ahriman, innen Luzifer! In der Arabeske verbinden sich ganz entsprechend das *Mathematische* und das *Phantastische.* „Es ist ein ewiges Fliehen und Suchen, Necken und Jagen der Figuren, in dem die rastlos schweifende *Phantasie* ebensowohl wie der grübelnde, kombinierende *Verstand* ihren Stolz und ihre Befriedigung finden [72])."

Von solchen Gesichtspunkten aus wird man es auch verstehen, warum der Islam nach einem ebenso schnellen wie gewaltigen Aufschwung, der ihn in wenigen Jahrzehnten und Jahrhunderten zu einer Kultur- und Weltmacht ersten Ranges erhob, verhältnismäßig so sehr bald in Verfall geriet. Zuerst ein von Enthusiasmus getragener Elan der Ausbreitung und Entfaltung – dann die Ermüdung, das Stehenbleiben, die Stagnation, der Rückgang. Nach dem Rausch die Ernüchterung: es ist, wie wenn auch in diesem scharf ausgeprägten Entwicklungsgang des Islam selber die zwei Weltenmächte greifbar in die Erscheinung träten! Nach diesem Gesetz ist auch die Geschichte der Türken, der späteren Vormacht des Islam, in scharfen Konturen verlaufen: Erst einige Jahrhunderte lang eine von unwiderstehlicher Antriebskraft getragene Ausbreitung, die das Türkische Reich zu einem der mächtigsten der damaligen Zeit machte, dann ein Erlahmen, und nun wieder durch einige Jahrhunderte ein Abbröckeln, ein schrittweises Zurückweichen, Niedergang und Stagnation. Den Islam der späteren Zeiten möchte man mit der ausgebrannten Mondschlacke vergleichen.

*

Nimmt man all das zusammen, was sich so aus den Tatsachen heraus an Einsichten in das Wesen des Arabismus und des Islam ergeben kann, so drängt sich immer mehr die Erkenntnis auf, daß wir es hier mit einem Religions- und Kulturimpuls der nachchristlichen Zeit zu tun haben, an dem der *Christusimpuls selber keinen Anteil hat.* Ja, der gerade *dadurch* zu seinem eigentümlichen Wirken, zu seinen großen Leistungen kam, daß nicht der Christusimpuls Anteil an ihm hatte, sondern eben jene „Monden"kräfte, die wir zu charakterisieren versuchten, nebst all dem, was damit zusammenhängt. Und im gleichen Sinne wie der Materialismus der neuzeitlichen Jahrhunderte eine menschheitsgeschichtliche *Notwendigkeit* war, war es auch der Kulturimpuls des Arabismus, der jene wissenschaftlich-materielle Entwicklung überhaupt erst ermöglicht hat.

Daß aber in der Tat dem Islam der Christus unbekannt ist, das zeigt auch der Koran selbst aufs deutlichste. Er kennt wohl den *Jesus* (und zwar, wie Rudolf Steiner einmal an Hand der 19. Sure „Maria" gezeigt hat, den Jesus des Lukas-Evangeliums), den der Islam bekanntlich neben Moses und Mohammed als Propheten anerkennt, nicht aber den Christus. Die 112. Sure, die das Bekenntnis der Einheit enthält („Gott ist einer"), sagt ausdrücklich von diesem Einheitsgotte: „*Er hat nicht gezeugt* und ist nicht gezeugt worden." Der Vater hat den Sohn *nicht* gezeugt, es gibt also außer dem Vatergott (den man freilich vom mohammedanischen Standpunkt aus so nicht nennen könnte) weder den Sohn noch den Heiligen Geist. Ebenso enthält der Koran eine ausdrückliche Ableugnung des Kreuzestodes Christi bzw. Jesu, damit aber des Mittelpunktsereignisses und daher des Sinnes der ganzen Menschheitsentwicklung. Die 4. Sure sagt nämlich: „Sie (die Juden) haben ferner gesagt: Wir haben den Messias, den Sohn der Maria, den Gesandten Gottes, getötet. Sie haben ihn aber nicht getötet und nicht gekreuzigt, sondern einen andern, der ihm ähnlich war ... Sie haben ihn aber nicht wirklich getötet, sondern Gott hat ihn zu sich erhoben; denn Gott ist allmächtig und allweise."

Die Mission des Islam beruht darauf, daß er mehr die Kräfte des Absterbenden als die des Lebens kennt, mehr das Formhafte als das inhaltsvoll Geistige. Er kennt den Menschen Jesus, aber nicht den kosmischen Christusgeist. Er hat den Halbmond, die Grals*schale*, aber nicht die Hostie. Er kann den Gral nicht kennen. Ja, er muß ihm aus seinem innersten Wesen feindlich gegenüberstehen. Es ist eigentümlich, wie in Spanien, wo die Gralswirkung einmal lokalisiert gedacht werden darf, auch das Gegenbild des Grales, der leere Halbmond aufgepflanzt wurde, und daß er es gerade dort zu einer höchsten äußeren Kulturblüte brachte.

Noch auf mancherlei Einzelzüge könnte hingewiesen werden, die gerade aus solchen Zusammenhängen heraus verständlich werden. Wenn, wie wir sehen, der Islam den Menschen auf die physisch-sinnliche Welt beschränken, ihn vom Kosmos abschneiden will, dann kann man in dem Wort: *„Gott ist Gott, und Mohammed ist sein Prophet"* auch dieses finden, daß eben *nur Mohammed* sich zu diesem Gott zu erheben und von ihm Offenbarungen zu empfangen vermochte, während allen übrigen Menschen dieser Weg in eine geistige Welt abgeschnitten ist wie schon durch die Bauformen der mohammedanischen Moscheen. Dem würde es entsprechen, daß wir im Islam jene fundamentale Anerkennung des einzelmenschlichen Ich nicht finden können, die nach dem Erscheinen des Christus aller geradlinig weiterführenden Entwicklung zugrunde liegt. Diesem fehlenden Freiheits- und Ich-Impuls wiederum entspricht es, daß der Islam über die Despotie als Regierungsform lange nicht hinauszukommen vermochte, ja, daß ausgesprochenermaßen ein *Willkür*regiment auf den verschiedensten Stufen der mohammedanischen Beamten- und Despotenhierarchie bezeichnend war. Der fehlende Ich-Impuls läßt endlich auch die so eigentümlich gedrückte Stellung der *Frau* im Islam voll begreiflich erscheinen. Der Koran selbst legt diese Stellung in der 4. Sure ausdrücklich mit den Worten fest: „Männer sollen vor Frauen bevorzugt werden, weil auch Gott die einen vor den anderen mit Vorzügen begabt und auch weil jene diese unterhalten." Demgemäß ist der Islam seinem ganzen Wesen nach ausgesprochenermaßen eine Männerreligion: das zeigt sich schon in der Art seiner Ausbreitung durch die oben charakterisierte kriegerische Aktivität; aber auch z. B. wieder in der Vorstellung des Paradieses als einer Stätte, die fast ausschließlich auf männliche Neigungen berechnet ist. Von der Frau im Islam muß man sagen, daß sie, und zwar nicht nur im Paradies, sondern auch in der äußeren Wirklichkeit, in erster Linie doch nur um des Mannes willen da zu sein scheint. Wenn im Christentum ein Impuls zum Ausgleich des Gegensatzes von Mann und Frau im angestrebten Ziele reiner *Menschlichkeit* lebt, so liegt im Islam umgekehrt der Impuls zu einer Vertiefung dieses Gegensatzes. Auch da wieder dieses Auseinanderklaffen des einheitlichen Menschenwesens, das Zustreben der einen Hälfte zum ahrimanischen, der anderen zum luziferischen Pol, auf Kosten des Mittleren, eigentlich Menschlichen. Das ist nicht zur „Kritik" gesagt, die großen weltgeschichtlichen Erscheinungen gegenüber sinnlos wäre, sondern um bis in Einzelheiten hinein eine Charakteristik eines bedeutungsvollen Kulturimpulses zu geben.

*

So haben wir, versehen mit jenem Schlüssel des Verständnisses, der in den geisteswissenschaftlichen Hinweisen vorliegt, die zu Eingang dieses Kapitels wiedergegeben wurden, einen Überblick über die Auswirkungen und einen Einblick in das Wesen des arabisch-islamischen Kulturimpulses zu geben versucht. Wir konnten durch die Tatsachen jene Hinweise nur überall bestätigt und bewahrheitet finden. Wir haben uns durch die Tatsachen von den Ausgangspunkten zu weiteren Gedankengängen leiten lassen, die wieder neue Perspektiven eröffneten. Diese Gedankengänge und Perspektiven finden nun wiederum ihrerseits in allen wesentlichen Punkten eine Bestätigung, Erweiterung und Vertiefung durch noch andere Forschungsergebnisse der Geisteswissenschaft [73]).

Da wird von einer Periodizität von sechs zu sechs Jahrhunderten gesprochen, die in der Menschheitsentwicklung – neben mancherlei anderen Rhythmen – waltet. Diese Periodizität bringt es mit sich, daß etwa sechs Jahrhunderte nach der Begründung des Christentums eine geistige Strömung auftauchte, die in einer Art Erneuerung der alten Jahwe-Mondreligion bestand. Es ist die Religion des Halbmondes, die unter Nichtberücksichtigung des eigentlichen Christusimpulses in anderer Form die alte mosaische Religion mit ihrem Einheitsgotte wieder aufrichtet. Doch hatte sich damit, sozusagen von einer anderen Seite her, wie in einer Synthese vieles verbunden, was früher in der ägyptisch-chaldäisch-babylonischen Weltanschauung und priesterlichen Wissenschaft gelebt hatte, zum Beispiel in der chaldäischen Astronomie über den Zusammenhang der Vorgänge am Sternenhimmel mit den Weltgeschehnissen oder in der ägyptischen Heilkunde*). Nur daß, was im Ägypter- und Chaldäertum usw. aus alter *hellseherischer* Beobachtung hervorgegangen war, nun im Arabertum und als bloß intellektuell-kombinierendes Forschen auftritt. Die alten Begriffe werden ihrer hellseherischen Bildergehalte entkleidet und in abstrakte Formen gegossen. Damit entstand jene bewunderungswürdige Wissenschaft der Araber, die dann von Afrika über Spanien in Europa eindrang. „Hat das Christentum einen Impuls gebracht, der im wesentlichen für die menschliche *Seele* da war, so war der größte Impuls für den menschlichen *Kopf*, für den menschlichen Intellekt auf dem Umwege durch die Araber gekommen." Nur durch diese Impulse des Arabertums ist die moderne europäische Wissenschaft, sind zum Beispiel Kepler und Kopernikus möglich geworden. So haben wir auf der einen Seite den Christusimpuls, der direkt, über Griechenland und Italien, in die europäischen Völker eindringt, und der in seiner Wirksamkeit die eigentliche, geradlinig fortlaufende Hauptströmung der Menschheitsgeschichte darstellt, daneben aber als eine Nebenströmung jenen arabischen Impuls, der indirekt, auf dem Umweg über Spanien, einwirkt. Diese Einwirkung dauert auch wieder sechs Jahrhunderte, bis in das dreizehnte Jahrhundert hinein. Durch

*) Hört man dies, so erscheint es außerordentlich bedeutungsvoll, daß nach I. Mose 16, 3, Hagar, der Sarai Magd, die Abraham den Ismael gebar, eine *Ägypterin* war, wie auch (vgl. I. Mose 21, 21) Ismael selbst, nachdem er nebst seiner Mutter in die *Wüste* ausgestoßen war, eine Ägypterin heiratete. Ismael wird so Stammvater von zwölf Wüstenvölkern, wie auch schon I. Mose 21, 13 dem Abraham von ihm prophezeit wird, daß er zum Volk werden würde. So verehren ihn die Araber als ihren Stammvater (vgl. oben) wie die ägyptische Hagar als ihre Stammutter.

den Zusammenfluß der Christusreligion und der Mohammedreligion, des Sonnensymbols mit dem Mondsymbol erst konnte unsere eigentliche neuzeitliche Kultur entstehen. In den nächsten sechs Jahrhunderten floß dann durch die Renaissance wieder eine andere Nebenströmung in den Hauptstrom der fortlaufenden christlichen Entwicklung hinein: es ist das, was der vierte Zeitraum in der *griechischen Kultur* zur Entwicklung gebracht hatte und was sich nun als ein neuer Einschlag mit der abendländisch-christlichen Entwicklung verbindet. Über das Wesen des Christus wird man diese Nebenströmungen freilich *nicht* fragen dürfen; von ihm können sie nichts wissen, da der Christus ihnen fremd ist. Umgekehrt sind zum Beispiel gerade aus dem Arabertum verschiedene falsche Propheten als falsche Messiase aufgetreten, so noch Sabbatai Zewi (im siebzehnten Jahrhundert). Das Verständnis für die Christuswesenheit kann sich nur aus jener fortlaufenden Entwicklung ergeben, die eben die christliche selber ist und zu der zum Beispiel auch das europäische Rosenkreuzertum gehört.

*

Solches über den Gang der Kulturen zu wissen, ist heute eine Zeitnotwendigkeit. Will der moderne Mensch zu derjenigen Weltorientierung kommen, ohne die er in dem gegenwärtigen Zeitalter der Bewußtheit nicht bestehen kann, so braucht er ein wirkliches Verständnis für die großen Geistesströmungen der Weltgeschichte. Die geisteswissenschaftliche Betrachtung will ein solches Geschichtsverständnis in der Gegenwart geben, da die übliche Geschichtswissenschaft im wesentlichen doch über die Sammlung der Tatsachen nicht genügend hinauszuschreiten und nicht zu deren geistig-schöpferischen Untergründen vorzudringen vermag.

Solange wir nur eine Verstandeswissenschaft und -geschichte haben, die im Wesentlichen nur mit äußeren Methoden „kritisch" einzelne Tatbestände herauszusondern weiß, wird, so Großartiges auf diesem Wege auch geleistet worden ist, die *lebendige* Geschichte nicht verstanden werden. Denn solange werden wir in der Wissenschaft selber noch auf dem Standpunkt des Arabismus stehen geblieben sein, der bloß mit dem *„Kopf"* begreifen will, in dem die Absterbekräfte walten. Solange werden daher zwar die christliche und die arabische Strömung äußerlich in der europäischen Kultur zusammengeflossen sein, aber sie werden in ihr als zwei heterogene Elemente wirken. Erst wenn das an sich nur form- und schalenhafte Denken der heutigen im tieferen Sinne noch immer „arabistischen" Wissenschaft den lebendigen Geistesinhalt aufnimmt, der nur aus der fortlaufenden, zeitgemäß weiterentwickelten christlichen Strömung hervorgehen kann, wenn der Halbmond seinen Zweck als „Gefäß" erfüllt, indem er die „Hostie" aufnimmt, und das schalenhafte Denken selbst sich verlebendigend sich wandelt, erst wenn so Arabismus und Christentum in unserer Kultur wirklich zu einer höheren Einheit verschmelzen, wird der innere Widerstreit zwischen beiden überwunden sein. Erst dann wird im Sinne der Gesamtmenschheitsentwicklung auch die Mission des Arabismus *ganz* erfüllt sein[74]).

12. Von Kunstentwicklungen und Kulturwandel

Eindrücke in Italien)*

Die Entwicklung der Kunst, besonders in Italien, vom 13. bis zum Anfang des 16. Jahrhunderts gleicht der langsam-herrlichen Entfaltung einer Blüte aus dem ersten zarten Sprossen der Knospe. Schauen wir auf die Bilder des 13. und 14. Jahrhunderts, so tritt uns der unendliche Zauber jenes Knospenzustandes entgegen. Wir verspüren um die Kunstwerke den zarten und starken Hauch eines ätherischen Webens. Unendlicher Liebreiz und Innigkeit des Empfindens spricht zu uns. In der Frührenaissance entfaltet sich die Knospe zu einem ersten Erblühen wie eine jung erblühende Rose. An die Stelle des ätherischen Webens tritt ein Glanz wunderbarer junger Schönheit, leuchtend in Farben und jugendhaft in Formen. In der späteren Renaissance öffnet sich die Blüte zur reifen Schönheit; in voller Pracht steht sie vor uns, bis endlich mit der Überfülle, mit der beginnenden Entgeistigung allzu strotzender physischer Kraft der Höhepunkt überschritten ist. Hier kann man das Gefühl haben, es sei eigentlich die Entwicklung abgeschlossen, die wir in dem angedeuteten Bilde anschauen mögen. Wenn sie nun dennoch weitergeht, so haben wir das Gefühl, wie wenn ganz andere Kräfte sie wie mit einer gewissen

---

*) 1924.

Gewaltsamkeit veräußerlicht weitertrügen. So geht es in das Barocke über.

Wir stehen hier vor einer, wie mir scheint, für das ganze Kulturleben dieser Jahrhunderte bedeutsamen Polarität nacheinander einwirkender geistiger Wesenskräfte. Diese sollen des weiteren noch aufgezeigt werden. Aber kehren wir zunächst noch in die früheren Zeiten zurück.

Was aus jenen innig-zarten frühen Bildern zu uns spricht, wie wir sie etwa in Siena in beglückender Fülle antreffen, es ist die Gemütssprache eines marienhaften Christentums. Welch ruhige Sicherheit christlicher Gemütsgewißheit spricht noch aus diesen Werken, entstanden zum großen Teil bereits in Zeiten eines buntbewegten wirren politischen Lebens der italienischen Stadtstaatenwelt.

Wieviel enge Verwandtschaft besteht doch noch zwischen den „Gotikern“ Italiens und den deutschen! Es ist noch der gleiche Geist, der beide beseelt und der nur in etwas verschiedener Formensprache aus beiden spricht. Die gleiche zarte Knospenhaftigkeit der Gestalten hier wie dort, in Italien nur etwas leuchtender in der Farbe, in der Form etwas weicher und harmonischer, aber wie verwandt in Haltung und Stimmung! Und dies ebenso auf den profanen wie auf den religiösen Darstellungen. Erst später kamen ja mit dem zunehmenden Materialismus die Jahrhunderte der Trennung und Zersplitterung, wo auch Norden und Süden immer weiter sich auseinanderentwickelten, in Einseitigkeiten hinein, die von keinem gemeinsamen Geist-Erfühlen mehr überbrückt waren. Auf diesen alten Bildern ist’s oft, wie wenn manches Stück germanisch-deutscher Innerlichkeit und Ichhaftigkeit sich mit italienischer Formenschönheit und Empfindungsweichheit vermählt hätte. Nicht umsonst hat germanisches und deutsches Blut sich hingeopfert in den sonnigen Gefilden des italienischen Volkes der Empfindungsseele.

Später sehen wir den wirklich christlichen Inhalt sich immer mehr aus den meisten Bildwerken verflüchtigen, auch wo diese noch christliche „sujets" darstellen. Es geschieht dies im gleichen Maße, wie durch die Renaissance die antike Formensprache bestimmend wird. So bedeutet das Erblühen der Renaissanceschönheit für die große Breite der Kunstentwicklung bereits einen Verlust jener vorherigen Spiritualität des Gemüts, einen starken Zuwachs an „Weltlichkeit". Mit der Antike kommt ein totes Element in die Entwicklung hinein. Aber es wurde mit glühendem Enthusiasmus aufgenommen und getragen. Enthusiasmus für das Abgelebte, Ausgegrabene, Wiederauferweckte! Unendlich bezeichnend erschien mir hierfür immer die von Jacob Burckhardt mitgeteilte Erzählung von der 1485 angeblich aufgefundenen Leiche einer jungen Römerin aus der antiken Zeit, die durch eine konservierende Substanz der Zersetzung widerstanden haben soll und die dann ob ihrer Schönheit wie mit heiliger Inbrunst aufgenommen und zum Gegenstand allgemeiner Verehrung und Entzückung wurde. Dieser *Enthusiasmus*, erdenwärts gewandt, ist das eigentliche Renaissanceelement.

Wie in einem allgemeinen Rausch flogen diese Jahrzehnte dahin, unendlich fruchtbar für alles schönheitsvolle Erblühen aus den Kräften der künstlerischen Einzelpersönlichkeit heraus. Freilich wohnt diesem Rausch ein wehmutsvolles Ahnen seiner kurzen Herrlichkeit inne. Jacob Burckhardt führt ein paar hierfür charakteristische Verse des Lorenzo Magnifico an, die so ganz diese Grundstimmung jener glanzvollen, auf das Walten der luziferischen Impulse gestellten Zeiten atmen.

„Quanto è bella giovinezza,
Che si fugge tuttavia!
Chi vuol esser lieto, sia:
Di doman non c'è certezza."

Was später kam, das verhielt sich zu diesem Renaissancerausch wie die weltgeschichtliche Ernüchterung. Diese beherrscht ganze weite Gebiete der Kulturentwicklung der Jahrzehnte nach der eigentlichen Renaissancezeit. Sie prägt sich insbesondere auch in tragischer Weise in der italienischen Kunstentwicklung aus.

Auf den höchsten *Höhen* der Renaissanceentwicklung freilich vermählt sich an der Antike herangebildete reife Formenschönheit mit den tiefsten Impulsen der christlichen Menschheitsströmung. Hier gibt die Zeitkultur ein neues Gewand ab für die christlichen Wahrheiten und Heilskräfte. Vom schönen Schein umkleidet, treten sie in den tiefen Schöpfungen Raffaels und Lionardos auf. In Rudolfs Steiners Mysteriendrama „Der Hüter der Schwelle" spricht Luzifer die Worte:

„In Künstlerseelen flöße ich die Kräfte.
Was jemals Menschen als ein Schönes schauen,
In seinem Urbild ist's in meinem Reich."

Und so leuchteten in der Szene in Luzifers Reich im gleichen Mysteriendrama bei den Münchener Aufführungen (vor dem ersten Weltkrieg) während einer gewissen Zeit vor dem überraschten und ergriffenen Beschauer Bilder auf von Renaissancewerken wie einer Raffaelschen Madonna und des Abendmahls des Lionardo. Hier sah man mit Augen, wie aus Luzifers Walten die künstlerischen Formen gewoben werden auch für Darstellungen reinster und höchster Offenbarungen christlichen Wesens.

Tief eindrucksvoll, ja erschütternd hat es mich berührt, als ich eines Tages unvermutet im Pantheon in Rom vor Raffaels Grabmal stand. Raffael hat sich das Pantheon, das einzige ganz erhaltene *antike* Gebäude Roms, als Begräbnisstätte erwählt. Eine antikisierende Inschrift des Kardinals Bembo bezeichnet die Gruft mit dem geheimnisvollen Geburts- und Todestag Raffaels, der am nämlichen Tage, da er geboren ward, starb (beides, wie bekannt, an einem Karfreitag). Auf dem Altar neben dem Grab befindet sich zwischen zwei Porphyrsäulen eine Madonnenstatue von Lorenzetto, nach einer Bestimmung in Raffaels Testament. So steht dieses Grabmal da, auch auf diese Weise noch im Tode von der geheimnisvollen Verbindung dieser Individualität mit den Grundtatsachen des Christentums zeugend. „Ich sehe dich in tausend Bildern, Maria, lieblich ausgedrückt." –

In seinem Vortragszyklus über „Die Offenbarungen des Karma" hat Rudolf Steiner gezeigt, wie alles, was Luzifer von Zeitepoche zu Zeitepoche auf der Erde entwickelt, stückweise nachher von Ahriman verdorben wird. Ahriman die karmische Erfüllung des Luzifer! Man kann diese weltgeschichtliche Entwicklungstragik, wie mir scheint, nicht deutlicher als in dem merkwürdigen Übergang verfolgen, der im sechzehnten Jahrhundert vor sich geht in der Seelenverfassung der Menschen und der sich dann auf den verschiedensten Gebieten auswirkt. Hier grenzen zwei Perioden aneinander. Das luziferische Licht erlischt, finstere Gewalten ziehen herauf, lagern sich auf die Menschen, Düsternis verbreitend. Religionsgeschichtlich das Zeitalter der Gegenreformation, kunstgeschichtlich das Zeitalter des beginnenden Barock. Aber das sind nur Teilauswirkungen der ahrimanischen Mächte, die von diesen Jahrzehnten an der Kultur einen wesentlichen Einschlag geben. Absterbekräfte gewinnen jetzt die Oberhand über diejenigen, die vorher die Seelen zu Enthusiasmus, Schönheitstrunkenheit, Genuß und Lebensfreude befeuert hatten.

Ich bin mir wohl bewußt, daß mancher heute es als ein kunstgeschichtliches Sakrileg betrachten wird, in dieser Weise etwa das Barock charakterisiert zu finden[75]). Und der Oberflächeneindruck scheint auch einer solchen Betrachtung zu widersprechen. Ist nicht schönheitsvolle Festlichkeit, Sinnenfreude, Glanz und Pracht in Fülle ausgebreitet über alles, was Barock heißt? Vermag das Barock nicht selbst Kirchen in weltliche Festsäle zu verwandeln? Diese Einwände bestehen gewiß zu Recht, aber sie berühren doch nicht das tiefere Wesen. Wer dieses zu erfassen trachtet, der wird als viel wesentlicher fühlen, wie etwas Gewolltes, etwas Gezwungenes, etwas Krampfhaftes und Unwahrhaftiges ist in diesem Barockglanze! Wie lastende Kräfte in diesen Formen walten, erdengebundene Schwere, ein Machtwille, für den Glanz und Pracht in Wahrheit bloße Mittel werden, Menschen zu faszinieren, zu bannen. Überladenheit und Verzerrung, ja vielfach konstruktive Sinnlosigkeit treten an die Stelle des vorher Marmonisch-Edlen. Man schaue auf die gewundenen Säulen der Barockaltäre, auf Marmorwolkenballungen und all die tote Pracht solcher Kirchen! Dann wird man fühlen können, wie der Geist der Schwere und der Macht hier triumphiert, wie er sich aber zu *maskieren* weiß durch den Sinnenrausch, den er vor die Menschen hinzaubert. Hier *dient* Luzifer durch allerlei Blendwerk dem Ahriman, um diesen den Menschen einschmeichelnder zu machen.

Dieses Zeitalter ist zugleich das der Gegenreformation. Es steht im Zeichen der tief einschneidenden Bestrebungen der römischen Kirche, ihr altes Imperium über die Seelen wiederzugewinnen, als ecclesia militans. Das Leben der mittelalterlichen Kirche, die Lehren der Scholastiker, alles wird jetzt auf dem Tridentiner Konzil kanonisiert, festgelegt. Es ist der große Galvanisierungsprozeß, aus dem die Kirche rückwärtsgewandten Antlitzes gestärkt zum Kampfe gegen die Mächte des neuen Zeitalters der Bewußtseinsseele hervorgeht. Jetzt erstehen Gestalten wie Caraffa, finstere Glut im Herzen für die Reinigung und für die Allmachtstellung der Kirche. Höchst bezeichnend sagt Herman Grimm[76]) von ihm: „Caraffa saß da wie ein mit Feuer erfülltes Gerippe." Die Zeit der areligiösen Kunstmäzenpäpste ist vorüber. Was Luzifer geschaffen, hielt vor Ahriman nicht stand. Finstere Strenge sucht mit drakonischen Mitteln alles auszurotten, was an Renaissancegeist verblieben. Es ersteht der Jesuitenorden als kirchlich-militärisches Werkzeug für jenes zu erneuernde Imperium romanum. Ignatius, spanisch-militärischen Ursprungs, schreibt seine Exercitia spiritualia, in denen unter anderem die folgenden Sätze vorkommen: „Wahrhaft das schuldige Gefühl in der kriegerischen Kirche zu haben, dazu seien folgende Regeln beobachtet. Zum ersten. Alles eigene Urteil müssen wir ablegen und den Sinn bereit und geschickt halten zum vollen Gehorsam gegen die wahre Braut unseres Herrn Jesu Christi, das ist unsere heilige priesterliche Mutter Kirche ... Zum dreizehnten. Damit wir in allem zur Wahrheit kommen, müssen wir stets festhalten, daß ich glauben muß, das, was ich weiß sehe, sei schwarz, wenn die priesterliche Kirche es so nennt, da ich glaube, daß zwischen unserm Herrn Christo, dem Bräutigam, und der Kirche, seiner Braut, derselbe Geist lebe, der uns lenkt und leitet zu unserer Seelen Heil..."

Wer in Rom die Kirche Il Gesù betritt, fühlt sich auf kulturgeschichtlich bedeutungsvollstem Boden. Sie ist der Prototyp all der zahllosen Jesuitenbarockkirchen der Welt. Die Decke ziert ein ungeheures Barockgemälde, die Verherrlichung des Namens Jesu darstellend, in der Mitte strahlenumleuchtet das Jesusmonogramm. Im linken Seitenschiff der Altar mit den Reliquien des heiligen Ignatius, von gewaltiger Höhe, mit faszinierender verschwenderischer Pracht ausgestattet; eine versilberte Statue des Ignatius, rechts und links Marmorgruppen: „Die christliche Religion, vor deren Anblick die Ketzer zurückschaudern." Gegenüber der Altar des heiligen Franz Xaver, des Mitbegründers des Jesuitenordens und des ersten der jesuitischen Missionare, die in Indien und Japan und dann in Amerika den Völkern das römische Christentum zu bringen bestrebt waren und die später bekanntlich wirtschaftlich für die Macht des Ordens höchst bedeutungsvolle Handelsniederlassungen begründeten. Täuschte ich mich? Mir wollte es scheinen, als ob in dieser Kirche, ohne erkennbaren Anlaß weit besser besucht als sonst die vielen Kirchen Italiens, eine Stimmung herrschte, ernster und andächtiger als anderwärts.

Auf Wesentlichstes für den Geist dieser Jahrzehnte, ja eines ganzen Jahrhunderts hinzuweisen schienen mir immer die Charakteristiken, die *Moritz Carrière* im 19. Jahrhundert in seinem schönen Werke „Die Kunst im Zusammenhang der Kulturentwicklung" gab. Sicher ist Carrière nicht frei von Einseitigkeiten, die wir uns keineswegs zu eigen machen möchten, aber gerade seine Hinweise auf die intime Zusammengehörigkeit der kunstgeschichtlichen Phänomene dieser Zeit mit all dem, was auf religiösem Boden sich abspielte, sind doch höchst beachtenswert. Trefflich charakterisiert er [77]) das Barockzeitalter, „das heute durch den Prunk des Kultus die Sinne blenden, die Schaulust der Menge wieder in die Kirche locken und dort in staunende Verwunderung setzen wollte, morgen die Dämonen der Leidenschaft im Religionskriege entfesselte und die Zwecke schlauer Selbstsucht unter dem Deckmantel des Heiligen zu erreichen trachtete. Da galt es auch in der Architektur die stärksten Töne anzuschlagen ..." In den Gestalten nirgends Ruhe, überall Ekstase des Ausdrucks, die Gewänder bauschen sich, „jedes Glied des Leibes und jede Falte soll und will sich geltend machen, gefallsüchtig das Auge auf sich ziehen, so daß eine prätentiöse Gespreiztheit, eine aufdringliche Überladung auch hier charakteristisch wird. Diese innerlich hohle, äußerlich prunkvolle Kunst einer reaktionär gewaltsamen Kirchlichkeit versenkt sich nicht in das Heilige, um es in seiner selbstgenügsamen Hoheit und stillen milden Majestät darzustellen, sie klingelt mit Schellen, mit türkischer Musik zu seiner Verehrung, es soll mit sinnlichen Reizen den Beschauer bezaubern, es muß sich drehen und winden, um ihn zu packen und taumelnd fortzureißen."

Wunderbar ist es, zu beobachten, wie in der Weltgeschichte, wann neue entschiedene Impulse irgendeiner Art aufkommen, sich alles zu vereinigen scheint, um ihnen zum Durchbruch zu verhelfen! Man kann dann von den Ereignissen geradezu ablesen, wie die jeweils leitenden geistigen

Weltenmächte gleichsam planvoll alle Register ziehen, um ihre Intentionen zu verwirklichen. Wie Völker plötzlich aus dem Dunkel hervortreten – und sei es auch nur für kurze Zeit –, um mit ihrer Mission dienend die Zeitenströmung vorwärts zu treiben. Interessant ist es schon an und für sich, die innere Wesensart des spanischen Volkes zu erforschen, höchst interessant aber, wie jetzt in dem uns beschäftigenden Zeitalter der welthistorische Augenblick gekommen war, da dieses Volk des Westens im Dienst all der katholisch-gegenreformatorischen Mächte der Zeit hervorzutreten berufen wurde, wie es zum Träger gerade all der finsterglutvollen Impulse wurde, die jetzt über die abendländische Menschheit hereinbrachen. „Gesta Dei per Hispanos", möchte man ein anderes Wort abwandelnd sagen! Freilich sollte die gegenwärtige Menschheit erkennen, wie vielfältig die „deï", die geistigen Weltenmächte sind, die also in der Geschichte walten, und ein Organ dafür entwickeln, *welche* konkrete geistige Wesensart hinter der einen und hinter der anderen geschichtlichen Erscheinung steht!

Tief bedeutungsvoll erscheint mir, wie in das lange Leben und Wirken Michelangelos all die Kräftewirkungen der Zeitalter hineinspielen und in ihm sich spiegeln, die wir hier betrachtet haben. Auf engem Raum zusammengedrängt treten sie uns in ihrer vollen weltgeschichtlichen Tragik in der Sixtinischen Kapelle in Rom entgegen. In seinen Dekkengemälden (1508 bis 1512) die mächtigen, kraftvollen, aber doch noch vom edlen Hauch der Renaissanceschönheit und -harmonie übergossenen Gestalten der Propheten und Sibyllen, die Darstellungen von der Erschaffung Adams, des Sündenfalls usw. An der Seitenwand das dreißig Jahre jüngere weltberühmte Jüngste Gericht, aus den Jahren 1533 bis 1541. Zwischen beiden Schöpfungen liegt die Zeitenwende, die auch in die Seele des Michelangelo ihre Schatten warf. Im Jüngsten Gericht erschreckt uns die durch und durch unchristliche Auffassung insbesondere des richtenden Christus, der hier zum antik-römischen Gott, zur Verkörperung eines reinen Machtprinzips geworden ist. „Unbeschreiblich befremdend“ nennt ihn Herman Grimm, und man erlebt, mit wie tiefem Recht Rudolf Steiner immer wieder gerade auf dieses Bild als ein sprechendstes Symptom für all das hingewiesen hat, was römisch-juristisch gewordenes Christentum ist. Christus als Weltenrichter! Wie eine sinnvolle Fügung erscheint es, daß gerade dieses Bild, weit mehr als die Deckengemälde, durch die Weihrauchkerzen der Jahrhunderte geschwärzt und verdunkelt wurde, so daß es in seiner großartigen Gewaltigkeit und Massigkeit um so wahrer in die Erscheinung tritt.

Lionardo und Raffael hat das Geschick davor bewahrt, diese Jahrzehnte mitzuerleben. Lionardo starb als alter Mann in der Fremde 1519. Raffael in der Blüte seiner Jahre 1520. Raffaels ewig junges Wesen könnten wir uns gar nicht vorstellen als lebend im Zeitalter der Gegenreformation. Von Lionardo können wir fühlen, daß er innerlich unberührt, nur *noch* einsamer all dem gegenübergestanden hätte, was in diesen Jahrzehnten als Oberflächenströmung heraufkam.

Wie aber Michelangelos Seele das Schicksal hatte, sich in den Dienst der Machtimpulse der römischen Kirche zu stellen und wie hieraus die gewaltige Ausgestaltung eines ungeheuersten Kunstwerkes der Welt hervorging, erlebt man staunend und bewundernd auf dem weltgeschichtlichen Boden der Peterskirche: ein Stein gewordenes Symbol der

Macht der Kirche, wie an einem Endpunkt angelangt in bezug auf das, was durch Größenverhältnisse, durch Pracht und Prunk zu erreichen ist, grandios, aber erstarrt zur seelenlosen Form! An dem Obelisken auf dem großen Platz vor der Peterskirche liest man die Inschrift „Christus vincit, Christus regnat, Christus imperat". Ich weiß nicht, ob der Spruch an dieser Stelle zuerst geschrieben ward, jedenfalls empfindet man ihn hier als *eines* Geistes mit der ganzen architektonisch-künstlerischen Anlage des Platzes und der Kirche und den Weltenmächten, die sich hier ihr Symbol schufen.

Als charakteristisch für das Wesen des Kirchenbarocks erscheint mir auch eine gewisse Ehrfurchtslosigkeit gegenüber dem künstlerischen Schaffen früherer Zeiten. Noch Renaissanceeinbauten fügen sich meist so in Kirchen ein, daß man sie als einen organischen Bestandteil derselben empfinden kann. Es stört uns nicht, in einer gotischen Kirche etwa Renaissancegrabmäler eingebaut zu finden. (Für die früheren Stile und ihr Verhältnis zueinander gilt dies natürlich erst recht.) Nicht so das Barock. Wo es in älteren Bauwerken erscheint, stellt es sich zumeist mit gespreizter Aufdringlichkeit hinein. Es überschreit gleichsam, was an innerlich Echterem, Älterem neben ihm steht. Es kann mit diesem so leicht nicht organische Verbindungen eingehen. In der Peterskirche erhebt sich unter der Kuppel ein aufdringlich-prunkvolles Barocktabernakel, an der Stelle durchaus als Fremdkörper wirkend, die Kuppel, dieses bewundernswerte Werk Michelangelos, um einen großen Teil ihrer Wirkung bringend. Von außen findet ein ganz Ähnliches statt: die große Fassade der Peterskirche, entgegen den ursprünglichen Plänen anfangs des siebzehnten Jahrhunderts aufgeführt, verdeckt den Anblick der Kuppel in der Nähe vollständig. Die Pietà Michelangelos aber in der Peterskirche (aus dem Jahre 1498) beeinträchtigen die zwei später hinzugefügten Barockengel, die, eine Krone über dem Haupte der Muttergottes haltend, über der Gruppe schweben. –

In der früheren Renaissance überwiegt der frühlinghafte Schönheitszauber des luziferischen Wesens. Im Barock herrschen die mehr ahrimanischen Impulse und stellen die luziferischen nur noch in ihren Dienst. In der Mitte zwischen beiden Zeiten, etwa in der Hochrenaissance, finden wir etwas wie einen Gleichgewichtszustand. Anmut und Kraft, Leichtigkeit und Schwere, Form und Materie halten sich hier die Waage. Daher wird hier die Haltung der Kunstwerke am ähnlichsten der griechisch-römischen Kultur, von der ja ein wesentlichster Charakterzug dieses Sich-die-Waage-Halten von Luzifer und Ahriman ist. Deshalb aber auch kann gerade in diesem weltgeschichtlichen Augenblick der *Christus*impuls, der die Waage hält zwischen Luzifer und Ahriman, sich künstlerisch am besten verkörpern, in den Werken der Raffael, Lionardo und anderer. Wie er sich in der griechisch-römischen Zeit *leiblich* verkörperte.

In der Gotik erkennen wir in anderer Weise auch bereits etwas von jenem luziferischen Einschlag. (Wir müssen ihn nur weit und wandelbar genug fassen.) Da sehen wir ihn in vielem von dem sich auswirken, was von der Erde weg in Himmelshöhen streben will, in vielen schwärmerischen Bewegungen und dergleichen. Mit der heraufziehenden Frührenaissance hat er die Richtung aufs Irdisch-Sinnliche genommen, das er künstlerisch verklärt und mit den enthusiastischen Kräften der erwachenden Einzelseele ergreifen will. So wird diese Kultur zum Übergang zu dem erdenschweren, materialistischen Zeitalter der Folgezeit. Ahriman folgt auf Luzifer. Dieses Zeitalter dauert ja auch jetzt noch an. Doch fehlt es nicht an kleineren polarischen Pendelschlägen auch *innerhalb* dieses Zeitalters. So, wenn die Stilentwicklung vom Barock für einige Zeit übergeht ins Rokoko. Wie wenn man der lastenden Schwere überdrüssig geworden wäre, wendet man sich einem Leichten, Graziösen, Tänzelnden zu. Hier ist's freilich nur ein leichtes Oberflächengekräusel. Eine bald vorübergehende Reaktion gegen die Reaktion.

Der letzte große eigenkräftige Stil war die Gotik. Was auf sie folgte, war schon nur *Wieder*belebung eines Erstorbenen. Freilich Wiederbelebung mit Enthusiasmus und höchsten künstlerischen Impulsen. Dann folgte die Reaktion. Dann die Reaktion auf die Reaktion. Schließlich das Ersterben jeder stilistischen Produktivität. Das Zeitalter der Renaissancen des Früheren. Das Chaos. Das Ende. Weltgeschichtlich-stilistisch ein Neues ist erst aus der neuen künstlerisch-spirituellen Formensprache unserer Zeit erstanden, da, wo die echten Geistesoffenbarungen des neu hereinbrechenden lichten Zeitalters sich künstlerisch offenbaren konnten. In der ganz großen weltgeschichtlichen Überschau gesehen, die sich nur an die Etappen der wahrhaften und wirklichen künstlerischen Weiterentwicklung hält, darf daher ein Bau wie der des Goetheanum in Dornach unmittelbar an die gotischen Dome des Mittelalters angereiht werden. In diesen offenbarte sich noch unmittelbar durchchristete Wesenhaftigkeit. Danach standen andere Impulse im Vordergrunde. Die christliche Kunstentwicklung tut ihren nächsten großen Schritt voran erst fünf Jahrhunderte später, in unserer Gegenwart.

Anmerkungen

Editorische Vorbemerkung: *Bei Werken und Vorträgen (wo möglich) Rudolf Steiners wurde die Bibliographie-Nummer der Dornacher Gesamtausgabe (GA ...) angegeben. Bei Hinweisen Heyers auf den einen oder anderen der neun Bände seiner „Beiträge zur Geschichte des Abendlandes" wurde stets die Ausgabe letzter Hand resp. der photomechanische Nachdruck derselben angegeben, da sich alle späteren Ausgaben (Stuttgart 1983ff.) für wissenschaftliche Zwecke als ungeeignet erwiesen haben. Vgl. dazu auch das Nachwort in Karl Heyers Autobiographie* (Aus meinem Leben, *Basel 1990).*

[1]) Vgl. hierzu auch J. Geyer, „Ein Konzilsbeschluß und seine kulturgeschichtlichen Folgen" in der Monatsschrift „Die Drei" I 10, S. 1014ff. (Wieder abgedruckt in H. H. Schöffler (Hrsg.), *Der Kampf um das Menschenbild,* Dornach 1986, S. 9ff.).

[2]) Vgl. das folgende Kapitel.

[3]) Vgl. E. Mâle, „L'art religieux du XIIIe siècle en France", 5. Aufl. Paris 1923 S. 29, 34. („Die Gotik. Kirchliche Kunst des 13. Jahrhunderts in Frankreich", München 1986).

[4]) Vgl. Mâle a. a. O., S. 11, „Annales archéologiques" XVII 300f. Paris 1857.

[5]) Mâle, a. a. O., S. 5, 6.

[6]) Mâle, a. a. O., S. 30.

[7]) Mâle, a. a. O., S. II, 15, 20.

[8]) Mâle, a. a. O., S. 202.

[9]) in seinem Fragment: „Die Christenheit oder Europa" (geschrieben 1799), Novalis, „Schriften", hrsg. v. J. Minor, II, Jena 1907, S. 29.

[10]) Vgl. zu letzterem unten Kap. 12.

[11]) Mâle, a. a. O., S. 76.

[12]) 30. Aufl., Dornach 1989, S. 262f.

[13]) K. Heyer, „Das Wunder von Chartres", 3. Aufl. Stuttgart 1956, S. 134f. (4. Aufl. Stuttgart 1982).

[14]) a. a. O., S. 80ff.

[15]) Von diesem Portal handelt das 4. Kapitel.

[16]) a. a. O. 3. Aufl. Leipzig 1910, S. 355 (Hervorhebung von mir).

[17]) Hier einige Literaturangaben zu Martianus Capella und den sieben freien Künsten:

Martianus Capella, „Franziscus Eyssenhardt recensuit" Lipisae 1866 (Die Textausgabe des Buches De nuptiis Mercurii et Philologiae).

E. G. Graf, „Althochdeutsche ... Übersetzung ... der von Mart. Capella verfaßten 2 Bücher de nuptiis Mercurii et Philologiae", Berlin 1837.
H. Deiters, „Studien zu den griechischen Musikern. Über das Verhältnis des Martianus Capella zu Aristides Quintilianus". Programm des kgl. Mariengymnasiums in Posen, Posen 1881.
„Allg. Encyclopädie der Wissenschaften und Künste" von J. Ersch u. I. G. Gruber, 15. Teil, Leipzig 1826, S. 118 ff. über F. Jacobs „Capella, Marcianus ..."
„Neue Jahrbücher für Philologie und Pädagogik ..." hrsg. v. M. J. Ch. Jahn, Leipzig 1847, 13. Suppl. Bd. S. 590 ff.: C. Böttger, „Über Martianus Capella ..."
„Annales archéologiques" par Didron aîné, Bd. 17, Paris 1857, S. 89 ff.: E.-F. Corpet, „Portrait des arts libéraux ..." (Remigius).
Adolf Ebert, „Geschichte der christlich-lateinischen Literatur von ihren Anfängen bis zum Zeitalter Karls des Großen", Leipzig 1874, S. 459 ff. über Martianus Capella.
Vgl. ferner sonstige literaturgeschichtliche, philosophiegeschichtliche und philologische Werke, z. B. von W. S. Teuffel, Max Manitius, Martin Schanz u. a.
Rudolf Steiner, Voträge vom 9. März 1911 (GA 60) in Berlin (über Moses), vom 2. und 5. Juni 1921 (GA 204), vom 18. Dezember 1921 (GA 209), vom 23. Juli 1922 (GA 214).

18) Vgl. auch unten Kap. 4.

19) Vgl. hierzu bereits oben S. 17.

20) Vgl. oben S. 53.

21) im Vorwort des dritten Teils (1844, S X).

22) München 1916, S. 22.

23) Mehr hierüber unten Kap. 7 am Ende des ersten Teils.

24) Vgl. K. Heyer, „Das Wunder von Chartres", 3. Aufl., Stuttgart 1956, (4. Aufl. Stuttgart 1982), S. 43 ff.: „Hroswitha Virgo".

25) J. Didiot, „Le docteur angélique S. Thomas d'Aquin", 1894, 136 f.

26) Vgl. hierzu auch Kap. 11.

27) I. Bd., Regensburg 1858, S. 112.

28) K. Werner, I S. 121.

29) Vgl. J. Sighart, „Albertus Magnus", Regensburg 1857, S. 68 f., 75 f.

30) Für das Folgende vgl. besonders Didiot, a. a. O. (In den einzelnen Punkten weichen die zahlreichen, verschiedenen Darstellungen voneinander ab.)

31) „Cistercium bis – tertium", (= 600 Jahre Zisterzienserordensgeschichte) von Augustus Sartorius, Vetero – Pragae 1700, S. 915.

[32]) Vgl. Rudolf Steiner, „Philosophie und Theosophie", Berlin 1908 (heute unter dem Titel „Philosophie und Anthroposophie" in GA 35); und „Das menschliche Leben vom Gesichtspunkte der Geisteswissenschaft" vom 16. Oktober 1916 (GA 35).

[33]) am 22., 23, und 24. Mai 1920 (GA 74), mehrfach im Druck erschienen. Eine bedeutsame Ergänzung dieser Vorträge bildet das Buch von R. Boos, „Thomas von Aquino", Schaffhausen 1959.

[34]) Vgl. A. Touron, „La vie de St. Thomas d'Aquin", Paris 1740, S. 547.

[35]) Vgl. hierzu u. a. K. Heyer, „Beiträge zur Weltgeschichte" III: „Die Neuere Zeit", Breslau 1940 (2. Aufl. Kreßbronn 1957), bes. S. 69–76.

[36]) Siehe R. Steiner, Vortrag vom 19. Januar 1915 (GA 157).

[37]) von mir hervorgehoben.

[38]) „Stimmen der Zeit", Juniheft 1925, S. 236 (Hervorhebung von E. Przywara).

[39]) Lateinisch und deutsch erschienen in der Sammlung „Sämtliche Rundschreiben erlassen von ... Leo XIII.", Freiburg/Br. 1831, Erste Sammlung, S. 54 ff.

[40]) im März 1916 in Stuttgart.

[41]) Vgl. in K. Heyer, „Beiträge zur Weltgeschichte" II: „Mittelalter", Breslau 1939 (2. Aufl. Kreßbronn 1956) die Kapitel: „Die Templer und Philipp der Schöne": „Templer, Johanniter, Deutschritter" (S. 95 ff. bzw. S. 120 ff.).

[42]) Vgl. hierzu H. Hahn, „Von Elisabeth, der Thüringerin, Friedrich dem Andern und den Rittern", Straßburg o. J.

[43]) Vgl. J. Voigt, „Geschichte Preußens" II. Königsberg 1827, S. 165.

[44]) Vgl. H. Prutz, „Die geistigen Ritterorden", Berlin 1908, S. 68.

[45]) Bd. II, Gotha 1860, S. 129–130.

[46]) Vgl. hierzu in K. Heyer, „Beiträge zur Weltgeschichte" II das Kapitel: „Verweltlichung" (S. 139–146).

[47]) a. a. O., S. 133.

[48]) Vgl. hierzu K. Heyer, „Beiträge zur Weltgeschichte" III, 7. Kapitel: „Die Städte" (S. 62–69).

[49]) von Krollmann in Wilhelm Volz, „Der ostdeutsche Volksboden", Breslau 1926, S. 211.

[50]) a. a. O., S. 223.

[51]) Caro, a. a. O. Bd. III, Gotha 1869, S. 152.

[52]) A. Werminghoff, „Der deutsche Orden und die Stände in Preußen", München und Leipzig 1912 (Pfingstblätter des hansischen Geschichtsvereins, Bl. VIII).

[53]) VI 27, 333.

[54]) Vgl. hierzu das Kapitel „Vorläufer des mechanistischen Elementes im Mittelalter. Der Arabismus“ in K. Heyer, „Beiträge zur Weltgeschichte“ II, Breslau 1939 (2. Aufl. Kreßbronn 1956), S. 89–95, sowie unten Kap. 11.

[55]) Vgl. K. Heyer, „Beiträge zur Weltgeschichte“ I: „Von der Atlantis bis Rom“, Breslau 1939 (3. Aufl. Stuttgart 1964), Kapitel: „Die Ursprünge Roms“ (S. 149 bis 156).

[56]) Vgl. J. Vota, „Der Untergang des Ordensstaates Preußen und die Entstehung der preußischen Königswürde“, Mainz 1911, S. 581.

[57]) a. a. O. S. 588.

[58]) Vgl. E. Gritzner, „Symbole und Wappen des alten Deutschen Reichs“, Leipzig 1902.

[59]) „Neun Bücher preußische Geschichte“ I 2, Berlin 1848, S. 109.

[60]) Vgl. J. M. Watterich in seinem freilich von einem sehr einseitigen Standpunkt geschriebenen Buch: „Die Gründung des deutschen Ordensstaates in Preußen“, Leipzig 1857, S. 186.

[61]) Vgl. für den tiefen Sinngehalt dieses Märchens und besonders der drei Könige: K. Heyer, „Beiträge zur Weltgeschichte“ III: „Die Neuere Zeit“, Breslau 1940 (2. Aufl. Kreßbronn 1957), II. Teil: „Die Reiche des goldenen, des silbernen und des ehernen Königs“ (S. 109 ff.).

[62]) S. 65 f. der zitierten Schrift.

[63]) Wichtige Ergänzungen der Ausführungen dieses Kapitels in K. Heyer, „Beiträge zur Weltgeschichte“ II S. 153 ff.

[64]) im Vortrag vom 16. August 1908 in Stuttgart (GA 105).

[65]) Vgl. hierzu G. Steinhausen, „Geschichte der deutschen Kultur“ I, Leipzig u. Wien 1913, S. 299 f.

[66]) vgl. hierzu R. Steiner, „Die geistige Führung des Menschen und der Menschheit“ (GA 15), 10. Aufl. 1987, S. 57.

[67]) Steinhausen, a. a. O., S. 356.

[68]) K. Schubert, „Der Mensch in der Geschichte“ in „Die Drei“, März 1922, S. 1153.

[69]) R. Schmid, „Allgemeine Staatslehre“ II. Bd., II. Teil, 1. Kap. (Abt. II), Leipzig 1903, S. 464.

[70]) Vgl. hierzu die in Kap. 10 entwickelten Ideen.

[71]) W. Lübke, „Grundriß der Kunstgeschichte“ II, 13. A., Stuttgart 1905, S. 70. (Sperrungen im Text von mir.)

[72]) Lübke, a. a. O., S. 72.

[73]) Vgl. den Vortrag R. Steiners vom 13. März 1911 in Berlin (GA 124).

[74]) Nach der ersten Veröffentlichung dieses Aufsatzes im Januar/Februar 1923 sind noch weitere grundlegende Mitteilungen von Rudolf

Steiner über den Arabismus gemacht worden: In seinen Vorträgen aus dem Jahre 1924 über Schicksalsforschung. Da ist z. B. von der großen Bedeutung einer Individualität wie der des arabischen Kalifen Harun al Raschid und der seines Ratgebers, der Zeitgenossen Karls des Großen, und ihrem Weiterwirken in der Geschichte gesprochen worden. Da war in solchen Zusammenhängen von der arabischen Provenienz der Wissenschaft eines Laplace, eines Darwin, eines Dubois-Reymond und anderer, aber auch von bedeutsamen „arabistischen" Einflüssen die Rede, die wichtige Historiker des 19. Jahrhunderts wie Ranke und Schlosser aufgenommen haben. Auf diese tief schürfenden Vorträge kann hier nur gerade hingewiesen werden.
Zur Ergänzung vgl. man aber auch unsere Ausführungen über den Arabismus in
1) „Geschichtsimpulse des Rosenkreuzertums", 3. Aufl. Basel 1990,
2) „Beiträge zur Weltgeschichte" an den aus dem Sachregister im III. Bande ersichtlichen Stellen besonders des II. Bandes („Mittelalter").

[75]) Für einen anderen Aspekt des Barock darf hier hingewiesen werden auf K. Heyer, „Geschichtsimpulse des Rosenkreuzertums", S. 24–25 (3. Aufl. Basel 1990, S. 32 f.).

[76]) „Leben Michelangelos" II, Berlin 1879, S. 436.

[77]) IV, S. 239 f.

Nachweise

1. Der Aufsatz *„Mittelalter"* (nach einem am 20. März 1925 in Düsseldorf gehaltenen Vortrag) erschien zuerst in der Stuttgarter Monatsschrift „Die Drei" V. Jahrgang, 5. Heft (August 1925), S. 372–379, 6. Heft (September 1925), S. 444–453.

2. Der Aufsatz *„Martianus Capella und die sieben freien Künste"* erschien erstmals in „Die Drei" IV. Jahrgang, 12. Heft (März 1925), S. 841–857.

3. *„Chartres in der Geistesgeschichte des Christentums":* Erstveröffentlichung in der Monatsschrift „Die Christengemeinschaft" XI. Jahrgang, 7. Heft (Oktober 1934), S. 197, 202.

4. Den Aufsatz *„Vom Genius des Mittelalters. Einige Betrachtungen zum West-Portal der Kathedrale von Chartres"* brachte erstmals die Wochenschrift „Das Goetheanum", Dornach, XII. Jahrgang Nr. 33 (vom 13. August 1933), S. 261–262.

5. Erstabdruck des Aufsatzes *„Romanisch-Gotisches"* in der Wochenschrift „Das Goetheanum" V. Jahrgang Nr. 35 (vom 29. August 1926), S. 275–277.

6. Der Aufsatz *„Vom Dominikanerorden im 13. Jahrhundert"* erschien zuerst in einem anthroposophischen Nachrichtenblatt am 7. Februar 1926.

7. Die drei Aufsätze *„Thomas von Aquino"* wurden zuerst in der Wochenschrift „Das Goetheanum" V. Jahrgang Nr. 11 (vom 14. März 1926), S. 85–87, Nr. 12 (vom 21. März 1926), S. 90–92, Nr. 13 (vom 28. März 1926), S. 101–103 veröffentlicht.

8. Ersterscheinen des Aufsatzes *„Die Enzyklika Aeterni Patris vom 4. August 1879"* in „Die Drei" VI 10 (Januar 1927), S. 745–755.

9. Den Aufsätzen *„Der Deutschritterorden und die Ursprünge des späteren Preußen"* liegt ein Vortrag „Der Deutschritterorden: Was er wollte und was er wirkte" zugrunde, den der Verfasser am 4. Juli 1927

in Danzig gehalten hat. Die Aufsätze sind erstmals erschienen in „Die Drei" VIII. Jahrgang, 2. Heft (Mai 1928), S. 123–138, 3. Heft (Juni 1928), S. 183–193, 4. Heft (Juli 1928), S. 281–291.

10. Den Aufsatz *„Die Staatsidee des Nicolaus Cusanus"* brachte zuerst „Die Drei" I. Jahrgang, 5./6. Heft (August/September 1921), S. 571–586, nach einem am 10. April 1921 im Goetheanum zu Dornach gehaltenen Vortrag. (Die Formulierung dieses Themas stammt nicht vom Verfasser her, sondern von Rudolf Steiner, der ihm diese Aufgabe gestellt hatte.)

11. *„Arabertum und Islam als weltgeschichtlicher Kulturimpuls":* Erstveröffentlichung in „Die Drei" II. Jahrgang, 10./11. Heft (Januar/Februar 1923), S. 741–760.

12. Der Aufsatz *„Von Kunstentwicklungen und Kulturwandel. Eindrücke in Italien"* erschien zuerst in „Die Drei" IV. Jahrgang, 7. Heft (Oktober 1924), S. 488–498.

Werke von Karl Heyer

1. *Der Machiavellismus.* 67 S., 1918, Berlin, Ferd. Dümmlers Verlag. Vergriffen.
2. *Rechts- und staatsgeschichtliche Entwicklungslinien,* 48 S., 1922, Der Kommende Tag-A. G.-Verlag, Stuttgart. Vergriffen.
3. *Das Wunder von Chartres.* Mit 12 Abbildungen, 155 S., 1. Aufl. 1926, Verlag von Rudolf Geering, Basel; 2. Auflage 1938, ebenda; 3. Aufl. 1956, J. Ch. Mellinger Verlag, Stuttgart; 4. Aufl., 1982, ebenda.
4. *Menschheitsfragen der Gegenwart im Lichte anthroposophischer Welterkenntnis.* 149 S., mit Umschlagsmalerei von Margarete Müller-Anders, 1927, Verlag von Rudolf Geering, Basel. Vergriffen
5. *Wie man gegen Rudolf Steiner kämpft.* 108 S., 1. und 2. Aufl. 1932, Ernst Suhrkamp Verlag, Stuttgart. Vergriffen.
6. *Aus dem Jahrhundert der Französischen Revolution,* 1. Aufl. 112 S., 1937, Verlag Arno Ullrich, Breslau; 2. Aufl. 109 S. 1956, Manuskriptvervielfältigung, Kreßbronn (Bodensee); 3. Aufl. 1990, Perseus Verlag, Basel.
7. *Geschichtsimpulse des Rosenkreuzertums.* 1. Aufl. 111 S., 1938, Verlag Arno Ullrich, Breslau; 2. Aufl. 111 S., 1959, Manuskriptvervielfältigung, Kreßbronn (Bodensee); 3. Aufl. 1990, Perseus Verlag, Basel.
8. *Beiträge zur Weltgeschichte, I. Band: Von der Atlantis bis Rom* 1. Aufl. 324 S., 1939, Verlag Arno Ullrich, Breslau; 2. Aufl.: *Beiträge zur Geschichte des Abendlandes, I. Band: Von der Atlantis bis Rom.* 304 S., 1955, Manuskriptvervielfältigung, Kreßbronn (Bodensee); 3. Aufl., (photomechanischer Nachdruck) 1964, Verlag Freies Geistesleben, Stuttgart.
9. *Beiträge zur Weltgeschichte, II. Band: Mittelalter.* 1. Aufl. 287 S., 1939, Verlag Arno Ullrich, Breslau; 2. Aufl. *Beiträge zur Geschichte des Abendlandes, II. Band: Mittelalter.* 266 S., 1956 Manuskriptvervielfältigung, Kreßbronn (Bodensee).
10. *Beiträge zur Weltgeschichte, III. Band: Die neuere Zeit.* 1. Aufl. 297 S., 1940, Verlag Arno Ullrich, Breslau; 2. Aufl. *Beiträge zur Geschichte des Abendlandes, III. Band: Die neuere Zeit 275 S., 1957,* Manuskriptvervielfältigung, Kreßbronn (Bodensee)

11. *Wenn die Götter den Tempel verlassen ...* Wesen und Wollen des Nationalsozialismus und das Schicksal des deutschen Volkes. 204 S., 1947, Novalis-Verlag, Freiburg i. Br.; 2. Aufl. (unter dem Titel „Der Staat als Werkzeug des Bösen“) 1965, Verlag Freies Geistesleben, Stuttgart.
12. *Beiträge zur Geschichte des Abendlandes, IV. Band:* Wege der neueren Staats- und Sozialentwicklung, I. Teil: *Machiavelli und Ludwig XIV.* 391 S., 1951, Manuskriptvervielfältigung, Kreßbronn (Bodensee); 2. Aufl. (photomechanischer Nachdruck) 1964, Verlag Freies Geistesleben, Stuttgart.
13. *Beiträge zur Geschichte des Abendlandes, V. Band:* Wege der neueren Staats- und Sozialentwicklung, II. Teil: *Friedrich der Große und das Preußentum.* 309 S., 1951, Manuskriptvervielfältigung, Kreßbronn (Bodensee);2. Aufl. (photomech. Nachdruck) 1964, Verlag Freies Geistesleben, Stuttgart.
14. *Beiträge zur Geschichte des Abendlandes, VI. Band:* Wege der neueren Staats- und Sozialentwicklung, III. Teil: *Gestalten und Ereignisse vor der Französischen Revolution.* 301 S., 1952, Manuskriptvervielfältigung, Kreßbronn (Bodensee); 2. Aufl. (photomechanischer Nachdruck) 1964, Verlag Freies Geistesleben, Stuttgart.
15. *Beiträge zur Geschichte des Abendlandes, VII. Band:* Wege der neueren Staats- und Sozialentwicklung, IV. Teil: *Die Französische Revolution und Napoleon.* 395 S., 1953, Manuskriptvervielfältigung, Kreßbronn (Bodensee); 2. Aufl. (photomechanischer Nachdruck) 1964, Verlag Freies Geistesleben, Stuttgart.
16. *Beiträge zur Geschichte des Abendlandes, VIII. Band:* Wege der neueren Staats- und Sozialentwicklung, V. Teil: *Sozialimpulse des deutschen Geistes im Goethe-Zeitalter.* 331 S., 1954, Manuskriptvervielfältigung, Kreßbronn (Bodensee).
17. *Beiträge zur Geschichte des Abendlandes, IX. Band: Kaspar Hauser und das Schicksal Mitteleuropas* im 19. Jahrhundert. 334 S. 1958, Manuskriptvervielfältigung, Kreßbronn (Bodensee), 2. Aufl. (photomechanischer Nachdruck), 1964, Verlag Freies Geistesleben, Stuttgart.
18. *Geschichte des Mittelalters.* 252 S., 1960, Manuskriptvervielfältigung, Kreßbronn (Bodensee); 2. Aufl. 1990, Perseus Verlag, Basel.
19. *Wer ist der deutsche Volksgeist? und andere Beiträge zur Geschichte.* 252 S., 1961. Manuskriptvervielfältigung, Kreßbronn (Bodensee); 2. Aufl. (photomechanischer Nachdruck) 1990, Perseus Verlag, Basel.
20. *Aus meinem Leben,* 1. Aufl. 1990, Perseus Verlag, Basel.